U0610029

绍兴蓝皮书

LUE BOOK OF SHAOXING

2023 年

绍兴发展研究报告

THE RESEARCH REPORT ON DEVELOPMENT OF SHAOXING

中共绍兴市委党校◎编著

北京

国家行政学院出版社

NATIONAL ACADEMY OF GOVERNANCE PRESS

图书在版编目（CIP）数据

绍兴蓝皮书：2023 年绍兴发展研究报告 / 中共绍兴
市委党校编著 . — 北京：国家行政学院出版社，2023.9
ISBN 978-7-5150-2769-2

Ⅰ.①绍… Ⅱ.①中… Ⅲ.①区域经济发展—研究报
告—绍兴—2023 Ⅳ.① F127.553

中国国家版本馆 CIP 数据核字（2023）第 165484 号

书　　名	绍兴蓝皮书——2023 年绍兴发展研究报告
	SHAOXING LANPISHU——2023 NIAN SHAOXING FAZHAN YANJIU BAOGAO
编　　著	中共绍兴市委党校
责任编辑	曹文娟
出版发行	国家行政学院出版社
	（北京市海淀区长春桥路 6 号 100089）
综 合 办	（010）68928887
发 行 部	（010）68928866
经　　销	新华书店
印　　刷	中煤（北京）印务有限公司
版　　次	2023 年 9 月北京第 1 版
印　　次	2023 年 9 月北京第 1 次印刷
开　　本	170 毫米 ×245 毫米　16 开
印　　张	17.75
字　　数	305 千字
定　　价	68.00 元

本书如有印装问题，可联系调换。联系电话：（010）68929022

本书编委会

主　任　黄奇凡

副主任　徐　枫　何　龙　金　燕　戴大新

　　　　李　俊　顾尧峰

委　员（以姓氏笔画为序）

　　　　王麒麟　占志刚　田海斌　刘开君

　　　　许其龙　李　萍　李亚明　李岁科

　　　　宋世洋　宋潞平　郑国达　封志强

　　　　施关根　祝丽生　晏　东　徐　琪

　　　　葛　斐

目录 Contents

改革篇

市域篇

专题一

2022 年绍兴经济发展研究报告

中共绍兴市委党校　宋潞平

2022 年是党和国家历史上极其重要的一年。党的二十大胜利召开，擘画了中国式现代化的宏伟目标和愿景。2022 年的国际形势不容乐观，但我国仍旧取得了来之不易的经济社会发展新成就，经济平稳运行、质量不断提升和社会大局持续稳定。绍兴市委、市政府全面贯彻落实中央和省委、省政府各项决策部署，经济社会发展取得了新成绩，为完成"十四五"规划的目标奠定了良好基础。全年实现地区生产总值 7351 亿元，按可比价格同比增长 4.4%，总量位居全省第 4，增速位居全省第 3。其中，工业经济拉动效应明显，2022 年规模以上工业增加值同比增长 10.0%，高于全省平均值近 5.8 个百分点。

一、经济运行基本情况

（一）地区生产总值稳步向前

2022 年，我国国内生产总值（GDP）突破 121 万亿元，24 个城市的 GDP 突破 1 万亿元。其中，上海 GDP 达 44653 亿元，蝉联第 1 名；北京和深圳的 GDP 分别达到了 41611 亿元和 32388 亿元，位居全国第 2 名和第 3 名。2021 年，绍兴 GDP 居全国第 36 位，而 2022 年这一指标跃居第 34 位，离第 33 位的昆明不到 200 亿元。

从浙江省内的情况来看，杭州的 GDP 达到了 18753 亿元，实现 643 亿元的增量；宁波 GDP 达到了 15704 亿元，实现 1109 亿元的增量。绍兴的 GDP 和省内第三名温州相差 679 亿元（见表 1-1），但 GDP 增量要比温州多出 110 亿元左右。另外，嘉兴市近几年虽然经济发展趋势偏好，但是 2022 年 GDP 增量比绍兴市低 170 亿元左右。

对绍兴市内的情况进行分析，2022 年，柯桥区依然实现了领跑，全年 GDP 为 1901 亿元，名义增长率为 8.77%。诸暨市 GDP 达 1659 亿元，名义增长率为 7.26%，总量排名依然位居第二。越城区和上虞区的 GDP 总量差距不大，分别为 1271 亿元和 1242 亿元，上虞区的名义增长率达到了 9.34%，位居全市第一。嵊州市和新昌县的 GDP 总量分别为 711 亿元和 565 亿元。

表 1-1　2022 年全国 GDP "40 强" 城市

单位：亿元

排名	城市	GDP	排名	城市	GDP
1	上海	44653	21	合肥	12013
2	北京	41611	22	西安	11487
3	深圳	32388	23	南通	11380
4	重庆	29129	24	东莞	11200
5	广州	28839	25	常州	9550
6	苏州	23958	26	烟台	9516
7	成都	20818	27	唐山	8901
8	武汉	18866	28	徐州	8458
9	杭州	18753	29	大连	8431
10	南京	16908	30	温州	8030
11	天津	16311	31	厦门	7803
12	宁波	15704	32	沈阳	7696
13	青岛	14921	33	昆明	7541
14	无锡	14851	34	绍兴	7351
15	长沙	13969	35	潍坊	7306
16	郑州	12935	36	南昌	7204
17	佛山	12698	37	扬州	7105
18	福州	12308	38	石家庄	7101
19	泉州	12103	39	盐城	7080
20	济南	12028	40	长春	6745

（二）人均 GDP 突破 2 万美元大关

2022 年，绍兴人均 GDP 为 13.75 万元，同比增长 3.8%，按照年平均汇率折算为 20446 美元，历史上首次突破 2 万美元大关。按照世界银行的标准，已经达到了发达国家的标准。从浙江省内城市排名来看，绍兴 2022 年人均 GDP 位居第 4 名，低于舟山（16.75 万元，全省第 1 名）、宁波（16.45 万元，全省第 2 名）和杭州（15.37 万元，全省第 3 名）。与江苏省同类城市相比，绍兴的人均 GDP 相对落后，低于苏州（18.6 万元）、无锡（19.8 万元）、扬州（15.5 万元）。与珠三角地区同类城市相比，绍兴人均 GDP 位居第一方阵，仅有广州、深圳和珠海的人均 GDP 领先于绍兴，而像佛山和东莞这两个万亿城市的人均 GDP 分别只有 13.37 万元和 10.7 万元。

（三）其余经济指标表现良好

2022 年，绍兴第一产业增加值为 244 亿元，增长 3.4%；第二产业增加值为 3598 亿元，增长 5.8%；第三产业增加值为 3509 亿元，增长 3.2%。值得一提的是工业数据表现亮眼，重点行业发挥主导作用，对规上工业增加值的贡献率达 60% 以上。其中，计算机通信等制造业、医药制造业和专用设备制造业的增速分别达到了 38%、12% 和 60%，明显高于工业平均速度。

此外，2022 年绍兴的投资运行和外贸出口相关数据也实现了量增质升。固定投资方面，同比增长 11% 左右，高于浙江省平均数据。其中，高新技术产业投资高涨，同比增速达到 48.2%，工业投资也对固定投资起到了"压舱石"的作用，贡献率达到近 80%。进出口方面，总额同比增长 23.3%，其中出口同比增长 23.7%，进口同比增长 19.5%。此外，全年社会消费品零售总额达 2586 亿元，比上年增长 4.4%。

二、2022 年经济亮点

（一）科技创新塑造新动能

2022 年，绍兴全社会研究与试验发展（R&D）经费投入占 GDP 的比重为 2.87%，这是近 10 年来绍兴该指标首次从全省第五提升至全省第四；其中规上工业 R&D 投入占营收比重达到 3.8%，位居全省第 1 名。全域创新体系实现了新突破，绍兴科创大走廊正式纳入浙江省重大创新平台布局。实验室体系建设取得了突破性进展，现代纺织入选全省首批技术创新中心，绍芯实验室引进北大信息科技科创中心等创新平台，新培育省重点实验室数据位居全省第 2 名。创新主体地位不断增强，科创板上市企业实现零的突破，新增省科技型中小企业 1262 家，高新技术企业近 400 家，省级科技领军企业 1 家，科技小巨人企业 10 家，省级重点企业研究院 4 家。科技人才工作不断获得新成就，日籍专家获中国政府友谊奖（浙江省仅 2 个名额），入选科技部高端外国专家数量位居全省第一。

（二）产业项目不断落地

2022 年 5 月，比亚迪绍兴滨海项目正式签约，项目投资总额达到 100 亿元，未来年产值将超过 150 亿元。随着比亚迪半导体的入驻，绍兴集成电路产业平台也将迎来新的机遇，一方面，为绍兴进一步打造功率半导体产业集群提供新助力；另一方面，也将进一步整合人才、资金等要素，形成新的竞争优势。此外，多个重大产业项目入选浙江省重大产业实施类项目名单，如浙江宝万碳纤维有限公司绍兴柯桥年产 12 万吨 PAN 基碳纤维原丝项目、浙江宇越新材料有限公司年产 60 万吨光学级功能性膜材料制造项目、卧龙智慧新能源装备产业化项目等。这些入选的重大产业项目获得新增建设用地计划奖励指标 4007 亩，占全省 25% 以上，位居全省第一。

（三）网络大城市建设开局良好

2022 年，绍兴实施了 40 个重点片区建设，其中包括 7 个省级城乡风貌样板区、4 个未来社区和 25 个未来乡村，100 亿元的城市更新基金正式成立。古城保护持续进行，阳明故居正式开放、镜湖新区加快建设、国际金融活力城等项目持续顺利进行，另外有近 30 个项目顺利竣工。交通基础设施项目陆续完工，其中于越快速路等高架项目正式通车。

（四）惠企纾困政策落到实处

全面承接省"5+4"稳进提质政策体系，出台留工稳岗、小微纾困、促进消费、文旅激活等 30 条特色政策助推复工复产。承接国家、省稳经济一揽子政策和接续政策，出台绍兴市稳经济 43 项政策举措和 115 项接续政策举措。迭代升级"1+9"政策体系，打造"越快兑"3.0 平台，兑现资金 126 亿元，惠及企业近 1.8 万家。实行"全年常态即时兑现"，创新实施"先预兑后结算"，预兑资金 20.3 亿元。落实退减缓免税费 283.6 亿元，其中留抵退税 160.7 亿元，项目投资"最多 80 天"实现率 100%。加大金融支持力度，本外币存、贷款余额 1.43 万亿元、1.39 万亿元，分别增长 16.7%、18.3%，民营经济、小微企业、制造业贷款余额分别较年初增加 730.3 亿元、962.2 亿元、320.9 亿元。

（五）"先进制造强市"建设

实施先进制造业强市"4151"计划，实现规上工业增加值 2119.5 亿元，增长 10%，居全省第 2 位，高新技术产业增加值占比提高至 61.5%，居全国先进制造业百强市第 24 位。深入推进新一轮"腾笼换鸟、凤凰涅槃"攻坚行动，印染化工产业跨域整合基本完成，5 大印染组团全部搬迁投产，18 个化工项目开工建设，连续 10 年获全省"腾笼换鸟"考核先进市，连续 2 年获国务院工业稳增长和转型升级督查激励。推动企业搬迁后的袍江区块 11 平方千米有机更新，建设以"泛半导体+"产业为主体的"绍芯谷"。迭代"2（2）+6+N"开发区（园区）平台体系，获批海峡两岸（绍兴）数字产业合作区，柯桥经济技术开发区入选省第二批高能级战略平台培育名单。集成电路、高端生物医药"万亩千亿"平台考评居全省第 1 位、第 4 位，智能视觉平台进入省级培育名单。加快推动绿色技改，实施节能降碳技改项目 270 个，淘汰"两高一低"企业 447 家，规上工业单位增加值能耗下降 10.9%。深化工业全域治理，累计治理亩均低效企业和违法违规企业 7055 家，盘活土地 5.66 万亩。深入实施智能制造 5 年提升行动，加快推进 7 个省级产业大脑试点建设，创建省级"未来工厂"2 家。打造企业"成长雁阵"，培育"链主"企业 2 家，新增专精特新"小巨人"企业 56 家，累计实现企业上市 94 家，其中 A 股上市公司 79 家，科创板实现零的突破。新增"小升规"1592 家，新增市场主体 11.8 万家。军民融合创新示范绩效评估连续 3 年居全省同类城市首位。

三、2023 年经济环境展望

根据中央经济工作会议对 2023 年的经济研判，今年我国经济将处于回升态势，全年的核心就是"稳"。稳增长是 2023 年经济工作的工作主线路，一方面要稳就业，另一方面要稳物价，实现量质双提升。同时，明确了稳增长的重要任务是扩大国内需求，并提出支持新能源汽车、养老服务和住房改善等消费。其中，住房改善被列为"第一内需"。此外，政府将会为民营经济创造更好的创业创新环境。在这样的大背景之下，本文认为 2023 年绍兴市的经济发展是机遇和挑战并存。

（一）海外经济衰退影响出口贸易

世界银行在 2023 年 1 月 10 日公布的《全球经济展望》中指出，随着发达国家不断提高利率，2023 年全球经济可能走向衰退，而新兴市场可能会面临资本抽离的问题。同时，世界贸易组织（WTO）在 2023 年 4 月 5 日发布的《全球贸易展望与统计》显示，2023 年的世界贸易增速将会大幅降低。国际货币基金组织（IMF）在 2023 年 4 月 11 日发布的《世界经济展望报告》中预测，2023 年的全球经济增速将会进一步放缓，且全球近 1/3 的经济体会出现萎缩。在这样的大背景下，势必会对绍兴的出口贸易产生负面影响。

（二）俄乌冲突持续增加不确定性

俄乌冲突已经持续一年多，未来如何发展谁也无法预测，这将成为 2023 年一个重要的不确定性因素。受到俄乌冲突的影响，国际能源市场价格不太可能下滑到低位，这对企业生产成本产生负面影响。此外，如果俄乌冲突加剧，将会加剧国际金融市场的动荡，特别是对于新兴国家而言，资本外流的冲击将会更大。对于绍兴而言，如何参与到国内大循环中显得更加重要。

（三）欧美金融业风波显露

因为美联储（美国联邦储备系统）的持续加息，2023 年初已经爆发了美国硅谷银行和瑞士信贷两大金融业风险事件，是否会持续扩散引发更大的金融危机形势暂时不明朗。回顾 2008 年国际金融危机，先是美国房地产破灭导致次贷危机，然后雷曼银行的倒闭成为导火索正式引爆国际金融海啸，肆虐全球。2023 年多家美国银行首先爆雷，美国银行业所面临的危机短期内不会结束，未来是否会产生更大的风险需要时间来证明。欧美金融业事件走向也为全球经济复苏增添了不确定性，如果持续恶化和发生挤兑，那么对绍兴市的经济复苏将会带来负面影响。

（四）国内消费市场将会持续复苏

经多方预测，2023 年我国经济社会发展将会持续复苏，特别是消费市场趋势良好。根据 2023 年初公布的数据，绍兴市消费行业已经全面复苏，比如年初的旅游市场收入同比增长 37.5%，另外全市限上批发、住宿和餐饮销售大幅增长 20% 以上。本文预计这种消费市场的复苏将会贯穿整个 2023 年，有利于绍兴服务行业的收入增长。

（五）集成电路、新能源等产业持续增长

过去几年，集成电路、新能源等新兴产业持续增长，2023 年其仍将是增长的主线。从年初的数据来看，2023 年绍兴市的新兴产业发展仍是工业增长的"压舱石"。中芯绍兴集成电路制造股份有限公司年初生产不间断，2023 年产值预计可达 70 亿元，同比增长 60%；长电集成电路（绍兴）有限公司预计全年增幅 100% 左右。新能源方面，绍兴比亚迪一期订单充足，16 条生产线产能全部释放，三花新能源订单已经排到 2025 年，2023 年产值预计同比增长 50% 左右。从这些龙头企业的数据来看，新兴产业将会持续推动工业经济发展向好。

（六）房地产市场有望探底企稳

过去的一年多时间内，中国的房地产市场不断下行，在一定程度上减缓了经济增长态势。不过 2023 年 1—2 月的数据显示，我国的房地产市场有望在今年实现企稳。此阶段，我国房地产开发投资金额同比下降 5.7%，跌幅较 2022 年全年收窄 4.3 个百分点。同期商品房销售中，住宅销售额同比增长 3.5%。商品房销售均价也较去年同期小幅回升。根据诸葛数据研究中心公布的数据，2023 年 3 月一线城市市场均价延续上涨行情，一线城市市场均价为 60287 元 / 米²，

环比上涨 1.31%，同比上涨 9.86%。总的来看，虽然房地产市场目前还处于探底阶段，但是后期随着整体经济不断复苏，市场预期也会逐步转好，房地产市场有望探底企稳。在这样的大背景下，房地产市场的企稳效应也会逐步传导到绍兴市，对经济起到一定的稳定作用。

四、2023 年经济发展建议

2023 年初，浙江省委召开了"新春第一会"，着重提出了三个"一号工程"，具有重要的风向标意义。三个"一号工程"分别指数字经济创新提质"一号发展工程"、营商环境优化提升"一号改革工程"和"地瓜经济"提能升级"一号开放工程"。围绕这些重点任务和目标，2023 年全省各市的经济政策制定必将紧紧围绕数字经济、营商环境和开放经济建设等。基于此，本文提出了以下几点政策建议以供参考。

（一）狠抓营商环境建设

一是开展"开源节流"行动，同时杜绝"乱伸手"现象。进一步降低全市涉企经营服务性收费标准，定期公布并动态调整市级政府定价的涉企经营性服务收费目录清单。进一步减少评估事项，压缩流程空间，降低企业的申报难度和工作量。对企业反映强烈的涉企收费"乱象"，要适时开展行政审批前置中介服务收费清查。二是做到"有求必应、无事不扰""一碗水端平"。行政执法部门以依法行政为引导，加快转变理念，守住职责本分，不越位不缺位。在政策执行与落实过程中，对于国企与民企，行政部门要一视同仁，通过公平公正行政执法增强民营企业投资兴业、长期发展的信心。三是构建"聚痛点、消堵点"的营商环境评价指标体系。结合省委、省政府发布的相关细则和绍兴实际，构建具有绍兴地方特色的营商环境评价指标体系，并在实践基础上不断调试修改完善评价指标体系。由第三方评价机构独立进行绍兴营商环境评价工作，同时建立财政保障制度。建立质量监督机制，包括对第三方评价机构运行行为的监督和运行程序的规范，以防止第三方评价机构基于自身利益滥用评价权。

（二）加快数字政府建设

一是实现信息数据"聚、通、用"。党政机关、公共服务组织、金融机构等信息系统汇聚通联、标准相通和融合运用，提高"网上办"的便利性。二是拓展应用领域。深化经济调节、市场监管、公共服务、社会治理、环境保护、政府运行等领域大数据应用，强化基础性支撑，加快形成即时感知、高效运行、科学决策、主动服务、智能监管的新型治理形态。三是实现企业高频办理事项"一刷、一查、一点"办理。对于企业高频办理项目要实现免填即办（刷脸）、实时审核（自动查验）和一键办理（即点即办）。四是加快推进一批重大改革。加快推进全面深化改革、数字化改革、共同富裕示范区重大改革三大工作体系融合，围绕牵一发而动全身的改革重点，抓好重大改革任务、重点项目（应用）的承接落地，实现平台、功能、体制机制全面贯通，并结合绍兴特色，谋划推进一批具有绍兴味的重大改革项目（应用）。加强协同落实、合力推进，确保每项重大改革、重大应用取得突破。

（三）聚焦数字经济建设

一是推动未来工厂建设。全面落实智能制造五年提升行动，大力打造以未来工厂为引领的新智造产业集群和企业群体。在信息业、农业、科技、商贸等领域，争创一批数字工厂、未来农场、未来实验室和未来市场。同时，完善"三级"互联网平台体系，提标建设企业级平台，鼓励龙头企业建设行业级、区域级工业互联网平台。二是深化产业大脑建设。深化工业分区、聚焦产业生态、新智造应用和共性技术，加快织造印染、电机、轴承产业大脑迭代升级，新上线一批多跨场景。突破信息业分区，依托绍兴市集成电路产业基础，加强设计谋划，争取获得省级试点。布局服务业分区，会同相关部门，积极向上对接，力争在贸易、科技、金融等领域有所突破。三是优化数字发展生态。持续开展各类宣传培训，增强各行业运用数字化技术、数字化思维、数字化认知的能力。加强专业人才培养，深化绍兴工业互联网学院建设，持续增加互联网专业人才培育数量。以数字化改革和产业网络建设为主线，持续开展数字经济相关活动，增进技术对话、资源对接、项目落地，营造全社会聚力推动数字经济发展的良好氛围。

（四）推进教育科技人才一体协同发展

一是合作新办一批补链高等教育机构。创造条件，合作新办一批绍兴急需的高等教育机构，如杭州电子科技大学绍兴校区等 2～3 所以上省属重点高校的绍兴校区，为绍兴的集成电路、生物医药、现代纺织、绿色化工制造业集群和新材料等标志性产业链提供人才智力支撑。二是人才培育要"靶向发力"。人才评价体系除了要看重学历、年龄和资历，也要敢于为能人开辟快速通道，对于用人单位紧缺亟需的实用性人才，积极采取"靶向引进"等更灵活多样的引才方式和便捷易操作的中高级职称晋级渠道。三是打造一批高水平科研与创新平台。实施创新驱动发展战略，切实提高在绍高校科研工作组织化程度。支持相关高校与科技领军企业合作建设实验室、技术创新中心等重大平台。支持相关高校与地方、企业合作，建设新型研发机构。

（五）提升开放经济建设

一是提升绍兴参与国际竞争与合作的水平。面对世界经济的深刻转变，主动适应全球产业分工调整变化，立足绍兴产业实际，围绕"走出去""请进来"两个方面，不断提升对外开放的水平。主动接轨新兴市场群体性崛起的趋势，成立相应的工作机构，加大绍兴产业、企业融入参与"一带一路"合作的研究，出台相关扶持政策，借势"一带一路"建设，引导企业"借船出海"，参与国际竞争合作。支持绍兴企业开展国际化经营，开展跨国并购，建立跨国营销网络和跨国研发设计机构，加快形成以跨国公司为主体、以民营企业走出去为基础的产业链、价值链全球布局新模式。出台相关政策，大力培育熟悉国际贸易规则、法律服务的中介组织，包括外贸综合服务平台、专业机构等，为企业"走出去、请进来"提供服务指导。二是提高绍兴参与区域竞争与合作的水平。发展更高层次的开放型经济，不仅要着眼国外，利用好国际市场，也要着眼国内，建设开放型城市。特别是在推动高质量发展、区域经济建设方面，要根据省委、省政府关于大湾区建设的总体规划，找准绍兴"先进智造基地"定位，积极参与大湾区城市群的分工协作；重点要找准城市定位，在湾区城市间的"抱团集群"中做强优势、补齐短板，实现"左右逢源"的共同发展；找准产业定位，围绕建设"先进智造基地"，明确主导产业，统筹各开发区资源，实现区域内各开发区的融合互补。

专题二

2022 年绍兴文化发展研究报告

中共绍兴市委党校 瞿 萍 刘 倩

2022 年，绍兴市坚持以习近平新时代中国特色社会主义思想武装头脑，全面学习宣传贯彻党的二十大精神，秉持举旗帜、聚民心、育新人、兴文化、展形象的使命任务，着力打造思想理论高地、精神力量高地、文明和谐高地、文化创新高地，为忠实践行"八八战略"、奋力打造"重要窗口"、牢牢紧扣"五个率先"，建设高水平网络大城市，打造新时代共同富裕地，奋力谱写人文为魂、生态塑韵的城市发展新篇章注入磅礴文化力量和精神动力。

一、绍兴市推进文化发展的主要做法及成效

（一）高举思想之旗，强化理论武装

1. 提高政治站位，强化顶层设计

绍兴市委始终把理论学习教育作为贯穿全年的一项重大政治任务，按照中央、省委各项决策部署，强化顶层设计、系统谋划和整体推进，确保各个阶段有目标有重点，各个层面有任务有特点。例如，越城区高质量实施区委理论学习中心组年度学习计划和全区党员干部理论学习教育意见，举办区委理论学习中心组专题学习 15 场，参加对象首次覆盖区、镇街、村社三级。深入推进理论学习中心组开放式学习体系建设，组织年度巡听旁听 14 场。上虞区全力做好习近平新时代中国特色社会主义思想和党的二十大精神的学习宣传贯彻，全面推进精神大学习、基层大宣讲、理论大研讨、全民大宣传、工作大落实、效能大提升"六大行动"。落实"第一议题"和理论学习中心组巡

听旁听制度，组织区委理论学习中心组学习 19 次，春晖大讲堂 4 期。柯桥区制定下发《中共绍兴市柯桥区委关于认真学习宣传贯彻党的二十大精神的通知》《区委理论学习中心组（扩大）专题学习会方案》等文件，区、镇（街）、村（社区）三级组织专题学习会 400 余场次，第一时间掀起党的二十大精神学习热潮。诸暨市委理论学习中心组围绕学习党的二十大精神、"习近平浙江足迹"等主题开展集体学习 13 次，同时建强用好学习强国平台，累计上送稿件 840 余篇，录用 432 篇。嵊州市深入开展中心组学习，制订《市委理论学习中心组 2022 年学习计划》，下发《理论学习提示》11 期，指导各级各部门单位党委（党组、工委）理论学习中心组规范组织开展学习活动；仅嵊州市委理论学习中心组就围绕全年"学习贯彻党的二十大精神""学习贯彻省第十五次党代会精神""学习贯彻绍兴市第九次党代会精神"等主题组织开展集中学习活动 17 次。新昌县制定《2022 年全县党员干部理论学习教育意见》，县委理论学习中心组带头开展专题学习研讨 22 次，各基层党委（党组）理论学习中心组开展专题学习研讨 1000 余场（次）。

2. 创新宣传宣讲，凝聚思想共识

以学习贯彻党的二十大精神为中心，抓牢学习教育，深入开展"六学六进六争先"学习实践活动，全年共开展集中学习培训 41 次，组织党课、讲座、宣讲等 15 次，组织主题党日活动 21 次。同时，持续深入挖掘蕴藏在古越大地的红色资源，利用媒体平台、网络阵地、文艺展演、展览展陈等形式宣传展示先进典型、特色案例，创作相关文艺作品 7 个，举办"庆祝党的二十大"相关文艺演出 19 场，有效提升了学习教育的浓厚氛围。越城区充分发挥区领导"头雁"示范引领，带头到镇街和基层联系点开展宣讲。继续以"台门汇"基层理论宣讲品牌为引领，做强做响"00 后浪"青年宣讲，举办青年理论宣讲选拔 PK 赛，开展"共同富裕·青年说""党代会精神"等主题宣讲，创新培育"古越新声 灵五七五"青年脱口秀宣讲队伍，相关做法被《浙江信息》刊载推广，多家中央级主流媒体宣传报道。上虞区与龙游县结为青年理论宣讲共建单位，持续擦亮"虞声嘹亮"宣讲品牌，线上线下举办省"千场微党课进礼堂"绍兴站启动仪式、"共同富裕·青虞说"青年理论宣讲大赛等系列宣讲活动，全年开展基层宣讲 6000 余场次，"青春唱响 虞声嘹亮"青年宣讲团获省基层理论宣讲成绩突出集体。柯桥区组建"6+N"区委二十大精神巡回宣讲团，深入一线开展"沉浸式"宣讲 1200 余场次,推动二十大精神家喻户晓、入脑入心;成功举办柯桥区党的二十大精神巡讲启动仪式暨"礼赞二十大 青春颂华章——柯桥青年 TALK 秀"活动。诸暨市广泛动员"十礼""艺起学""媒体记者"等特色团队深入基层,依托新时代文明实践中心、农村文化礼堂、社区文化家园、爱心食堂等阵地开展分众化、对象化、互动化宣讲 4800 余场次;同时,着眼"文艺搭台、理论唱戏",创作说唱歌曲《共富青年,上!》等 6 个文艺理论宣讲精品,不断激活理论宣讲的文艺基因,让理论宣讲有听头、有看头。嵊州市持续擦亮"剡溪之声"宣讲品牌,开展"剡溪之声·学思践悟党的二十大精神"集中宣讲活动,组织专题学习、宣讲 500 余场次;同时开展领导干部"识变、应变、求变"大讨论活动,全市党员干部集中 3 个月时间,围绕"增强变革意识、提升变革能力、打造变革型组织、推动高质量发展"主题开展"识变、应变、求变"大讨论,各级各部门各单位累计开展专题学习、集中讨论、专题调研、专题宣讲 1100 余场次。新昌县围绕党的二十大精神、省市县党代会精神等主题开展各类宣讲活动 3000 余场,邀请专家学者做客"新昌大讲堂"开展专题宣讲 6 场,举办全县青年理论宣讲员培训班 2 期,还组织开展"奋进共富路 喜迎二十大——共同富裕·青年说"新昌县 2022 年理论宣讲大赛。

3. 开展理论研究,强化社科赋能

启动社科赋能共同富裕研究,组织开展多种形式的理论研究,形成丰富多样的理论成果。越城区持续加强理论研究阐释,"加快我省县(区)域社会治理现代化示范区建设的对策与建议"课题更获省委、省政府领导批示肯定。上虞区重视"上虞经验"梳理研究,相关研究成果在高级别报刊全文登载。柯桥区围绕"纺城三十年"等主题,与省市社科联、党校、高校合作推出"从纺城三十年看共富浙江""亚运时代柯桥城市颜值和内涵提升研究"等重大课题。课题报告《关于将"最美群像"打造为浙江共同富裕精神标识的调查与思考》刊发于《浙江社科要报》,并获省委宣传部部长批示肯定。诸暨市组织开展"'枫桥经验'助跑'两个先行'"调研活动,推动"总书记在诸暨的故事""'枫桥经验'的创新实践"等重点课题研究,形成一批高质量理论研究成果,在省、市《社科要报》均取得突破,其中《以文明实践彰显"人文之美"——诸暨以新时代文明实践拓展共同富裕新路径》还被省《社科要报》专报刊发,获省委主要领导批示。嵊州市组织举办纪念《在延安文艺座谈会上的讲话》发表

80周年暨刘文西"以人民为中心的创作"研讨会、"人口、经济和共同富裕"主题研讨暨马寅初诞辰140周年纪念活动,成立马寅初研究院,进一步加强与北大、浙大等高校的战略合作,有效提升本市理论研究水平。新昌县组织开展"弘扬新时代'新昌精神'争当高质量发展县域标杆"大讨论活动,形成理论成果60余篇;还组织开展县级社科课题研究,形成《从富口袋到富脑袋:新昌民营经济推进共同富裕的实践路径和模式》等研究成果23项,出版《新昌县志》和《新昌社科研究丛书》第三辑,编印《新昌社科》3期、《史志参阅》2期。

(二)聚焦核心项目,深耕文遗保护

1.核心项目重大突破,文博展陈推陈出新

宋六陵考古遗址公园被国家文物局立项为国家考古遗址公园,入选"新时代浙江考古十大发现",成为浙江宋韵文化传世工程标志性成果;绍兴大湖头遗址、嵊州下方山及周边墓群入选2022年度浙江考古十大重要发现。成功举办"绍兴论坛"专题报告会。成功推出由绍兴市人民政府、浙江省文物局主办的"守望——两宋皇陵考古成果展",这也是绍兴南宋皇陵(宋六陵)与巩义北宋皇陵考古出土文物的首次联展;在"5·18国际博物馆日"当天举办"风雅宋——最是宋韵在绍兴"文物大展,让宋韵文化真正走进百姓生活。另外,还举办了"高古奇骇——陈洪绶书画作品展"等一批主题鲜明、有影响力的精品展览,极大地促进了绍兴优秀传统文化的宣传展示。

2.文保屏障不断完善,文保体系有效重塑

绍兴市政府常务会议专门举行了文物专题学习和报告,深化了对文化遗产保护利用的认识;绍兴市文广局公布新一轮文保单位(文保点)27处,完成105处省级及以上文保单位的保护范围和建设控制地带范围调整,还组织开展"文物安全宣传月"活动,普及文物保护与安全相关知识;同时夯实人才队伍,引进4名考古领域高层次人才,相关做法还荣获2022全市"才聚绍兴"十佳案例。文化遗产保护方面,小黄山遗址是绍兴唯一的上山文化遗址,也是浙江省上山文化遗址保护和申遗的重要组成部分,2022年9月制定完成的《小黄山遗址保护规划(2022—2035)》,成为切实推进万年小黄山遗址保护利用的又一重要举措。举全社会之力持续推进《绍兴市名人故居激活三年行动计划

（2021—2023）》，全市名人故居档案资料进一步健全，名人故居本体及周边环境得到有效保护，文物类名人故居保存完好率达到 100%；同时，实施名人故居展示利用项目，征收、展示一批具有重要价值的名人故居，全年修缮、新增开放名人故居多达 23 家。绍兴古城保护利用取得新突破，古城申遗被写入绍兴市第九次党代会报告，古城保护利用信息管理系统荣获 2022 世界智慧城市大奖·中国区"复苏创新大奖·优胜奖"，成为绍兴市数字文化建设标志性成果。传统村落保护方面，嵊州市崇仁镇四五村等 29 个村入选 2022 年度浙江省历史文化（传统）村落保护利用示范村，成为新时代美丽乡村建设的典范。保障文物安全方面，妥善处置并有效化解大禹陵周边违法建设、二环北路智慧快速路跨浙东运河违法建设等案件；组织开展文物法人违法自查自纠行动，建立文物安全联席会议制度、文物安全监管"提醒单""督办单"等制度。文保设施建设方面，崇仁建筑群消防工程经过 3 年建设顺利通过验收，也是国内投资规模最大的文物消防安全工程项目。

3. 非遗传承稳扎稳打，保护利用不断提升

绍兴市委常委会召开会议，传达学习贯彻中共中央政治局会议精神和习近平总书记对非物质文化遗产保护工作的重要指示精神。2022 年绍兴市完成《绍兴市越剧传承保护条例》立法调研，制定《绍兴市市级非遗代表性项目管理办法》《绍兴市市级非遗代表性传承人管理办法》《绍兴市市级非遗传承基地管理办法》等，逐步完善非遗保护传承体系。发布绍兴非遗 Logo 和形象 IP，创新设立首批 10 家非遗形象门店，打造 5 条市级"非遗＋旅游"精品研学线路，2 条线路入选首批省级非遗主题旅游线路，非遗转化利用不断提升。成功举办2022"祝福·绍兴古城过大年"、绍兴市"文化和自然遗产日"等非遗系列活动，丰富群众精神文化生活。11 个项目入选第六批省级非遗代表性项目，"越风剡工"等 2 家传统工艺工作站和"绍兴黄酒"等 9 家非遗工坊入选省级创建名单。2022 年，全市非物质文化遗产保护发展指数居全省第二，连续 5 年居全省前三。

（三）提升文旅品质，打造文旅融合样板地

1. 聚焦文旅设施建设，绍兴文化新地标陆续落成

绍兴市文化旅游工作持续锚定"重塑城市文化体系，打造最佳旅游目的

地，争创文旅融合样板地"目标，推进文化和旅游高质量发展再上新台阶，全市 27 个重点文旅项目集中开工，涉及全域旅游、休闲娱乐、文化设施等领域，总投资 281.98 亿元，充分彰显绍兴文化特色。全面推进古城文商旅项目群建设，实施千年古城复兴计划，提升基础设施建设，打造世界级古城 IP。阳明故居与王阳明纪念馆、阳明广场正式对外开放。文化标识建设有新进展，形成《文化基因解码报告》，落地 1 个文化基因解码成果转化利用项目，完成 3 个项目的详细设计规划，推进 10 个项目概念性策划。"阳明文化""黄酒文化"入选全省首批文化标识建设创新项目，曹娥庙历史文化街区修复改造建设工程、西施故里"一江两岸"文化旅游项目、天姥山景区 3 个项目入选首批文化基因解码工程转化利用示范项目。高标准推进绍兴博物馆新馆、浙东运河博物馆、嵊州越剧博物馆建设，建成上虞博物馆新馆、绍兴纺织馆；新增 4 家非国有博物馆；建设（提升）乡村博物馆 60 家，其中 26 家乡村博物馆被列为省乡村博物馆，"绍兴用精品博物馆示范引领乡土文化窗口建设"作为先进经验在全省推广，绍兴博物馆还获评 2022 年"浙江省最具创新力博物馆"。

2. 做精特色文旅品牌，绍兴文旅影响力不断提升

做强做亮绍兴研学游品牌，《浙江省人民政府关于推进文化和旅游深度融合高质量发展的实施意见》明确把绍兴定位为"中国研学旅行目的地"，《绍兴研学旅行标准化发展及地方实践》获"全国文化和旅游系统年度优秀调研报告"，全市新评定研学旅游基地（营地）19 家，其中省级 5 家。浙东唐诗文化园（鼓山公园）被正式评定为国家 AAA 级旅游景区，天姥山景区开园运营，"山海经奇·英雄之路"沉浸式体验项目建成迎客。"云溪九里"浙江文旅康养小镇、春风十里项目、三贤文化馆等 12 个项目列入 2022 年浙江省"四十百千"文化和旅游重大项目库。"诗 e 柯桥"数字诗路文化体验馆成功入选省文化产业优秀创新案例，在全省诗路水上线路主题体验活动中进行汇报推介。"2022 美丽中国样板"成果发布，绍兴获得"中国文旅融合创新典范城市""美丽中国首选旅游目的地"称号，柯桥区荣获"中国最美全域旅游典范区"称号，柯桥区、嵊州市还获得"中国文旅融合创新典范区（市）"称号，柯桥区齐贤街道、新昌县儒岙镇获得"中国乡村振兴示范镇（街）"称号，柯桥区夏履镇、新昌县儒岙镇获得"中国践行绿色发展典范镇"称号，诸暨市、嵊州市和新昌县在第四届全国县域旅游研究成果《全国县域旅游研究报告 2022》暨"2022 年全国县域旅游综合实力百强县""2022 年全国县域旅游发展潜力百佳县"名单中分别位列第 16 位、第 39 位和第 55 位。越城区成功提炼并宣传发布"剑胆书心、越古超今"新时代越城精神和代表越城城市形象的品牌标识,进一步形成城市品牌影响力。上虞区依托省级曹娥江旅游度假区大平台,加快推进孝德小镇、瓷源小镇建设,打响孝德之源、青瓷之源两大文化旅游目的地品牌,做足农文旅深度融合文章。

3. 丰富对外推介方式,绍兴文旅宣传全面开花

创新打造"国内新媒体宣传 + 海外推广 + 地推"全矩阵宣推平台,全力提升绍兴旅游影响力和知名度。"东亚文化之都·绍兴""越音缭绕绍兴城""一元地铁游绍兴"等系列主题宣传获央视、《人民日报》、《新华每日电讯》等众多主流媒体报道。新闻宣传工作列全省第一,获全省文化和旅游系统新闻宣传工作先进集体,多次入选全国市级文旅新媒体综合传播力指数 TOP10 榜单,中宣部"发现美丽中国"等海外媒体平台连续 29 次向全球网友推荐绍兴文旅资源、品牌。瞄准上海、苏州、杭州、宁波等重点旅游市场,成功举办"'吴越同舟行 越夜越精彩'2022 绍兴文旅(苏州)路演推广活动"、"'名城绍兴 越来越好'上海旅游业精英绍兴踩线活动"、人气达人绍兴采风活动"'绍乐同游 越嘉美好'四川乐山绍兴文旅推介会"、绍兴文旅杭州宁波推介、迎亚运·东亚文化之都主题推广"名家走诗路赏文都"等系列宣推活动,联合同程旅行线上推出"首届绍兴文旅好物节"主题馆,让好物特产成为绍兴文旅实体经济的强有力卖点;牵头推进"亚运文化名城展示行动",组织参加"2022 杭州都市圈夏季文旅惠民大联展活动"、"缤纷夏日 浙里好玩"2022 诗画浙江夏日文旅巡回推介活动等,全力融入长三角文旅一体化工作。组织参加"2022 文旅集市·宋韵杭州奇妙夜"活动,创作"宋韵绍兴"主题剧本杀,全方位展示绍兴宋韵文化,文旅热度持续高涨。对外交流走深走实,在中国绍兴第四届国际友城大会上,与日本华人文联、韩中文化友好协会签订合作协议,设立绍兴文化旅游(日本)推广中心、绍兴文化旅游(韩国)推广中心。旅游目的地绍兴宣传片亮相北京冬奥村、张家口冬奥村,并在视频账号"Nihow China"同步播出。继续组织开展中日韩文化互动交流,三国主题展在中国敦煌、绍兴展出。新昌县制定《2022 年新昌县新时代文明实践工作要点》,实施实践阵地提档升级、"新昌十礼"我来代言等"十大行动",新时代文明实践所(站)

实现全覆盖；成立由县委书记、县长担任"双组长"的创建领导小组，建立"条抓块统"网格化包联机制，举办全国文明城市创建攻坚誓师大会暨"新昌有礼"新时代文明实践活动启动仪式等活动。

（四）突出价值引领，打造精神文明高地

1. 迭代升级，文明创建持续深化

积极实践《高质量推进城市公共文化服务体系建设三年行动计划（2021—2023）》，2022年全市共完成50余家未来社区评审，发布全国首个公共图书馆数字化领域地方标准《公共图书馆数字媒体服务规范》，打造700个"15分钟品质文化生活圈"，建成16家城市书房、9家文化驿站。越城区高标准建成开放区新时代文明实践中心，创新实行第三方运营管理。推出"浙江有礼·幸福越城"区域文明八大实践活动，在全省首创校地合作文明实践"导师挂联"、志愿服务"积分兑学分"等机制，构建青年志愿服务新生态。上虞区高标准、常态化推进文明城市创建，承办全市全国文明城市常态化创建工作现场推进会；全域深化新时代文明实践中心、所、站、点四级体系建设，打造22个文明实践示范站、50个文明实践点，开展"浙里新风 虞尚十礼"文明实践活动700余场次，顺利通过"浙江有礼"全域文明新实践省级测评，新时代文明实践中心建设测评位居全市第一。柯桥区组建文明创建工作专班，建立长效督查机制，在实现镇、村两级实践站所全覆盖的基础上，建立老干部志愿服务、妇女儿童之家等特色实践点（基地）80个，升级打造"浙江有礼·柯桥有爱"区域文明新实践。诸暨市扎实推进新时代文明实践"先行试验区"建设，迭代升级关爱基金、移风易俗、爱心食堂、全城志愿等特色品牌；全面开展"浙江有礼·'枫'尚诸暨"行动，制定、实施"浙江有礼·'枫'尚诸暨"文明新实践方案，全域巩固移风易俗，积极争创文明典范城市，扎实推进公民道德建设。嵊州市迭代升级"数智文明创建"2.0版，打造"文明督查、网上申报、全员参与、知识普及、文明实践"五大子场景，推动"线上线下融合、战时平时结合、干部群众联动"，同时印发《2022年度全国文明城市创建工作督查实施方案》《深化拓展新时代文明实践中心建设重点工作》《"浙江有礼·文明嵊行"文明新实践实施方案》，常态化组织日常督查、月度联合督查、季度第三方测评、半年度全市测评，推动文明实践中心实质化运转。

2. 多措并举，公共服务提质增效

实施文化惠民工程，全年完成送戏下乡 1815 场、送书下乡 69 万册、送展览下乡 1090 场、文化走亲 124 场，举办各类主题性群众文化活动 3000 场；创新公共文化产品供给模式，开展线上服务约 4000 场，服务人次近 5900 万次。推进全民阅读，举办 2022 绍兴市公共图书馆阅读节活动，开展六大系列 52 项各类阅读活动；成功举办"百廿绍图"系列活动，绍兴图书馆被授予"中华经典传习所"称号，全国仅 6 家图书馆获得此荣誉。越城区入选浙江省农村文化礼堂社会化运行试点县（市、区），新建特色文化礼堂 7 家，区新时代文明实践中心顺利竣工，成为新文化地标，全区陶堰街道获评省文化礼堂建设示范乡镇（街道），孙端安桥头村获评省特色文化礼堂。上虞区建成 97 个"15 分钟品质文化生活圈"、76 家智慧礼堂，新增 3 家城市书房、5 家天香书吧、1 家文旅驿站、8 个社区文化家园、8 家省级五星级文化礼堂，开展"全民读书月""文化下乡""艺心联百村""一起嗨·过大年"等群众性文化活动超 1000 场次，与省"三馆一院"签订共建"魅力文化共同体"战略合作协议。柯桥区出台《关于推进 2022 年农村文化礼堂建设的实施意见》，深化文化礼堂星级动态考评和管理员队伍考核，常态化开展活动服务群众 7319547 人次；推广使用省"礼堂家"和绍兴"数智礼堂"应用场景，在全市范围内率先实现三级贯通，各项数据位居全市第 1；试点运行"创客联盟"，引入第三方培训机构为村（居、社区）开展定制化培训服务。诸暨市推进重大公共文化设施建设，市文化中心项目进场施工，博物馆完成提升改造，创成浙江省乡村博物馆 6 家，建成乡村图书馆 3 家，实现图书分馆乡镇全覆盖。同时，优化城乡一体公共文化服务体系，完成 140 个"15 分钟品质文化生活圈"建设任务。嵊州市印发《嵊州市关于开展公共文化服务"富乐行动"的实施意见》，全力构建高品质文化惠民品牌，完成 100 个"15 分钟品质文化生活圈"、越剧博物馆文化驿站和绍兴剡溪书房·香溪馆建设。新昌县创新推出首届客厅春晚，抖音话题点击量超过 1200 万人次，被列入浙江省农村文化礼堂赋能共同富裕引领计划首批项目名单；举办第四季"越剧好声音"全国票友赛、诗路星空朗读晚会、魏晋风度展等活动，开展"去礼堂吧""行走乡村 文化润乡"等活动 200 余场（次），县调腔保护传承发展中心被授予第九届全国服务农民、服务基层文化建设先进集体荣誉称号。

3.百花齐放，文化艺术持续繁荣

2022年，绍兴市成功举办公祭大禹陵典礼、第三十八届兰亭书法节、第五届中国戏曲电影展、马寅初诞辰140周年纪念、2022阳明心学大会等重大文化节会活动，极大丰富了人民群众文化生活。举办以"越剧的盛会，人民的节日"为主题的第五届中国越剧艺术节，先后开展致敬越剧改革80周年研讨会暨袁雪芬诞辰100周年纪念、全球越迷嘉年华以及15台新创精品剧目展演等活动；以线上线下相结合的方式举行"云享越茶、共富茗城"绍兴"云上茶博"；视频连线举行绍兴市·富士宫市建立友好交流关系25周年庆祝活动。文艺创作方面，全面落实全市文艺创作生产工作会议精神，摸排征集2022—2025年绍兴市文艺精品创作生产规划项目170个，选推越剧《核桃树之恋》、电视纪录片《我住江之头》、广播剧《民族号手——任光》、越剧电影《李慧娘》、歌曲《最美逆行者》、图书《品格的力量》6个类别23个项目参加浙江省第十五届精神文明建设"五个一工程"评选，推报37个项目参评2022年浙江省文艺发展基金扶持项目，召开"一出好戏""一本好书""一部好剧"文艺创作主题座谈会，推动修订《绍兴市文艺精品创作扶持奖励实施办法》。绍剧《喀喇昆仑》获"戏剧中国"2021年度优秀剧目线上展演活动优秀剧目，作为浙江省唯一作品入选文化和旅游部"艺术数字资源库"。文学作品《凤鸣越乡》、竹根雕《琴棋书画》、木雕《丝路记忆之敦煌》获评第八届浙江民间文艺"映山红奖"，7名书法家入选2022年浙江省书法"年度百家"。

二、绍兴市文化发展面临的主要问题

2022年，绍兴在守正创新中推动文化建设不断取得新成效，以党的二十大精神为引领，突出学习贯彻习近平新时代中国特色社会主义思想这一核心任务，不断强化理论武装，凝聚思想共识；突出重点项目，做深做实文化遗产保护利用；聚焦品牌建设和推介方式，创新深化文旅融合；多措并举深耕公共文化服务，提质升级精神文明高地建设，使文化绍兴建设积厚成势、蓄力跃升。在肯定成绩的同时，也要清醒地认识到绍兴文化发展在理论研究、成果转化、人才培养等方面还存在历史文化资源挖掘不够、创新活力不足、群众文化建设参与度有待提升、人才资源欠缺等问题。

（一）文化资源转化程度不高，创新发展有待加快

绍兴是国家首批历史文化名城之一，东亚文化之都，兼具稽山鉴水的自然风光和悠久厚重的人文底蕴，聚焦文化这个独特优势，是绍兴实现高质量发展的关键一环。但是目前，绍兴文化资源的开发利用还存在以下问题：一是文化资源开发不科学，存在传统文化资源闲置和现代文化资源浪费的情况。绍兴传统文化资源异常丰富，但开发利用还不够充分，存在重形式轻内涵等问题，没有充分体现传统文化的厚重和价值。现代文化资源开发处于初期阶段，存在简单粗放等问题，可持续性不够强。二是文化资源配置不合理。一方面，缺乏整体规划，发展不平衡以及区域封锁、条块分割导致文化资源流动不畅，文化资源的社会属性和共享功能没有得到充分体现；另一方面，市场配置文化资源的作用没有充分发挥，大量文化资源没有得到有效利用，尚未转化为文化产品。三是文化产业发展创新不够。创新是文化产业发展的灵魂，但目前很多文化产品内容空洞、形式雷同，缺乏文化主旨和精神内涵。模仿手法和公式化套路催生的低层次文化产品，不仅把文化消费引向庸俗化，而且易引发恶性竞争，挤压优秀文化产品发展空间，从而对文化产业持续健康发展带来不利影响。

（二）公共文化建设动力不足，群众参与积极性有待提高

其一，群众在公共文化建设中的参与程度是衡量政府公共文化服务建设成效的重要尺度。当前，在"自上而下"的公共文化服务供给体系中，政府对公共文化产品与服务的供给数量与质量起主导作用，而"自下而上"的文化建设需求反馈机制还有待健全，尤其是在乡村地区，农民文化需求反馈渠道有待丰富。其二，群众参与公共文化建设的意愿受其文化程度影响，文化程度越高越愿意参与公共文化建设。尤其在农村地区，由于受教育水平低、文化积累不足等原因，农村居民文化建设参与程度明显低于城市居民，导致其对公共文化产品与服务的供给产生认知偏差，即认为政府理应承担乡村公共文化建设的全部任务，一味地"等、靠、要"，在乡村公共文化建设中存在"搭便车"的行为。其三，缺少鼓励群众参与公共文化建设的激励机制，群众参与乡村公共文化建设是以自身意愿为基础、以情怀为纽带的自发性行为。但是，在市场经济与多元文化的影响下，大多数群众服务文化建设的奉献意识不足，个人意识突出，

其参与行为受利益驱动，会根据活动是否与其利益相关而作出相应的反应。可以说，当前的公共文化建设缺少利益驱动机制，无法充分激发群众的参与热情。

（三）人才储备不足、结构单一，文化事业发展后劲乏力

人才是第一资源、创新是第一动力。绍兴文化资源富集，在迈向文化高地建设的征程中，能否抢占机遇，集聚更优质更广泛的人才资源，事关绍兴文化事业高质量发展。眼下，绍兴市人才建设面临一系列新形势，比如长三角一体化协同发展对人才需求结构产生重大影响、要素市场化配置改革将对人才合理流动产生巨大推力、人口结构变化对人才流动提出了新的要求等。绍兴文化人才数量不足特别是高端文化人才数量不足，严重掣肘绍兴文化建设，不仅直接影响和限制了文艺创作、文旅开发等方面，更制约了绍兴将深厚的文化资源转化为地方特色和加快国际化文化合作的步伐。具体而言，绍兴受城市级别与区位的限制，加之缺乏引才留才的有效手段和机制，创意设计、文化研究、经营管理等文化事业发展方面高端人才严重不足。同时，已有人才多集中在单一生产型或经营型方面，具有涉外、创业、管理等多种能力的复合型人才相对短缺。

三、进一步推动绍兴市文化发展的对策建议

（一）推动创造性转化、创新性发展，将资源优势转化为发展盛势

一方面，遵循文化建设一般规律，科学开发利用文化资源。克服急功近利的心态，潜下心来做深做实绍兴优秀传统文化研究，从中汲取现代文化创新发展的养分，努力创造富有历史底蕴、时代气息的文化产品。切实遵循文化和产业发展规律，实施可持续发展战略，精挑细选，杜绝简单粗放的盲目开发，同时要重视文化资源的积累和再造，在保护中开发、开发中保护。注重差异化发展，克服文化资源开发局限和文化产品雷同等问题，做好资源整合工作，避免重复开发和资源浪费。另一方面，健全文化市场体系，助力文化资源向文化资本转变。文化资源经过优化配置后形成文化产品和服务是其价值增值的有效途径之一。文化资源只有走向市场，才能成为文化资本，创造经济价值。要实现绍兴优秀文化资源向文化资本转变，必须建立健全现代文化市场体系，完善文

化资源市场化配置制度，促进文化资源合理流动。同时，还要加强文化市场监管和调控，明确文化市场主体权责，改进政府管理模式，加强综合执法，规范文化产业运营，维护文化市场公平竞争环境。

（二）畅通渠道完善机制，有效激发群众参与热情

破解群众在参与公共文化建设中面临的难题，激发其主体意识，须从健全公共文化机制，提升群众参与能力尤其是农民群体参与能力，推动公私文化协调发展，多措并举激发群众积极性等多方面入手。一是拓宽文化传播渠道以确保群众尤其是农民群体及时获取公共文化建设信息。在农村地区，政府可以推动建立以村两委干部为基础、以农村文化能人为主体的文化宣讲小队，通过上门宣传、开展信息交流会等方式，分区域向农民讲授与公共文化服务建设相关的信息。二是完善文化需求反馈机制，畅通群众文化需求的反馈渠道，使制定的公共文化政策能更好地满足基层群众精神文化需求。同时，还需要建立起完善的文化需求反馈评审机制，通过对群众的反馈意见进行评估筛选，确定文化供给内容，以保障公共文化的供需对等。三是完善激励机制以调动群众参与的积极性。基层政府可设立公共文化建设专项资金，并指派专人负责，定期公布资金流向，以便接受群众监督，避免资金的浪费及侵占。同时，对于在公共文化建设过程中涌现出来的文化能人与模范人员，基层政府应通过评选活动将其树立为榜样，给予一定的奖励并进行表彰，从而带动更多人参与到公共文化建设中。

（三）释放活力培植沃土，夯实高水平人才根基

一是建立部门协调机制。在"引才""留才"工作中，建立常态化协调机制，统一政策制定和执行标准，防止各项政策前后矛盾，形成完整闭合链条，进一步提升人才引进工作整体效能。充分利用长三角一体化协同发展的优势，与杭州、宁波、上海形成人才联动，聚焦绍兴文化事业发展结构、本地人才回归及吸引杭甬溢出人才等内容，及时对政策进行灵活合理的调整，打造人才政策亮点。二是积极发挥用人单位作用。在人才引进中，政府与用人单位是两个相辅相成的角色，应当发挥相互协同的作用，政府更加注重顶层设计，用人单位则应当充分利用市场机制，制定符合自身实际的人才引进方式，灵活配

置各类人才资源，打造市场化、公平化、竞争化的人才平台，独立自主地吸引人才、培养人才、产出人才，进而构建一支与文化事业发展高度契合的人才队伍。针对绍兴文化发展现状，要重点引进、培育名家名师、文旅高层次人才、青年骨干人才等高水平人才，统筹推进文化艺术人才、文旅产业人才、文博行业人才、文旅公共服务人才、文旅管理运营人才、乡村文旅人才六大门类人才队伍建设。三是尽全力满足人才各个层次的需求供给，提升需求供给深度、充分发挥激励效果、增强吸引力。通过提高薪酬待遇、丰富绿卡服务项目、完善包联制度，不断提升人才获得感，强化人才跟踪管理服务，在全社会营造尊重劳动、尊重知识、尊重人才、尊重创造的良好氛围。四是加大人才培养力度。要加大科研经费、科技项目、成果转化等方面的支持力度，聚焦领军人才和高水平创新团队，促进高层次人才的科研项目不断丰富、层次水平不断提升、成果转化不断突破。同时，大力推进产教融合、校企合作，推动形成产教良性互动、校企优势互补的发展格局，让在岗人才不断得到进步发展，真正把人才留住。

专题三

2022 年绍兴社会治理发展研究报告

中共绍兴市委党校　杨焕兵

"十三五"时期，绍兴市社会治理交出高分答卷，为高起点谋划布局下一阶段市域社会治理奠定了基础。2022 年，绍兴市继续自觉扛起"三个地"①的政治责任和建设"重要窗口"的使命担当，肩负起高质量发展建设共同富裕示范区的重大任务，抢抓全国市域社会治理现代化试点创建、全省数字化改革的历史性机遇，充分发挥"枫桥经验"发源地的独特优势，加快补齐市域社会治理短板，有效应对绍兴推进市域社会治理现代化面临的各方面挑战，为"率先走出争创社会主义现代化先行省的市域发展之路"作出绍兴贡献、展现绍兴风景。

一、绍兴市社会治理主要做法

（一）持续推进社会风险管控，着力推动除险保安常态化

按照省委决策部署和"双想""四全"要求，健全维稳安保四级指挥体系，高效运转指挥调度，圆满完成北京冬奥会、全国"两会"、党的二十大等重大活动维稳安保任务。一是坚定捍卫政治安全。建立会议研判、信息报送、情况通报、督查检查和考核评价五大工作机制，明确 15 项维护国家政治安全工作任务。深入推进"反制""铸墙""净土""攻心""素质"五大工程，及时消除了社会治安隐患，牢牢守住了社会治安安全线。市国安局彻底取缔违法不良网

---

① "三个地"指浙江是中国革命红船起航地、改革开放先行地、习近平新时代中国特色社会主义思想重要萌发地。

站，获得领导批示肯定。二是精准防控社会治安。围绕社会治安防控体系推进示范城市建设，组织社会治安夏季大巡防"百日攻坚"行动，深化平安畅通综合治理，系统推进平安乡镇、平安村社、平安家庭等系列平安创建。2022 年，全市共侦破涉养老诈骗案件 174 起，打掉犯罪团伙 198 个。三是多元化解矛盾纠纷。重点实施"行专调解、预防引调、联动共调、网络随调"四大调解机制，形成以 14 个省级金牌调解室为代表的调解工作矩阵，实现"法结""心结"同解。全市各县级社会治理中心共受理矛盾纠纷类事项 28418 件，办结率为97.10%。全市共建成"共享法庭"2304 个，联合人大、政协、妇联、侨联等共建特设"共享法庭"134 个，开展普法宣传 1 万余场，在线立案、诉讼、协助执行 2.73 万件次，化解纠纷 1.59 万件，行政复议与行政诉讼比值 1.85，居全省第三。四是常态整治公共安全隐患。2022 年度，全市较大案事件、各类生产安全事故、火灾事故、命案的起数和死亡人数同比呈断崖式下降，群众安全感综合满意率逐年稳步提升。五是持续守护网络安全。深化"分业分层监管，联合联动执法"机制，深化网信部门统筹、职能部门协同、线上线下联动的属地管理模式。持续深入开展"之江净网"专项行动，建成网络生态"瞭望哨"2400 个、哨兵 3010 名，教育、交通运输、通信、医疗卫生、高校等重点行业覆盖率 100%，累计收集瞭望哨信息 66439 条，舆情处置 25017 条，处置潜在舆情风险上百条。"网络安全智治"应用获得时任浙江省委主要领导的充分肯定。

（二）改进社会治理工作机制，着力构建大平安工作格局

全面落实风险闭环管控大平安机制，构筑具有新时代"枫桥经验"本质内涵，以责任闭环落实、工作闭环落地、风险闭环管控为主要内容的体制机制。一是高站位推动。市委、市政府高度重视平安建设工作，主要领导先后 6次专题研究部署相关工作。平安建设被列入市委常委会年度工作要点，市委常委会、市政府常务会议每季度专题听取平安建设形势分析。党的二十大召开前夕，市委常委领衔赴区、县（市）开展下沉式集中督导，以"四不两直"方式，对各地的除险保安措施落实情况及风险隐患开展暗访检查，推动属地纪律、作风、责任、措施四落实。市委副书记、政法委书记每半个月主持召开专题推进会，分领域逐项分析问题短板、逐项研究对策措施、逐项跟踪反馈成效、逐项形成工作闭环机制。各区、县（市）参照市里模式也建立相应的工作机制，逐

级推动平安建设责任落实落地。二是多部门联动。各区、县（市）和市级平安建设成员单位各司其职、协同配合，合力抓好本地区本行业（系统）平安建设工作，形成"市级主导、县级主抓、镇级主战、村级主防、单位主责"五级责任体系，形成全市"一盘棋"，拧成"一股绳"。一级响应期间，市委派出 6 个由相关行业主管部门主要领导挂帅的专项督导组，分别进驻区、县（市）开展蹲点式督导，有效闭环管控五大领域风险，实现平安稳定业务工作全覆盖、全闭环。三是过程性控制。围绕平安考核"市级进前四、县级争三十"的目标，制定 2022 年度平安考核控制性指标，对各区、县（市）的平安考核提出了综合性控制分数及四大指标的单项控制性分数，对市级部门提出了分管领域的控制性分数，倒逼各地各部门责任落地。通过强化目标引领，把任务分解到最小颗粒度；强化过程管控，把问题短板发现在最早时；强化实绩晾晒，把最终成效挺到最前面；强化上下联动，把压力传导到最基层。各地各成员单位围绕不突破年度控制性指标的目标，超前谋划系统内平安建设工作，主动下沉一线督促指导，排查工作短板，化解风险隐患，形成风险闭环管控，推动平安建设由"亡羊补牢"向"未雨绸缪"转变。市平安办对平安建设各项工作定期进行晾晒，通报各地各部门阶段性工作成效，形成比学赶超的良性竞争氛围。

（三）不断强化治理能力，着力推进市域社会治理现代化试点

自绍兴市被列入全国第一批市域社会治理现代化试点城市以来，市委、市政府高度重视，成立了由市主要领导任"双组长"的领导小组，全方位、一体化、高水平谋划推动市域社会治理现代化试点工作，初步走出一条具有"枫桥经验"内涵特色的市域社会治理实践绍兴路子。一是党建引领的政治优势有效发挥。坚持把党建引领作为提升基层社会治理能力的根本路径，持续推进"五星"系列创建、驻村指导员、民情日记、党建引领下的社区"契约化"共建、"三驻三服务"等好制度、好经验，进一步提升社会治理体制和机制现代化。二是闭环管控的治理体系日益健全。深入推进更高水平的平安绍兴、法治绍兴建设，健全维稳安保市、县、镇、村四级指挥体系，常态化机制化推进除险保安，打赢了党的二十大维稳安保等一系列攻坚仗，为全市高质量发展提供有力保障。三是高效联动的社会治理共同体逐步形成。持续开展"枫桥式"系列创建，推动政府、社会、市场三大主体的协同治理，政治、法治、德治、自治、

智治"五位一体"的系统治理方式更加深化,激发治理的"联动效应"。四是市县协同的创建机制更加完善。市县两级创建工作体系健全完善,绍兴市全国市域社会治理现代化试点城市创建工作领导小组办公室充分发挥牵头抓总作用,市级各部门和各区、县(市)结合职能共同参与,逐项落实中央共性工作指引和省级区域特色指引要求。

(四)注重治理体系强基固本,着力推进应急管理和能力建设

一是推动基层应急消防融合。出台加强基层应急和消防力量一体化规范化建设实施意见,全省率先推行乡镇(街道)应急和消防一体化、规范化管理融合模式,工作专报得到省领导批示肯定。全市 103 个乡镇(街道)统一成立应急和消防安全委员会,实行党政主职"双主任制";在机构限额内设置应急和消防管理办公室,已有 78 个乡镇(街道)单独设置,单设率达 75%。积极推进社区应急体系改革,大力推动应急和消防安全体系向社区延伸;柯桥区入选首批省级社区应急体系改革试点。二是强化应急救援力量。新建乡镇(街道)"一专多能、一队多用"综合性应急救援队伍 24 支,培育城市消防、医疗、高速公路等航空救援队伍 3 支,完成上虞龙盛危化专业救援队省级提标建设。大力培育社会应急救援力量,专项组织社会应急队伍队员救护员培训,取证率达90%;组织开展第二届全市社会应急力量技能竞赛。建立社会应急力量参与灾害事故抢险救援行动现场协调机制,为 960 名社会应急队伍骨干队员统一购买人身意外保险。三是加强应急预案修编演练。健全市级"1+X"应急预案体系建设,编制《绍兴市生产安全事故应急预案》,扫清应急预案修编盲区。延伸推进县、乡两级应急预案体系建设,完成县级"1+X"应急预案修编全覆盖,乡镇(街道)综合应急预案修编覆盖率 90% 以上。创新数字预案管理模式,开发"一键启动、全域响应"应急预案数字管理系统。深化实施"十、百、千"应急演练计划,承办全省地震地质灾害综合应急救援演练,举办或指导开展市级演练 41 场,督促指导县级演练 104 场、基层演练 3500 余场。

(五)以新时代"枫桥经验"引领法治化提升,充分保障市域依法治理

一方面,在法治轨道上推进共建共治共享,加强制度供给能力建设,以法

治思维和法治方式预防化解矛盾。一是高水平构建地方法规体系。依托《绍兴市制定地方性法规条例》，完善地方立法体制机制，加快重点领域立法进程，出台《绍兴市"枫桥经验"传承发展条例》《绍兴市物业管理条例》等 15 部地方性法规。二是高标准推进法治政府建设。建立重大决策风险评估制度，积极推进"大综合一体化"行政执法改革，深化信访"最多跑一次""最多跑一地"改革，创设信访办理标准流程暨"2211"工作机制、信访代办制度等，实行市县乡三级"主官办信访"。三是高质量开展"法润绍兴"行动。扎实开展"送法进农村""送法进社区""宪法入户"等活动，成功创建国家级民主法治示范村（社区）21 家、省级 460 家、市级 1754 家，实现县级民主法治村全覆盖。

另一方面，构建依法治网体系。一是机制建设稳步推进。印发《绍兴市加强网络文明建设的实施方案》《2022 年依法治网体系建设 20 项重点任务》《2022 年依法治网体系建设重点工作清单任务安排表》等文件。二是网络执法震慑有力。积极开展"打击整治养老诈骗""打击治理电信网络新型违法犯罪""净网 2022""千百工程·清雷""历史虚无主义整治""网络直播营销违法违规行为专项治理""扫黄打非""揭榜挂帅"等 40 多个网络生态专项整治工作。三是除险保安成效明显。累计报送涉政有害信息 4663 条，其中 2 条重要信息被中央网信办表扬，处置各类舆情 200 余条。四是网络普法深入人心。迭代升级诸暨市融媒体中心"1963 法润"直播平台，着力打造本土网络普法品牌。举行网络安全宣传周活动，累计开展各类活动 600 余场次，吸引群众参与达 203 万人次。

二、绍兴市社会治理主要成效

（一）党建统领整体智治不断深入

2021 年以来，绍兴市不断传承发展新时代"枫桥经验"，贯通融合各项基层党建制度，建设并迭代升级"浙里兴村治社（村社减负增效）"应用，通过事项一口归集、任务一贯到底、民情一键回应、干事一屏掌控、监管一览无余、评价一体多维，整体建立村社智治全链条场景，推动基层治理流程再造、制度重塑、系统重构，形成党建统领、上下贯通、条块一体、整体智治的基层治理新格局。截至 2022 年底，绍兴全市 2122 个村社 2 万余名干部全员使用该应用，累计流转事项 83.1 万余件，完成 81.9 万余件，及时完成率 98.5%，切实把基层党组织的根扎进网格、把服务送到家门口、把矛盾化解在最基层。该应用也已成功入选《浙江省"一地创新、全省共享""一本账"S_0》目录，入围"全国社会治理创新案例（2022）"，并获评 2022 年全省数字化改革最佳应用，2021 年、2022 年连续两年获评浙江省改革突破奖。

（二）平安建设持续向好

2022 年，绍兴市坚持以习近平新时代中国特色社会主义思想为指导，全面贯彻落实习近平法治思想，在"八八战略"的科学指引下，以获评平安中国建设示范市（2021 年）为契机，认真贯彻落实省委关于高水平建设平安中国示范区的决策部署，坚持和发展新时代"枫桥经验"，以平安护航党的二十大为主线，持续深化除险保安为总牵引和"指标控制、暗访督导、专项整治"为主抓手的"1+3"平安绍兴建设工作机制，不断健全风险隐患闭环管控大平安体系，全面护航中国式现代化市域实践。一年来，平安建设主要指标持续向好。各类生产安全事故起数和死亡人数同比分别下降 36.5% 和 35.1%，刑事案件数同比下降 11.33%，命案起数、死亡人数同比分别下降 36%、46.67%，电信网络诈骗案件同比下降 16.01%。行政诉讼败诉率全省最低，专项工作考核排名全省第一，危化品生产企业入园率全省第一，消防安全指数全省第三，群众安全感总体满意率首次进入全省第一方阵，数字法治系统年度综合考评位列全省第一方阵。绍兴市实现平安建设"十五连冠"，取得历史最好成绩，名列全省第二，成功捧得"一星平安金鼎"，平安县（市、区）连续 10 年实现"满堂红"。

（三）依法治理体系不断深化

2022 年，绍兴市在省委、省政府的坚强领导下，在省委全面依法治省委员会的悉心指导下，深入学习贯彻党的二十大精神和习近平法治思想，坚持目标导向、问题导向、结果导向，全力以赴抓重点、攻难点、创亮点，法治绍兴建设取得明显成效。一是示范创建取得重大突破。诸暨市创成全国法治政府示范县（市），为全省第 2 个、当年度唯一，实现绍兴市全国示范创建零的突破。二是地方特色立法结出硕果。《绍兴市"枫桥经验"传承发展条例》《绍兴市行政执法协调监督工作办法》等 3 部地方特色法规完成立法。三是争议化解实现质效双升。全年一审败诉率 2.76%，居全省第 1 位；收案 1261 件，创近 8 年新低。行政复议与诉讼比值、调撤率、复议后起诉率、复议后败诉率等全部进入全省前 3。四是行政执法改革加快推进。行政执法机关涉嫌违法问题线索处置率、群众满意度均居全省第一位；柯桥区被确定为全省唯一综合改革试点和"行政行为码"试点。五是法治环境得到优化提升。承接"重大政策措施公平竞争审查会审""公平竞争指数"2 项国家级试点。实现市场主体法律顾问服务网格化全覆盖，开展法治体检 10.14 万家次，解决问题 1.8 万个。

（四）社会公共服务不断优化

近些年来，绍兴市以"枫桥经验"的精神要义为引领，认真贯彻落实国务院和浙江省委、省政府对社区公共服务体系建设的规划部署，聚焦社区居民多元化服务需求，积极推进绍兴市社区公共服务体系建设，并取得显著成效。截至 2022 年底，绍兴市每千人口拥有 3 岁以下婴幼儿托位数 3.52 个，比 2021 年增加 0.99 个；每万人拥有公共文化设施建筑面积 1800 平方米，城镇住房保障受益覆盖率 24.52%；人均体育场地面积 2.88 平方米，位列全省第二；每千人口拥有医疗机构床位数 7.49 张，每千人口拥有执业（助理）医师数 4.36 人，基层就诊率 65.1%，县域内就诊率 90.3%，均比去年大幅度提升；人均预期寿命 81.47 岁，基本养老保险参保人数 368.93 万人，每万名老年人口拥有持证养老护理员数 18 人。截至 2022 年 4 月，绍兴市建成城乡社区层级综合服务中心（含党群活动中心）2110 个，平均面积达到 593 平方米，社区覆盖率达到 90% 以上。社区公共服务内容进一步扩展，目前已经覆盖到养老、托育、社会救助、未成年人关爱、助残、优军、医疗卫生、就业、教育、文体、法律、平安建设、应急、便民和物业十五个方面。

三、绍兴市社会治理未来工作思路

（一）进一步强化平安绍兴建设

1. 突出网络化，改革创新平安稳定工作体系

根据市委关于"建设高水平网络大城市"的总体部署，贯彻落实风险闭

环管控大平安机制，围绕目标体系、工作体系、政策体系、评价体系，以系统性思维打造闭环管控的"平安网"。围绕"社会大局总体稳定、平安建设整体晋位"两大目标，横向构建全领域闭环管控体系，纵向构建全层级责任压实体系，双向全节点工作推进体系。建立健全研判预警、动态摸排、闭环处置、督导晾晒、整治提升、等级响应、应急处突、基层基础等为主要内容的政策体系，进一步完善评价机制和奖惩机制，从而不断改革创新提升平安稳定工作的系统性。

2. 突出常态化，全面推动除险保安专项行动

围绕"全面安全、全域安全、全程安全、全量安全"，进一步固化全市除险保安和平安护航党的二十大维稳安保经验做法，改革创新深化除险保安常态化工作，建立健全27项工作制度，形成长效工作机制，进一步强化责任落实、工作落地、措施落细，全面护航杭州亚运会，确保我市经济持续健康发展和社会大局安全稳定。

3. 突出引领性，坚持发展新时代枫桥经验

围绕"枫桥经验"60周年纪念活动，从更高站位、更深层次、更宽领域系统谋划筹备工作体系和组织体系，以季度性晒比方式推进"三个一批"（重点争取一批、统筹规范一批、专项攻坚一批）标志性成果提升计划，围绕新时代"枫桥经验"内涵、特征和省委下一步对纪念活动展示点的布局要求，对当前绍兴相对薄弱的示范点作专项攻坚保障，力争形成一批具有浓厚枫桥味、时代味的实践品牌。

4. 突出实战性，持续推动平安建设基层基础整体提升

全面贯彻落实省委提出的"平安建设基层基础提升年活动"，加强乡镇（街道）平安稳定工作组织领导和队伍建设，落实党委书记"第一责任人"责任，全面整合各办、线、站、所、庭专业力量组建平安稳定队伍，压紧压实风险隐患排查、矛盾纠纷化解、平安建设共建等工作职责，实现乡镇（街道）平安稳定队伍的实体化运行、常态化拉练、专业化处置。紧盯平安建设中群众反映强烈的突出问题，着力补齐政治安全、社会治安、社会矛盾、公共安全、经济金融安全、网络安全"六大领域"短板弱项，全面打牢基层组织基础、制度基础、能力基础和保障基础，实现"民转刑"案件、严重刑事案件、电信网络诈骗案件、非正常信访、火灾事故、道路交通事故、安全生产事故等明显下降，全面提升平安建设知晓率、参与率、满意率，持续增强人民群众获得感、幸福感、安全感。

（二）进一步强化社会治理法治化建设

2023 年是贯彻党的二十大精神开局之年，"十四五"规划承上启下之年，亚运会举办之年，也是毛泽东同志批示学习推广"枫桥经验"60 周年暨习近平总书记指示坚持发展"枫桥经验"20 周年。绍兴市应以习近平法治思想为指引，对标党的二十大对法治建设的新要求，全力打造法治绍兴建设升级版。重点从四个方面着手。

1. 以创建法治中国示范区先行市、全国法治政府建设示范市为总目标

一是推动从目标引领向实质性破题转变，按照全面评估经济、政治、文化、社会、生态五大领域法治化程度要求重构法治绍兴建设考评指标体系，系统梳理 100 项指标，每季度开展分析研判。二是推动法治建设走在全省前列，法治建设年度绩效进入全省第一方阵，行政诉讼、行政复议、综合执法改革、万人成讼率、万人犯罪率等重点指标完成情况进入全省前三。三是推动典型培育走在全省前列，在深化"枫桥经验"实践、数智赋能、"法助共富、法护平安"、法治化营商环境改革等方面，培育和打造一批在全省有辨识度有影响力的标志性成果。

2. 以推进三项改革为重要抓手

一是推进"大综合一体化"行政执法改革，探索行政执法证"月考"模式，健全行政检查和行政处罚衔接机制，全域推广行政行为码。二是推进行政复议改革，完善府院、府检联动机制，建立行政复议咨询委员会例会制度，开展"行政复议开放日"，推动行政争议化解各项指标领先全省。三是推进法治化营商环境改革，全面打造"市场有力、政府有为、企业有感"的营商环境品牌，在保护市场主体合法权益、完善知识产权保护体系等方面发力。

3. 以"枫桥经验"发源地为切入点

一是抓实法治建设专题调研。在全市层面组织开展专题调研，系统总结 60 年来特别是 20 年来绍兴在坚持和发展"枫桥经验"方面的经验做法。二是抓实系列创建。体系化规范化推进"枫桥式"法治乡镇（街道）建设，深入开展"枫桥式"司法所、"枫桥式"公安派出所等系列创建。三是抓实宣传推介。组织开展坚持和发展新时代"枫桥经验"大学习、大宣讲、大实践活动，选树一批在坚持和发展新时代"枫桥经验"中的典型集体、典型个人。

4. 以统筹立法、执法、司法、普法协同推进为方法论

一是突出地方立法特色。立足解决实际问题，开展"小切口"立法。加强科技创新、数字经济、生命健康等重点领域、新兴领域创制性立法。二是全面推进严格规范公正文明执法。健全柔性监管方式，推行"综合查一次"联合执法机制，拓展执法监管"一件事"；推广"首违不罚＋公益减罚＋轻微速罚"等柔性执法制度。三是强化对司法活动的制约监督。常态化开展司法责任认定和追究，完善司法机关内部制约监督机制，深化政法一体化办案应用建设，强化检察机关法律监督工作。四是深化法治宣传教育。深化推进公民法治素养提升专项行动，持续擦亮"宪法与浙江"法治金名片，深入开展"护航亚运""法律十进"等普法宣传活动。

（三）进一步提升公共服务水平

1. 进一步补足社区公共服务短板

无论是与全省整体水平相比还是与兄弟城市相比，绍兴市社区公共服务在养老和托育等指标方面都存在一定差距和明显短板。要进一步加大财政投入，增加社区养老、托幼和公共文化服务等方面的供给。提高社区养老服务人员薪资待遇，增加引进或培养高素质养老服务人员，尤其是持证上岗人员数量；加强幼儿托育机构建设，进一步增加社区婴幼儿托育机构托位供给，满足社会婴幼儿托育需求；加强社区公共文化服务设施建设，增加公共文化场馆数量，提升社区文化生活品质。

2. 提高社区公共服务设施利用率

突出"高频使用"的建设理念，把"建起来有人用"作为社区服务中心建设的基本原则，重点建设最直接服务群众的社区服务中心。突出"便民适用"的布局导向，围绕高水平打造全民可及、全域可见的"15 分钟生活服务圈"。在具体的功能区块设置上，坚持因地制宜、突出需求导向、基础关键先行，要按照服务空间最大化、实用价值最大化的原则科学划分，重点设置群众需求呼声最为强烈的功能区块。

3. 壮大社区服务队伍

加强养老护理队伍、幼儿托育队伍和医疗卫生队伍等建设，落实《关于加强养老服务队伍建设的实施意见》，健全人才培养培训、职业教育、考核晋升、薪酬待遇、褒扬激励和监督管理体系。加快优化服务队伍机构，积极培育和引进一批管理和护理人才，建立养老服务人才库，壮大养老志愿服务队伍，为各类人才投身养老服务业创造良好环境。建立基层专职服务队伍。乡镇（街道）根据常住居民人数在村（社区）按一定比例配备社区服务专员，尤其是"一老一小"服务专员，工资参照社区干部执行，负责村（社区）居民服务工作。要加大纾困帮扶力度，引导养老服务机构参加等级评定，在房租等方面尽可能给予减免。要引导乡贤、社会组织、志愿者等参加社区公共服务，及时发现社区居民服务需求，集中资金、人力、物力，对特殊困难人员进行精准关怀。

4. 进一步强化数字赋能

市级层面，要致力打造一批实用的数字应用场景，特别是要做好"浙里兴村治社（村社减负增效）"应用的推广铺开，按照需求导向在社区服务中心设置数字大屏和驾驶舱，通过数字应用服务中心工作。围绕社区公共服务"线上线下"相结合，将服务功能搬到手机端、电脑端，开展线上主题活动，让社区居民省心省力。要探索引入第三方社会组织，运用大数据思维统计服务使用量，让有限资源向常用事项倾斜，进一步优化社区服务中心阵地功能设置、服务项目安排。

专题四

2022年绍兴生态文明发展研究报告

中共绍兴市委党校　徐　琪

　　近年来，绍兴市委、市政府坚持以习近平生态文明思想为指引，紧紧围绕省第十五次党代会提出的"打造生态文明高地"、绍兴市第九次党代会提出的"创建国家生态文明建设示范市，高标准建设人与自然和谐共生的美丽之窗"目标要求，以生态文明建设示范创建为总抓手，在推进更高标准生态文明建设上争当探路先锋，牵引撬动全市生态文明建设取得显著成效。2022年，绍兴市连续3年获评美丽浙江建设考核优秀。同年11月，绍兴市被生态环境部命名为第六批国家生态文明建设示范区。全市6个区、县（市）实现省级生态文明建设示范区全覆盖，其中，新昌县、上虞区、诸暨市成功创建为国家生态文明建设示范区，新昌县成为全省第2个获得国家生态文明建设示范区和"绿水青山就是金山银山"实践创新基地两项国家级荣誉的县。自此，绍兴生态文明建设迈向了新高度。

一、绍兴生态文明发展现状

（一）坚持高位推动，强化生态环境保护责任落地落实

　　多年来，绍兴市委、市政府高度重视生态文明建设，严格落实生态环境保护责任，始终将生态文明建设置于全市中心工作的突出位置。2022年，绍兴市成立了以市委书记、市长为双组长的生态文明示范创建工作领导小组，下设指挥部和创建办，组建实体化的示范创建工作专班，具体承担市创建领导小组日常工作，有力指导和统筹协调生态文明建设示范市创建工作。召开高规格生态

文明示范创建工作动员部署大会，市、县、乡、村四级联动，把创建工作融入大局、抓在日常，构建起各级、各部门上下联动、齐抓共管的大生态环境保护格局。强化考核考评的激励导向作用，将"生态文明示范市创建"指标列入对各区、县（市）和市级相关部门考核，全面压实各地和部门责任，充分营造干部争先创优的浓厚氛围，有效推动了生态文明建设工作提质增效。强化落地落实，围绕国家生态文明建设示范市创建 43 项指标实行挂图作战。通过"一指标一专栏"，认领攻坚清单，落实工作举措和重点项目，确保各项指标全面达标。印发《绍兴市生态文明建设规划（修编）（2021—2030 年）》，制订《绍兴市创建国家生态文明建设示范市行动计划（2022—2023 年）》，计划内容涵盖生态制度体系、生态环境质量改善、生态系统保护修复、生态环境风险防范等十大行动，推动生态示范创建工作取得新突破。

（二）深化体制机制和方法路径创新，提升生态环境治理能力现代化水平

党的十九届四中全会围绕"坚持和完善生态文明制度体系"，进一步强调建立与完善、坚持与落实生态文明制度的重要性，为深化生态文明体制改革指明了方向。绍兴生态文明制度创新坚持以健全生态文明制度体系为主线，加大生态文明建设重要领域的制度创新力度，创新生态文明执法方式手段，提升生态文明执法能力水平，有效推动绍兴生态文明体制机制创新走在全省乃至全国前列。

一是加强生态法治建设，促进相关法律"生态化"。这是生态文明制度创新的重要保障。绍兴市持续深化省生态环境损害赔偿制度改革试点市建设，在生态环境损害赔偿制度改革、环境污染责任保险等方面进行大胆探索，推动实行最严格的生态环境保护制度，严明生态环境保护责任。2021 年，绍兴市生态环境局等部门印发了《绍兴市大气污染生态环境损害赔偿管理办法（试行）》《绍兴市资源环境案件违法责任与损害赔偿责任"一案双查"实施办法（试行）》，前者对生态环境损害赔偿进行了细化规范，后者进一步规范了资源环境违法案件违法责任与损害赔偿责任"一案双查"工作。2022 年，绍兴市生态环境局印发《绍兴市高频生态环境违法行为行政处罚罚金金额裁量表》《绍兴市生态环境监督执法正面清单实施办法》等文件，旨在进一步规范生态环境行政执

法系统行政处罚行为，优化执法方式，推动差异化执法监管。同年，绍兴被列为浙江省环境污染责任险试点地区之一，探索构建"保险＋服务＋监管＋防范"的绿色金融环境风险防范体系，将环境污染事故的事后处置变为"事前预防管理＋事后有效补偿"，提升企业污染治理和风险防控能力。截至2022年，全市已有100家企业纳入环境污染责任保险投保范围，涵盖重金属、危险废物、环境高风险等类别。绍兴完善地方立法，正式实施《绍兴市柴油动力移动源排气污染防治办法》，推动减污降碳协同增效、促进经济社会发展全面绿色转型。

二是深化数字化改革，积极推进生态环境领域应用场景建设，提升生态环境能力。2022年，绍兴打造建设绍兴市能源大数据平台，进一步摸清绍兴能源使用情况家底，推动实现对电、气、热、煤、油等能源数据的汇聚、监测、分析、评估，实施用能监测、能耗预警、资源分析、能效评价等智能服务。同时，绍兴以数字化改革为牵引，赋能"无废城市"建设，取得了阶段性成效。统筹整合省、市、县三级五大类固废管理系统和重点固废利用处置企业管理系统，打造了绍兴"无废城市"信息化平台。该应用荣获浙江省数字化改革突破奖银奖。同年，浙江生态环境厅公布第一批"无废城市"数字化改革试点场景建设成效评估情况。其中，绍兴承建了16个二级子场景建设任务中的11个，是全省承建二级子场景建设任务最多的地市，在省级考核评估中排名第二，绍兴"无废城市"数字化建设持续领跑。

（三）聚焦"双碳"目标，全力推动城市全面绿色转型

实现碳达峰、碳中和，是党中央作出的重大战略决策。加强"无废城市"建设，推动城市全面绿色转型，助力全社会形成绿色生产和生活方式，是实现"双碳"目标的必经之路。绍兴在践行"双碳"目标上奋楫争先，认真贯彻落实"无废城市"建设要求，圆满完成了全国"无废城市"建设试点，绍兴市、上虞区、新昌县达到全域"无废城市"建设三星级标准，荣获"清源杯"。深入推进"无废城市"试点建设。绍兴市自2019年被确定为全国11个"无废城市"建设试点城市以来，将"无废城市"建设作为推进生态文明建设的有效抓手，实现了从率先启动"无废城市"建设摸索，到全域推进"无废城市"建设，再到创新打造"无废细胞"的发展历程。2022年，绍兴市列入省级低碳试点区（县）1个，低（零）碳试点乡镇（街道）7个、村（社区）41个，数量

居全省前列。同年 7 月，在全国"无废城市"试点建设考核中，绍兴取得排名前 5 的成绩，并获得财政部奖励。创新探索并深入实施"无废城市"建设体系，科学制定了"1+4+7"方案体系（1 是市无废办牵头，编一个全市整体实施方案；4 是"无废城市"五大类固体废物涉及的 4 个牵头部门，各编一个子方案；7 是绍兴市的 6 个县、市、区加上滨海新城，各编一个区域方案）。该方案通过了生态环境部组织的专家评审，并得到了有效落地实施。为深化全域"无废城市"建设，印发《绍兴市全域"无废城市"建设实施方案（2022—2025 年）》，从提升数字监管能力着手，迭代升级各类场景应用，提升预测、预警和战略管理支撑能力，推动"无废场景"向"无废大脑"跃升。同时，为营造共建共享的良好氛围，绍兴还积极探索"无废城市"建设全民参与方式，启动了"无废细胞"建设工作，加快开展"无废工厂""无废学校""无废医院"等"无废细胞"创建，制定无废园区、无废工地、无废乡村、无废工厂、无废医院、无废学校、无废饭店、无废景区、无废超市、无废城市公园、无废小区、无废机关十二大类"无废细胞"建设标准，打造"无废细胞"660 余个，旨在将"无废城市"建设任务细化渗透到人们日常生活中，将生态文明建设落实为全社会的自觉行动，构建"人人参与、人人尽力、人人共享"的生动格局。

（四）加快谋求产业转型升级，大力发展绿色经济

绿色发展是发展观的深刻革命。坚持"生态优先、绿色发展"理念，要求我们必须从人、自然、经济的绿色循环发展出发，全方位推动产业转型升级，做到经济效益、社会效益、生态效益同步提升。绍兴作为浙江省唯一的传统产业改造提升综合试点，始终围绕"率先走出腾笼换鸟、凤凰涅槃的智造强市之路"战略目标，全力打造传统产业改造提升"绍兴模式"，连续 10 年荣获全省"腾笼换鸟"考核先进市。2022 年，全市单位 GDP 能耗下降率和规上工业增加值能耗下降率排名均位于全省首位，持续擦亮全国"腾笼换鸟、凤凰涅槃"的金名片。

一是创新推动传统产业"跨域整合"。2022 年，绍兴市区印染产业"跨域整合"，"跨域整合"工作顺利完成，印染产业集中度从 65% 提升至 80%，用地从原先 10202 亩集约至 6567 亩，亩均税收从集聚前的 7.5 万元 / 亩提高至 28.77 万元 / 亩。严格落实环保准入机制，共淘汰印染企业 15 家、化工企业

14 家。落户柯桥区的 5 个印染组团现已全部投产，柯桥区成为全国最大印染产业基地。印染产业"跨域整合"实现了集中供热、集中供气、集中排污，同时强化了天然纤维印染、特种产品印染等产业链，增强了现代纺织产业集群的整体竞争力。与此同时，绍兴秉持"搬迁不是平移、提质才是目标"的理念，制定印染行业提升标准 108 条和上虞化工改造提升标准 2.0 版，均高于国家要求的行业标准，推动印染行业提质增效高质量发展。5 个印染组团项目和 18 个化工项目总投资分别超 50 亿元和近 500 亿元，原有生产装备、生产工艺大幅提升。

二是加速发展生物医药、电子信息、高端装备、新材料四大新兴产业。2022 年，绍兴市规模以上工业中，高新技术产业增加值比上年增长 10.4%，装备制造业增加值增长 13.1%，数字经济核心产业制造业增加值增长 13.5%。跨域整合后印染企业的搬出区域滨海新区已成功列入省高端生物医药、集成电路产业"万亩千亿"大平台。绍兴依托集成电路、高端生物医药、先进高分子材料、智能视觉四大"万亩千亿"新产业平台，招引中芯、长电、敏实、比亚迪等重大项目，为新兴产业的发展提供了更大发展空间。印发《关于加快推进工业经济高质量发展若干政策操作细则的通知》，全市建设绿色认证企业130 余家。

三是加快发展现代农业。农业与生态有着天然的密切联系。发展农业必须符合生态文明的基本要求。坚持把生态目标融入现代农业发展，以发展绿色农业、生态农业、有机农业、特色农业为主攻方向，加快发展节约资源型和环境友好型的现代农业。近年来，绍兴市通过招引创新高端人才，推进乡村人才创业园和孵化基地建设，加快高端农业智能装备等技术研发、成果转化和应用推广，深化特色优势产业院企攻关合作，支持农业企业推进核心技术攻关等多种途径方式，有效推动现代农业高质量发展。全市现已累计建设国家级现代农业产业园 2 个，农业产业强镇 2 个，省级现代农业园区 6 个，农业特色强镇 9 个。国伟禽业、舜达种业先后入选国家、省级种业阵型企业，嵊州巴贝集团攻克了人工饲料工厂化养蚕的世界性难题，入选全省首批未来农场。

（五）固本强基，筑牢共同富裕的"绿色"底色

生态环境是重大民生问题。良好生态环境是最普惠的民生福祉。大力推进

生态文明建设，提供更多优质生态产品，是积极回应人民群众所想、所盼、所急的重要方面。近年来，绍兴的生态文明建设始终坚持生态惠民、生态利民、生态为民，站在人与自然和谐共生的高度谋划发展，压实绿色生态"基本盘"，实现生态环境质量持续向好，生态人居持续改善，人民群众不断感受到生态环境改善带来的"绿色福利"，对良好生态环境的获得感、幸福感不断提升。

一是全力以赴开展"蓝天、碧水、净土、清废"行动，生态环境质量高位巩固。2022 年，浙江省生态环境质量公众满意度调查结果显示，绍兴排名提升明显，由 2021 年的全省第 9 位上升到第 6 位，得分创历史新高。印发实施《绍兴市 2022 年大气污染防治行动方案》《2022 年绍兴市大气污染防治考核办法》，2022 年绍兴市空气质量持续高位改善，全市省控及以上站点 $PM_{2.5}$ 平均浓度 28 微克／米 ^{3}，AQI 优良天数比例 90.7%，超额完成省下达 $PM_{2.5}$ 浓度目标任务，全市域被评为省清新空气示范区。深入实施"十江百河千溪"水美工程，强力推动"美丽河湖"向全域纵深发展，向"幸福河湖"升级。城乡居民水安全保障行动被列为 2022 年度绍兴市政府十大民生实事项目之一。2022 年全市建成省级"美丽河湖"16 条（个）、144 千米，水美乡镇 19 个。16 条（个）河湖主要包括越城区洋泾湖、上虞区十八里河、诸暨市马剑溪、新昌县石门水库等，入选数量居全省第二位。全市 11 个地表水国控断面Ⅰ～Ⅲ类水比例为 100%，25 个省控断面、128 个县控水质考核断面Ⅰ～Ⅲ类水比例、功能区达标率均为 100%，8 个县级以上饮用水水源地水质达标率保持 100%。2022 年全市生活垃圾分类覆盖率、资源化利用率、无害化处理率均达 100%，分类处理率达 80.2%，回收利用率达 65.5%，城乡生活垃圾总量下降 1.2%。注重加强保护修复和生物多样性保护工作。积极开展绍兴鉴湖国家湿地公园（试点）、诸暨白塔湖国家湿地公园、新昌黄泽江省级湿地公园等保护修复工作。在全省率先设立 6 处市级陆生野生动物疫源疫病监测点，2 处省级监测点构建监测网格体系。公安、农业农村、市场监管等 9 部门开展"2022 清风行动"联合执法行动，强化林区、湿地、市场等重点场所巡查。新建省级森林城镇 4 个，"一村万树"示范村 26 个，全市森林覆盖率达到 55.3%。

二是依托绍兴独特的资源优势和文化优势，把城市建设与山水资源、文化与旅游充分融合，把生态环境治理与特色产业发展、美丽乡村建设紧密结合，推进生态优势转化为发展优势，生态价值转化为经济价值。稽山鉴水是绍兴的宝贵财富和独特资源。绍兴积极重塑山水格局，涵养美丽山水气质，培育"大公园""大绿廊""大湿地"等生态空间，加快构建"一心（会稽山生态绿心）、三江（钱塘江、曹娥江、浦阳江）、四绿廊（龙门山、天姥山、四明山、沿杭州湾）"蓝脉绿网风景线，推动城市显山露水，开辟新时代美丽绍兴建设新境界、绘就近悦远来"品质之城"新画卷，率先走出人文为魂、生态塑韵的城市发展之路。注重发挥水利红利，积极探索"水生态、水文化、水研学与水旅游"的有机融合，全面构建"四大河流、五大古镇、九大湖区"中心城市水域框架，实施"水利 +"，促进"生态 +"，弘扬"文化 +"，带动"经济 +"。2022 年，绍兴市鉴湖旅游度假区入选文化和旅游部拟定的新一批国家级旅游度假区。迪荡湖、曹娥江、白塔湖、嵊州"诗画剡溪"等"美丽河湖"已经成为外地游客重要旅游目的地、当地居民休闲娱乐重要场所。

三是践行"绿水青山就是金山银山"理念，积极探索开展生态产品价值实现机制，做好生态富民文章。全面推进美丽城市、美丽城镇、美丽乡村、美丽景观带建设，通过打造特色旅游小镇、乡村旅游 A 级景区、精品民宿项目建设等方式，拓宽"绿水青山"转化为"金山银山"的路径，实现生态改善和绿色发展双赢。新昌县被列入全省生态产品价值核算应用试点县，编制《新昌县生态产品价值实现机制实施方案》，探索一条绿色共富、多方共赢之路。2022 年，嵊州为当地绿水青山"估价"，中国农业发展银行嵊州市支行向嵊州市交投集团授信发放 9.5 亿元。这是绍兴首笔"GEP 生态价值贷"。作为绍兴传统优势产业的"会稽山古香榧群"被联合国粮农组织认定为全球重要农业文化遗产，绍兴通过深化"稽山古榧"品牌建设，强化香榧产品研发，打造古香榧群区域生态旅游圈等方式，走出一条"农民、农业、生态"多方共赢的共富路，使更多香榧树成为当地老百姓的"金饭碗"。

二、绍兴生态文明建设进一步发展的思考

党的二十大报告将"人与自然和谐共生的现代化"列为中国式现代化五个方面的特征之一，并专门开辟一个章节阐明"推动绿色发展，促进人与自然和谐共生"的重要性，为新时代新征程中的生态文明建设工作指明了前进方向。对照落实党中央和省、市委部署要求，绍兴的生态文明建设仍存在一些短板和

问题。一是生态环境质量保持高位提升的基础尚不稳固。随着绍兴的生态环境质量逐年大幅改善，进一步持续改善空间较小，部分指标有较大反弹压力。特别是大气污染防治形势依然严峻，在全省排名较为靠后。二是传统产业和能源结构低碳转型压力大。全市以印染、化工为代表的传统产业绿色化、低碳化水平有待进一步提升，能源结构尚需进一步优化，一些结构性、根源性问题尚待破解。三是生态环保工作部门协同机制还需健全。生态环境工作"上热下冷"、生态环境部门"热"其他部门"冷"的情况依然存在。相比金华、台州、嘉兴、湖州等同类地级市，绍兴市生态环境队伍力量偏弱。四是依法依规保护生态环境的自觉性仍需加强。全社会的生态自觉意识尚待进一步加强和提升，仍存在个别企业落实生态环境保护主体责任不到位等现象。

接下来，绍兴将深入贯彻落实党的二十大精神，以习近平生态文明思想为指导，持续深化巩固国家生态文明建设示范区创建成果，高质量高标准抓好生态文明建设重点领域，扎实落实各项部署，不断推动生态文明建设工作迭代跃升，为争做全省"两个先行"排头兵，勇闯中国式现代化市域实践新路子作出更大贡献。

第一，持续做好相关法律制度的"生态化"文章。生态文明建设，是一场涉及生产方式、生活方式、思维方式和价值观念的革命性变革。实现这样的变革，必须依靠制度和法治。用最严格制度、最严密法治保护生态环境，是我们解决生态文明建设各种问题的"牛鼻子"。面对党的二十大报告所提出的"推动绿色发展，促进人与自然和谐共生"的任务，生态文明建设领域的法律制度建设也必须紧跟时代步伐，不断满足生态文明建设的需求，将生态文明建设纳入法治化、制度化的轨道，为生态文明建设提供最坚实的保障。

第二，持续加强生态环境治理能力现代化建设。构建人与自然和谐共生的现代化离不开生态环境治理体系和治理能力现代化。进入新发展阶段、贯彻新发展理念、构建新发展格局，必须聚焦经济发展与生态保护之间的关系，加强生态环境治理体系和治理能力现代化建设。强化党的领导，做好顶层设计和落地落实工作，健全生态治理的协同机制，确保生态文明建设决策部署得到不折不扣的贯彻落实。厘清政府与市场、政府与企业的关系，健全绿色低碳的市场体系，利用税收调节等手段引导和鼓励企业走节能减排、绿色发展之路。运用数字化手段，加强数字技术、科技手段在生态文明示范创建中的应用。加强生态文明建设的宣传教育，致力营造绿色和谐良好社会风尚。通过完善公众参与制度，加大对社会组织的扶持力度等方式，引导公众和社会组织、志愿者等各方力量有序参与生态文明建设，构建共建共治共享的大生态大环保行动体系和治理格局。

第三，积极促进生态文明理念融入经济、政治、文化、社会建设全领域、全过程。生态文明建设不是孤立的，而是一个复杂的系统工程，必须在各个领域贯彻落实生态文明的理念，从源头上融入生态文明建设的目标要求。在经济建设方面，坚定不移走绿色低碳循环发展之路，坚持监管和服务并重，在环保服务体系和服务政策方面进行持续优化，着力推动形成科技含量高、资源消耗低、环境污染少的产业结构和生产方式，全面提高经济社会发展的绿色化程度。在政治建设方面，要强化组织领导，加强各级党委、政府在生态文明建设方面的政治责任和政治意识，建立健全能够充分体现生态文明建设要求的考核制度和责任追究制度，压实各地各部门生态文明建设责任，确保生态文明建设落地生根。在文化和社会建设方面，要培育全民绿色生活理念，树立生态自觉意识，加快居民生活领域实现绿色低碳转型。

专题五

2022 年绍兴基层党建工作发展研究报告

中共绍兴市委党校　闪　月

　　2022 年是党和国家历史上极为重要的一年，也是绍兴发展开启崭新篇章的一年。党的二十大吹响了"坚持大抓基层的鲜明导向"冲锋号，把"大抓基层"上升到了新高度。一年来，绍兴全市干部群众不忘初心，进一步学懂弄通做实习近平新时代中国特色社会主义思想内涵，深入贯彻落实新时代党的建设总要求和新时代党的组织路线，攻坚克难、锐意进取，树立大党建思维，完善大党建格局，在服务大局中展现作为，在大战大考中彰显担当，在改革攻坚中开创新局，以实干实绩加快实现"五个率先"、勇闯中国式现代化市域实践新路子。不断深化实践习近平总书记对绍兴的指示批示精神，努力打造基层党建工作的亮点品牌：深入实施组织变革行动，找准突破点、覆盖空白点、转整薄弱点，积极塑造基层组织新形态；深入实施引领共富行动，做强做大先行村，加快消除相对薄弱村，带动中间整体提升，在全面缩小"三大差距"上走在前列；深入实施"五星"迭代升级，在对接"七张问题清单"上求突破，在完善验收标准体系上下功夫，在深化创建成果转化上见成效，让群众看到实实在在的变化和成效；深入实施先锋亮旗行动，增强领导力、提升组织力、提高战斗力，充分发挥基层党组织的战斗堡垒作用；深入实施数字赋能行动，大力推进"浙里兴村治社（村社减负增效）"应用场景建设，聚焦高频需求、注重管用实用、统筹线上线下，加快形成党建统领基层整体智治的工作格局。

一、绍兴基层党建工作主要做法与特色亮点

总体上看，绍兴对照习近平总书记对组织工作的一系列重要指示批示精神，高质量完成既定目标，持之以恒夯实基层基础，推进改革创新，深入实施"红色根脉强基工程"，总体质效与经济发展水平较为匹配。

一年来，绍兴各级党组织把"坚持大抓基层的鲜明导向"系列部署作为忠实践行"八八战略"、走好"五个率先"奋进路的基础工作，作为弘扬"四敢"导向、着力解决基层组织建设突出难题的重要举措，逐条对照、深刻领悟、持续推进，以实际行动展现忠诚拥护"两个确立"和坚决做到"两个维护"的政治自觉、政治能力、政治作为。深入实施政治铸魂行动，学思践悟伟大思想，持续擦亮"驻村指导员""民情日记""社区党建'契约化'共建"三张金名片，把忠诚拥护"两个确立"、忠实践行"两个维护"体现到经济社会发展的实际成效中。以"首位首要"的意识强化政治统领，系统性推动党员干部坚决做到"两个维护"，全方位打造模范部门过硬队伍；以"争先率先"的状态深化"两个担当"良性互动，高质量护航"重要窗口"建设，以"深抓长抓"的韧劲夯实基层基础，全领域推动治理体系和治理能力现代化，做到践行"两个维护"坚定有力、应对"大战大考"担当有为、建设"和美家园"群众有感、激发"数智活力"精准有效、打造"创新高地"全省有位，基层党建取得新进展新成效，为绍兴经济社会高质量发展创造了良好环境。

（一）凝心铸魂，筑牢"凝共识、同奋进"政治基础

党的政治建设是党的根本性建设，是党的各项建设的灵魂。政治上的坚定，源自理论上的清醒。过去一年，全市各级各部门把学习贯彻习近平新时代中国特色社会主义思想和党的二十大精神作为首要政治任务，切实筑牢广大党员干部坚定拥护"两个确立"、坚决做到"两个维护"的思想根基。党的二十大胜利闭幕后，第一时间部署开展党的二十大精神学习宣传贯彻工作，高质量推进党的二十大精神学习培训，分两期开展全市县处级领导干部集中轮训，1000 余名干部走进课堂，深化理论武装，感悟思想伟力。同时，注重以"关键少数"带动"绝大多数"，创新方式方法开展全员培训，推动全市上下深入学

起来、扎实做起来。通过深入学习，全市各级党员干部对党的二十大精神的核心要义有了更加全面系统的理解、达成了更加强烈的共识，为推动党的二十大精神在绍兴落地生根、在建设高水平网络大城市中勇闯中国式现代化市域实践新路子打下坚实基础。

（二）护航中心，构建"稳经济、促共富"保障体系

经济要稳住、发展要安全，是党中央的明确要求。绍兴全市坚持组织路线服务保障政治路线根本定位，自觉置于大局、大势、大事之中，持续向中心聚焦、为大局聚力。针对高质量发展建设共同富裕示范区这一浙江省的光荣使命，绍兴市以高质量组织工作促进共同富裕。2022 年以来，绍兴充分发挥党组织在共同富裕中的强大组织功能，深入实施组织工作助跑共富行动，推动党建引领"共富工坊"遍地开花，同时进一步纵深推进数字化改革、针对性加强重大任务组织保障。

在农村深化实施"百县争创、千乡晋位、万村过硬"工程，全面推进党建引领"五星 3A"创建迭代升级，围绕打造深具绍兴韵味的共同富裕现代化基本单元建设新要求，按照"抓两头带中间"思路，分层分类推进先行示范创建，持续推进 44 个乡村振兴先行村培育建设，使乡村沃野焕发勃勃生机。创新落地"爱心卡"助推"浙里康养"，聚焦"四个一点"丰富多元参与保障模式，动员集体和乡贤力量，以财政资金撬动家庭、慈善、集体资金按比例注资，有效扩大"爱心卡"资金池。扎实推进"共富工坊"建设，联合农业、商务、文旅、工商等职能部门，引导企业把生产加工环节布局到农村。截至 2022 年底，全市已建成"共富工坊"567 家，帮助 1.5 万户低收入农村家庭就业增收。深化推进村集体经济消薄攻坚行动，持续打好"引联帮带促"组合拳，一村一策制定"消薄"方案，全面消灭年经营性收入 50 万元以下的薄弱村。建强共同富裕现代化基本单元，深化党建联建机制。坚持"组织引领、资源共享、产业互补、协同共进、抱团发展"，引导各级党组织结对互促，聚合政企村社多方力量，优化资源配置，实现发展、治理、服务的联动共享。2022 年深入推进现代社区建设，抓深做实"六大改革""十大行动"，累计建立党建联建特色项目 583 个。

在社区着力打造新时代"枫桥经验"城市版，目前已经形成融合型大社区大单元治理、平战转换体系建设、"红色业委会"建设等一系列经验成果，相

关工作走在全省前列。完善运行机制，实行小区党支部、业委会和物业企业"三套班子"交叉任职。探索出台《重点工作专班管理办法》，全力服务保障疫情防控、除险保安、稳进提质等中心工作。建立快响激活、平战转换考赛体系，常态化设置 2000 余名干部组成的疫情防控"胆剑"突击队。实施《组织工作服务保障经济稳进提质十二条》，下沉驻企服务员 5000 余名，组建专家团组 65 个。以离退休干部党建融入城市基层党建试点为契机，以"三银"①活动为抓手，完善工作机制、创新工作举措，积极鼓励离退休干部党员到社区报到，整合资源，优化服务，统筹推进"更多力量和资源向基层下沉"，探索建立各司其职、多跨协同、共同参与、融合推进的工作机制，推动离退休干部党建与城市社区党建融合。

在"两新"领域打造两新党建品牌矩阵。截至 2022 年底，全市共创建标杆园区 10 个、标杆楼宇 19 个、标杆互联网企业 12 个、标杆两新组织 46 个。市县两级全覆盖成立交通运输行业党委，实现实体化运行。扎实推进新兴领域、互联网企业党建工作，推动快递员、外卖送餐员、网约车司机等新就业群体加快融入城市基层党建格局。全面开展两新党建"三年创优，整体跃升"行动，实现专精特新、单项冠军、隐形冠军、"小巨人"企业党组织应建尽建，规上企业党组织覆盖率达 60% 以上。全市非公快递企业已建党组织 13 个，其中实体型党组织 11 个，功能型党组织 2 个；党组织关系均隶属街道，其中越城区 4 个，柯桥区 3 个，上虞区 1 个，诸暨市 3 个，嵊州市 1 个，新昌县 1 个。出台《推动新就业群体融入城市基层党建十条》等制度，建设示范、标准、简便"三型"新就业群体服务中心（站点）380 余家，引导新就业群体融入城市基层网格治理。创新加强流动党员教育管理，全面建立流动党员信息库，探索设置流动党员服务中心，完善"就近就便过组织生活"制度，引导流动党员全面纳管。扎实推进农村发展党员违规违纪问题排查整顿，相关做法被中组部刊发宣介。

（三）固本强基，打造"引领强、带动强"智治系统

数字组工既是"数字变革高地"的重要组成部分，也是牵引撬动"新时代

---

① "三银"指银领先锋、银耀共富、银尚乐活。

党建高地"目标实现的战略路径，是实现党建统领整体智治的重要抓手，是组织部门助力"两个先行"的核心工具，是推动干部队伍组织工作系统性重塑的关键载体，对于提高基层党建质量具有重要意义。近年来，绍兴始终把用实用好数字化应用作为深化新时代"枫桥经验"，牢牢把握"为基层减负、为治理增效"的改革初心，梳理迭代涉镇涉村事项清单，优化智能过筛机制，不断提升基层干部的获得感、满意度，把抓应用推广与推进党建工作有机结合起来，以应用的高质量使用推动基层组织工作的高质量提升。2022 年，绍兴党建统领整体智治系统亮点纷呈。

一是形成了一批具有鲜明辨识度的应用场景。迭代升级"七张问题清单"，完善问题管控力指数，有效提升抓党建带全局的融合度。"七张问题清单"应用进入省示范榜案例数全省第一，领跑"全省第一方阵"。"工伤安心云""就业资管家""招生安"大数据监督应用接入省纪委公权力大数据监督应用平台展示。"智汇民情"应用获评全省人大工作与时俱进特别奖。人民建议征集"浙智汇"应用纳入首批"一地创新、全省共享""一本账" S_0 推广项目。"网络安全智治"应用创新做法在省数字化改革推进会进行演示汇报，获省委主要领导充分肯定。人才智能评价等应用多次获人民网、新华网报道。"智慧编办"作为中央编办试点扎实推进，应用理论文章、制度体系多次被中央编办等刊发宣介。"互联网+"环境下农村基层档案智慧监管体系建设研究项目被国家档案局列为全国档案科技项目。

二是承接的省级重大应用有序推进，"突发快响"等应用实现市县乡三级贯通，"智汇民情"等多跨场景迭代升级，大安全智控、智能文稿服务等应用场景推进建设。"智慧编办"2.0 版建设完成"掌上编办""编外聘用人员管理一件事""机构编制事项联办一件事""无纸化会议""事业单位登记及编外聘用管理评估分析"等多项应用。"枫桥纪检监察指数"应用形成全过程可监测、可留痕、可追溯监督闭环。"国企房产公权力大数据监督"应用已在全市 11 家市管国企推广使用，推动重塑制度 22 个，推进专项治理 3 项。"民族 e 家亲"应用打通 8 套跨部门、跨层级系统，切实提升民族事务治理法治化水平。"浙智汇"应用对接省"民呼我为"平台，实现日常建议事项办理的业务数据协同，完成纵向各级业务数据互通，实现建议征集工作全过程人民民主参与。

三是深入实施"红色根脉强基工程"，建好用好"红色根脉强基工程"应用，推动党建工作在制度、治理、智慧三个维度持续提升，加快质量、效率和动力变革。试点开发建设"强基指数"应用，推动基层党建引领基层各项事业发展。扎实推进党建引领城乡现代社区建设，承接"爱心卡"制度推广等 5 项省级试点，形成融合型大社区大单元治理、"红色业委会"建设等经验成果。深入推进网格智治，打造 7215 个网格、42920 个微网格，选配"1+3+N"网格团队，提前两年完成社区工作者配备省定目标。全覆盖推广"浙里兴村治社（村社减负增效）"应用，相关做法在中央《党建要报》刊登，获省委主要领导批示肯定；应用获评省数字化改革最佳应用，入选"全省'一地创新、全省共享'一本账"。牢记习近平总书记嘱托，传承发展新时代"民情日记"相关做法，获中央政治局委员、省委主要领导批示肯定。推进各级党群服务中心规范化建设，构建以党群服务中心为主阵地的服务矩阵，推动"惠从党来"可及可感。推行村级阵地 10 件"关键小事"、日常运行 10 项"基本制度"、党组织规范 10 类"易发问题"、"三个十"规范，持续提升基层党建标准化规范化建设水平。

需要注意的是，绍兴市基层党建工作一年来虽然取得了一定成绩，但仍然存在一些问题和不足。如绍兴整体的党建基础和先进地区还有差距，地区间、领域间党建成效还不够均衡；党建统领整体智治系统配套体制机制还有待进一步完善，一些应用侧重技术层面优化，缺少实际需求的突破；应用成果、理论成果、制度成果的总结提炼还有欠缺，离"一地创新、全省共享"要求还有差距；干部队伍变革性重塑的实效性还需要进一步提升；等等。

二、绍兴基层党建工作经验总结与展望

党的二十大精神是谋划推进组织工作的根本出发点和落脚点。习近平总书记指出，"概括提出并深入阐述中国式现代化理论，是党的二十大的一个重大理论创新，是科学社会主义的最新重大成果"[①]，并就党的领导、实践要求、方法路径等进行了深刻阐述。浙江省委聚焦贯彻落实党的二十大精神，明确提出深入实施"八八战略"，强力推进创新深化、改革攻坚、开放提升，在中国式

---

① 《正确理解和大力推进中国式现代化》，《人民日报》2023 年 2 月 8 日。

现代化新征程上干在实处、走在前列、勇立潮头。"图更强、争一流、敢首创，勇闯中国式现代化市域实践新路子"是省委赋予绍兴的重大使命。

绍兴各项事业发展已经站在了新的历史起点上，基层党建工作也必须与时俱进。要全面贯彻习近平新时代中国特色社会主义思想，立足中国式现代化的战略擘画、省域布局、市域实践，不断巩固优化提升，创造出经得起实践和历史检验的业绩。党的二十大报告指出，"严密的组织体系是党的优势所在、力量所在"，强调"坚持大抓基层鲜明导向"。要继续沉下身去抓基层、静下心来抓基础，按照"守正创新、把握步调、年年递进"的原则，紧扣"创新深化、改革攻坚、开放提升"关键词，牢固树立"直面问题才能解决问题"理念，突出"在发展中显担当、在守正中求突破、在变局中开新局"特色，坚决守好"红色根脉"扛起使命担当、深化弘扬"胆剑精神"打造先行铁军、创新发展"枫桥经验"夯实基层基础、持续跃迁"名士之乡"厚植发展动能，启动"三型争创、强根壮脉"三年行动计划①，推进"变革型组织、担当型干部、先锋型党员"建设，加快打造具有绍兴辨识度的大抓基层党建品牌。重点需要抓好以下五个方面。

（一）突出政治"三力"深化政治铸魂

党的二十大报告站在"关键在党"的高度，强调"坚定不移全面从严治党，深入推进新时代党的建设新的伟大工程"，这对组织工作来说意味着更大的政治责任，必须知责明责、担当尽责。基层党建创新要以党的政治建设为统领，强化农村基层组织政治功能和组织力，必须坚持把加强政治建设作为第一要求。一是要高质量开展学习贯彻习近平新时代中国特色社会主义思想主题教育。以"八八战略"实施 20 周年为契机，与学习贯彻党的二十大精神相贯通，突出传承习近平总书记重要指示批示宝贵精神、奋力扛起总书记赋予的新使命新期望等重点，充分融合新时代"枫桥经验""胆剑精神""民情日记""驻村指导员"等绍兴元素，做到"规定动作"不走样、"自选动作"有特色，确

---

① "三型争创、强根壮脉"三年行动计划：全面建设"变革型组织、担当型干部、先锋型党员"，深化推进党建引领基层治理，全力建强网格党组织，打造新时代"枫桥经验"城市版。扎实推进抓党建促共同富裕，迭代组织工作助跑共富行动，深化驻村指导员制度，全面深化党建联建机制，提质扩面加强"共富越工坊"建设。进一步落细落实"红色根脉强基工程"，推动各领域党建全面过硬，加快打造具有绍兴辨识度的大抓基层党建品牌。

保主题教育实现全程全面高质量。二是要深入实施党的创新理论学习教育计划。围绕常态化制度化开展理想信念教育，体系化长效化抓好学习贯彻，把学习贯彻新思想和党的二十大精神作为党员干部、公务员教育培训主课必修课，分层分类推进基层党员全员培训、高层次人才和新生代企业家专题研训等，推动党的二十大精神不断走深走实、见行见效。三是要推进政治监督具体化精准化常态化。要以政治监督保障决策部署落实，必须把坚决贯彻习近平总书记重大要求作为领导班子政治建设重要内容，着重对关口前移、分类重点、正负清单等加强研究，探索运用数字化手段开展重要业绩案例分析、口碑评价追溯倒查，做实做深政治素质考察，探索建立领导干部政治素质档案。完善习近平总书记重要指示批示精神闭环落实机制，扎实做好巡视整改，落实民主集中制以及"一把手"和领导班子等专项监督，推动政治建设抓在经常、成果用在日常。

（二）深化推进党建引领基层治理，增强基层党组织组织力

党组织组织力的发挥能够有效组织多元主体在科学机制下积极有效地参与公共事务，通过沟通、协商、合作的方式解决矛盾纠纷。只有将多元主体有效组织起来，才能提高各主体参与的能动性，从而避免集体行动困境。党的二十大报告明确提出"推进以党建引领基层治理"，要深刻领会其中的政治考量，努力扛起"枫桥经验"发源地的先行职责，全力争取党建引领基层治理综合试点，形成更多破解共性问题的绍兴经验。要大力实施现代社区"和美争创"计划①，抓实"六大改革"②、"十大行动"③和"十件惠民好事"④，深化推进"红色业委会"规范化制度化建设，探索完善社区、业委会、物业服务企业三方协同

---

① "和美争创"计划指系统推进示范型、争创型、培育型三类社区建设。
② "六大改革"指"上统下分、强街优社"改革、强村富民乡村集成改革、"强社惠民"集成改革、社会组织发展体系改革、社区应急体系改革、城镇社区公共服务集成落地改革。
③ "十大行动"指党建统领网格智治攻坚行动、除险安民行动、无物业管理住宅小区清零攻坚行动、"五社联动"提质增效行动、"一老一小"优质服务提升行动、电梯质量安全提升和老旧小区加装电梯惠民行动、融合型大社区大单元智治破难行动、社区药事服务便民行动、全域党建联盟聚力共富共治行动、全省"1+4"社区助残服务暖心行动。
④ "十件惠民好事"指人大代表通过无记名额票投票的方式，表决出年度本区十件惠民实事，涵盖人力资源服务、基础教育、医疗卫生、社区养老服务、乡村振兴、安置房建设等多个民生领域。

机制，确保 2023 年全市创成不少于 18 个省级现代社区。全力建强网格党组织，构建以党群服务中心为主阵地的服务矩阵，推进"百个中心创示范、千场活动下基层、万名党员受教育"活动，打造共建共治共享的基层治理新格局。深化推进党建引领基层治理，总结推广新时代"枫桥经验"城市版，迭代"浙里兴村治社（村社减负增效）"应用。推动"民情日记"与"大走访大调研大服务大解题"深度融合，完善民呼我为机制。扎实推进抓党建促共富，迭代组织工作助跑共富行动，适应融合发展要求深化党建联建机制、驻村指导员制度，提质扩面加强"共富越工坊"建设。

（三）扎实推进抓党建促乡村振兴

建强骨干力量，突出组织振兴在乡村振兴中的引领作用。强化县级党委抓乡促村能力，进一步提高镇村班子领导全面推进乡村振兴效力效能。深化基层治理，着力构建党建引领基层治理新格局。乡镇层面推动管理体制改革深化落实，健全乡镇党委统一指挥和统筹协调机制，提升乡镇工作专业化水平；村级层面推行网格化管理，健全精准化精细化联系服务群众机制。深化党建引领多方协同助力"浙里康养"，提质扩面推进"爱心卡"试点，聚力服务"一老一小"等民生关切问题。壮大集体经济，扎实推动发展壮大新型村级集体经济和红色美丽村庄建设。把强村富民作为核心任务，紧扣"发展新型农村集体经济三年行动计划"，深化驻村指导员制度，加大资源、政策、人才下沉扶助力度，抓深做实村级集体经济先富带后富、"扩中""提低"，推动富民增收。

（四）分类攻坚推动各领域党建提质增效

要进一步落细落实"红色根脉强基工程"，深化推进"红色根脉强基指数"试点，推动各领域基层党组织全面过硬。在国企，重点是压实党建主体责任特别是党组织书记抓党建工作责任，推动国有企业党建更好融入公司治理、助力国资国企改革。在机关，重点是紧扣"双建争先"行动①，着力打造政治部门强、支部班子强、党员队伍强、作风发挥强的"四强"党支部。在学校，重点是深化落实公办中小学校党组织领导的校长负责制，深入推进校地党建融合试

---

① "双建争先"行动指建设清廉机关、创建模范机关。

点。在公立医院，重点是全面实施"院科两优、德医双强"工程①。在两新领域，重点是实施"双融双强"工程②，推动党建与业务深度融合、组织架构与治理架构深度融合，全面推动两新党建创优建强。建强"红色引擎"助推企业克难攻坚、创新转型。用好新生代企业家"双传承"③示范培训班、"越商大学堂"、国情研修班等红色引领载体，结合"万名干部走万企"活动持续提振企业发展信心、推动产业高质量发展。针对有形有效覆盖难题，健全完善动态覆盖机制，推动科技领军企业、"专精特新"小巨人企业党组织应建尽建。针对社会组织党建课题，进一步理顺行业协会、学会、商会党建工作管理体制，加强行业协会、商会等社会组织党建工作，迭代社会组织组织力指数。

（五）一体强化基层党建工作保障

党员队伍建设上，要高质量抓好党员队伍规范化建设，按照"控制总量、优化结构、提高质量、发挥作用"总要求，推动形成全生命周期规范管理体系。党务干部队伍建设上，充实各级组织条线人员力量，分领域、分层级实施基层党务工作者提能计划，推进党务干部同业务干部双向交流。党建制度建设上，进一步完善基层党建工作体系，深化落实基层党建工作双月例会、"四不两直"④、蹲点调研等制度机制。同时，持续抓好已出台制度的规范化执行，进一步压实各级党组织书记特别是镇街党委书记党建工作责任，用好年度述职评议、强化考核结果运用，牢固树立"抓好党建就是最大政绩"的理念。

---

① "院科两优、德医双强"工程指把党建引领融入医院治理全过程、各方面、各环节，把党的建设各项要求落到实处，共同打造新时代公立医院党建高地，用高质量党建引领高质量发展。

② "双融双强"工程指推动党建与业务深度融合、组织架构与治理架构深度融合，以党建强引领发展强。

③ "双传承"指以红色引领、创业引领、人才引领、责任引领"四大工程"为载体，促进新生代企业家健康成长，做到政治、事业"双传承"。

④ "四不两直"指国家安全生产监督管理总局建立的安全生产暗查暗访制度，于 2014 年 9 月建立并实施，分别为"不发通知、不打招呼、不听汇报、不用陪同接待、直奔基层、直插现场"。作为一种工作方法，如今已经普遍推开，大大减轻了基层的压力。

专题六

2022 年绍兴统战工作发展研究报告

中共绍兴市委党校　李岁科

随着中国特色社会主义进入新时代，统一战线也进入新的历史阶段，面临的时和势、肩负的使命和任务也发生了重大变化。2022 年对于统一战线而言，是极具重要意义的年份，这一年是党的统一战线政策提出 100 周年，也是党的二十大和中央统战工作会议的胜利召开之年。在这重要节点之年，我们必须始终坚持从党和国家事业发展全局的战略高度认识与把握统一战线，深刻理解发展壮大新时代爱国统一战线的重要意义，继续发挥凝聚人心、汇聚力量的政治作用。当前，我们要深刻把握新时代统战工作所处的历史方位，以实际行动贯彻落实中央和省委、市委决策部署，奋力推进新时代绍兴统战工作高质量发展，为绍兴勇闯中国式现代化市域实践新路子贡献重要力量。

一、深刻把握党的统一战线时代背景及特征

伟大时代呼唤伟大理论，伟大时代孕育伟大理论。统一战线作为中国共产党的重要法宝与宝贵经验，在新时代的高质量发展与运用，同样离不开对时代背景的深刻认识与科学把握，以促进海内外中华儿女团结奋斗，为全面建成社会主义现代化强国、实现中华民族伟大复兴汇聚磅礴伟力。在新的时代背景下，统战工作面临着抵御渗透、防范化解风险、维护国家安全的艰巨任务，凝聚人心、汇聚力量的工作更为紧迫、更为重要，这就需要团结一切可以团结的力量，努力化消极因素为积极因素，为战胜各种艰难险阻、应对各种风险挑战

作出更大贡献。推进绍兴统战工作，也同样离不开对时代背景的深刻把握，以更好发挥统一战线在维护国家主权、安全、发展利益上的作用，突出围绕中心、服务大局上的作用，增强党的阶级基层和扩大党的群众基础的作用，实现合力交出新时代绍兴统一战线工作高分答卷。

（一）世界百年未有之大变局加速演进，统一战线作用更加重要

当前，世界百年未有之大变局加速演进，国际环境日趋错综复杂，逐步进入新的动荡变革期。一方面，和平与发展仍然是时代主题，合作与共赢仍是人类共同期盼，国际力量对比深刻调整，人类命运共同体理念深入人心；另一方面，国际形势的不稳定性明显增加，俄乌冲突导致世界地缘政治紧张持续，大国博弈不断升温，世界经济全球化遭遇逆流。在这场时代之变与世界之变中，既要看到"东升西降"的态势正在加速演进，也要看到"西强东弱"的基本格局尚未完全改变。特别是以美国为首的西方国家，为长期维持其霸权地位，公开宣称将我国作为主要战略对手，围堵打压变本加厉，颠覆渗透有增无减，严重威胁我国主权、安全、发展利益。

因此，统一战线在新时代背景下的重要性更为凸显。一是敌对势力为了达到分裂我国的目的，频频操弄涉藏、涉疆等问题，怂恿支持"台独""港独"等活动，粗暴干涉我国内政，妄图从统一战线领域打开缺口。统一战线当前已经成为反分裂反渗透反颠覆斗争的重要前沿、国际斗争的重要领域。二是敌对势力一直企图对我国进行和平演变，长期在一些领域精英与知名人士中培植代理人，并唆使其利用自身社会影响力，在不同场合明里暗里抹黑中国共产党的领导和社会主义制度，鼓吹美式价值观和"全盘西化"，为策动"颜色革命"进行思想动员和舆论准备。因此，团结引导统一战线广大成员的任务也面临着更大挑战。三是敌对势力通过组建针对我国的经贸联盟、对我国产品加征关税、实施高科技封锁等手段遏制打压我国科技进步、产业升级、经济发展，妄图从根本上阻断中华民族伟大复兴的历史进程。因此，很多民营企业被美国为首的西方国家列入制裁清单，在"走出去"过程中面临着各种不合理的贸易壁垒，甚至政治打压，这些对推动形成国内国际双循环相互促进的新发展格局造成巨大冲击。在新的时代背景下，统一战线面临着更大挑战，其重要作用也更为凸显。

（二）推进全面建设社会主义现代化国家，统一战线作用更加重要

当前，我国已经迈上全面建设社会主义现代化国家、向第二个百年奋斗目标进军的新征程。在新时代背景下，我国发展也面临着新问题与新挑战，比以往更加难以克服。因此，为应对新的挑战与问题，实现新的发展目标要求，必须充分发挥统一战线的优势作用，最大限度地把各方面智慧和力量凝聚起来。

因此，统一战线在新时代背景下的重要性更为凸显。一是在服务经济社会发展方面。人才资源已经成为经济社会发展的第一资源，实现中华民族伟大复兴的宏伟目标决定了我们比历史上任何时期都更加渴求人才，统一战线能够聚集各领域的专家智囊、领军人才，充分发挥人才荟萃、智力密集的独特优势，把这些群体的创业热情、创新勇气、创造活力有效激发出来，可以为全面建设社会主义现代化国家提供更加坚强的人才保证和智力支持。二是在推进国家治理现代化方面。治理体系和治理能力现代化是全面建设社会主义现代化国家的重要目标，也是实现中华民族伟大复兴的重要保障。统一战线是构建国家治理体系的重要组成部分，中国新型政党制度、民族区域自治制度等是国家治理体系的重要制度支撑；与此同时，统一战线也是实现国家治理的重要方式，统战理念、统战方法、统战艺术都体现了现代国家治理的中国特色，这些都决定了统一战线在推进国家治理体系和治理能力现代化方面能够发挥不可替代的作用。三是在维护社会和谐稳定方面。当前，随着我国社会结构、利益格局的深刻调整，我国改革攻坚期、社会敏感期、矛盾交织期相互叠加，人民群众的公平意识、民主意识、权利意识、法治意识不断增强，如何平衡利益关系、解决矛盾冲突、促进社会公平正义，已经成为关系社会和谐稳定的重要问题。统一战线由于其特殊作用，作为重要的社会"解压阀"，在凝聚共识、协调关系、化解矛盾、理顺情绪等方面具有独特价值，能够通过沟通协商、教育引导、利益协调等方式，发挥凝聚人心、汇聚力量的重要作用，能有效促进整个社会和谐有序。

（三）我国社会结构正发生深刻变化，统一战线作用更加重要

当前，进入中国特色社会主义新时代，随着我国经济社会结构深刻调整，

统一战线内部构成也更为复杂。由于原有社会群体、阶层随着时代发展而不断变化，新群体新阶层不断从中分化出来。当前，工农联盟作为统一战线的基础没有变，但工人、农民的具体利益诉求却日趋多元化，协调利益的难度也不断加大。非公有制经济规模和影响力持续扩大，但也存在与新发展阶段高质量发展要求不相符合的情况，非公有制经济人士的主流是好的，但部分人在对中国特色社会主义的信念、对党和政府的信任、对企业发展的信心、对社会的信誉方面也存在一些问题。当前知识分子大众化趋势日益明显，新的社会阶层人士队伍不断扩大，新就业群体快速增长，其思想观念、价值取向、行为方式等更加多元。新华侨华人和华裔新生代逐渐成为侨社主体，由于时代发展与文化多样，部分华裔新生代对祖（籍）国情感呈现代际递减的突出现象。

因此，统一战线在新时代背景下的重要性更为凸显。一是统一战线广大成员是党的阶级基础和群众基础的重要组成部分，只有统一战线巩固了，党的执政基础才能更加巩固。同时，统一战线广大成员的思想观念、价值取向、行为方式、利益诉求等更加多元，特别是在根本利益一致的前提下统一战线广大成员的具体利益日益多样，汇聚统一战线的广泛力量更为重要。二是对统一战线团结整合各方力量、增进政治共识提出了更高要求。推进统一战线持续发展，要进一步创新思路理念，不断巩固共同思想政治基础，着力增强不同阶层、群体对党的向心力，使更多的统一战线成员团结在党的周围。三是化解不同社会群体、阶层矛盾作用更为明显，由于社会各群体阶层在利益分配上有不同诉求，在具体利益导向上也存在差异，易于针对利益而激化矛盾。通过统一战线加强思想引领，协调现实利益分配中的各项问题，可以使社会各阶层群众关系更为和谐稳定。

二、2022年绍兴统战工作的显著成效

2022年，绍兴深入学习贯彻习近平总书记关于做好新时代党的统一战线工作的重要论述，坚持以宣传贯彻党的二十大精神为主线，全面贯彻落实中央、省委、市委统战工作会议精神，深化引领聚共识、围绕中心勇担当、瞄准难点谋创新、聚焦风险稳防控、强化能力抓提升、下移重心筑根基，形成了一系列具有绍兴统战辨识度的标志性成果，统一战线呈现团结、奋进、开拓、活跃的

良好局面，为全市建设高水平网络大城市、打造新时代共同富裕地凝聚了最广泛的智慧和力量，奋力开创新时代绍兴统战工作新局面。

（一）加强党的领导，突出主题主线

加强新时代统一战线工作，根本在于坚持党的领导。加强党对统一战线工作的全面领导，就要深入分析统战工作面临的新情况新问题，精准把握新时代统战工作的突破口和着力点。绍兴统战工作突出主题主线，始终把宣传贯彻党的二十大精神作为首要政治任务，开展"喜迎二十大·奋进新征程"同心系列活动，启动统一战线"六学六进六争先"学习实践活动，不断创新学习宣传贯彻的平台、载体、抓手，在统一战线各领域筑牢共同思想政治根基。绍兴坚持在党的领导下深化构建大统战工作格局，从系统构架、组织体系、协调机制、落实机制、评价方法等方面系统塑造中共绍兴市委统一战线工作领导小组运行机制，打造统战工作顶层设计的"四梁八柱"，制定落实市县乡三级书记统战工作第一责任人责任清单和领导成员单位 2022 年重大任务清单，组织召开市委统战工作会议、市委统一战线工作领导小组会议、全市民营经济高质量发展大会、市委民族工作会议暨全市宗教工作会议、市委对台工作领导小组会议等，由市委出台贯彻省委关于民族、宗教工作 2 个实施意见的责任分工，以新昌为试点开展基层统战"两单三化"工作机制的探索实践。从顶层设计上对绍兴统一战线各领域工作进行了全面部署，为加强党对统战工作的全面领导，着力提高统一战线工作科学化规范化制度化水平，提供了根本遵循。

（二）围绕中心大局，发挥统战所长

统一战线是党克敌制胜、执政兴国的重要法宝，是围绕各个历史时期的中心工作，团结一切可以团结的力量，调动一切可以调动的积极因素的重要法宝。绍兴坚持把党政所思与统战所长结合起来，充分发挥统战资源优势，在助推共同富裕、民营经济高质量发展、除险保安、数字化改革等方面积极作为。一是积极打好"同心共富"组合拳。制定实施统一战线助力高质量发展建设共同富裕示范区市域范例行动方案，出台《绍兴市统一战线同心助力经济稳进提质八项举措》。扎实开展"百企百会助共富""百侨助百村"结对工作，成立共富基金 4000 余万元，全年选树 24 名新乡贤典型。持续擦亮"天南地北绍兴人"金名片，摸排建立总规模 15000 余人的三级乡贤人物库，6 个区、县（市）相继举办"同心·越城"大会、"柯桥乡贤大会"、"上虞乡贤大会"、"嵊州越商大会"和"新昌发展大会"，为重大乡贤项目回归、重要人才引进搭建平台。二是牢牢守住"除险保安"防火墙。制定《关于做好统一战线防范化解风险隐患工作迎接党的二十大胜利召开的实施方案》及民宗领域防范化解风险隐患工作方案，以"七张问题清单"应用为牵引，建立风险隐患闭环管控机制，实现了全年统一战线领域重大风险零发生。三是奋力跑出"数字统战"加速度。建立工作专班，开展全市统战好应用比选和市县两级统战内网建设，高质量完成统战组织库管理系统培育试点工作和多个场景应用在市、县两级的贯通使用，在全省率先完成统一战线领导小组运行机制的贯通。其中承接"浙里宗教中国化在线"应用，列入全省数字统战"浙里宗教智治"试点，荣膺全省数字化改革最佳应用；柯桥区"民族 e 家亲"应用列入省委统战部《数字统战多跨场景应用目录 S_1》，并在全省数字统战建设推进会上作大会发言。充分发挥数字化改革的先发优势，加强体制机制创新，抓好应用场景建设，加快推进统战工作变革重塑。

（三）坚持创新发展，推动提质增效

中国特色社会主义进入新时代，统战工作发展也要进入新时代。实践中要彰显地方特色，不断探索工作新经验、打造工作新亮点，形成了更多具有地方辨识度的统战工作标志性成果。绍兴市牢牢把握大团结大联合主题，坚持守正创新、攻坚克难，着力推动全市统战工作各领域提质增效。在政党关系方面，召开市委和市政府主要领导主持的政党协商 10 次、举办全市统一战线暑期读书会、组织民主党派新成员培训班、承办全省民主党派工作研讨班暨民主党派基层组织规范化建设现场交流活动。持续优化民主监督、建言直通车、双走访等制度，创新民主党派对口联系政府部门制度，形成一大批建言咨政成果。持续深化"民主党派基层组织标准化建设"，不断提高民主党派"五种能力"，相关工作经验在省委统战工作会议上书面交流。深化社会服务品牌建设，特别是嵊州市积极打造了"一派一品"的党派团体社会服务品牌。在民族关系方面，积极促进各民族交流交往交融，成功承办全国各族青少年交流计划暨 2022 年浙江省各族青少年夏令营活动。2 家单位荣获第十批全国民族团结进步示范区

示范单位。柯桥城市民族团结进步"石榴红"工作做法在省委统战工作会议上交流发言。在宗教关系方面,扎实推进宗教中国化,举办第五届会稽山讲坛暨第十四届文化中国讲坛,组织全市宗教界代表人士宗教中国化研修班,7 家单位入选省级"宗教中国化场所"名单。在全省率先出台《佛教教职人员和场所负责人管理办法》。在阶层关系方面,新联会、网联会、知联会实现市、县两级全覆盖,成立绍兴欧美同学会及秘书处,特别是全国第一个县级"欧美同学会海归小镇"落户诸暨市。举办爱国奋斗宣讲报告会,开展"寻美绍兴"活动,拓宽党外知识分子和新的社会基层人士作用发挥的平台渠道。指导培育的"e 创同行"工作品牌被评为省级"同心共富三服务"优秀品牌。制定出台《绍兴市践行"亲""清"新型政商关系的实施意见》,实施《绍兴市促进"两个健康"工作提升行动方案》,提档升级民营经济人士"温馨之家",成立新生代企业家联谊会和中小微企业管理委员会,在各大重点企业成立 112 家统战工作站,举办政企恳谈会 42 场,清廉民企建设经验在全省现场会上交流发言。在海内外同胞关系方面,高质量完成香港特区统战工作,绍兴旅港同乡会荣获香港特区政府授予的义工联盟团体银奖,全市共有 11 名统战干部立功受奖,数量位列全省前列。海峡两岸(绍兴)数字经济产业合作区被列入《国务院台办关于支持浙江高质量发展建设共同富裕示范区的若干措施》。建立海外统战和侨务工作机制,"绍兴市侨商大厦"落户越城区开工建设。圆满完成市侨联换届工作,承办全省侨务工作"一市(校)一品"创新实践项目现场观摩活动。统战工作在实践中创新发展,提质增效成果不断呈现。

(四)加强自身建设,夯实实践基础

统战部门作为党委主管统战工作的职能部门,是统战工作的具体组织者和推动者。统战干部作为党的干部,其工作能力和思想作风,直接影响党的统一战线方针政策的贯彻执行。加强统战部门和统战干部队伍建设,既是履行职责、做好工作的重要基础,也是加强党对统战工作全面领导的必然要求。一是切实抓好统战干部队伍建设,严格落实"第一议题"制度,出台《绍兴市委统战部领导干部谈心谈话制度》,创新开展统战干部工作业绩上台晾晒评比,积极开展"三驻三服务""万名干部走万企"等活动。市委统战部荣获 2022 年度"全省统战信息工作成绩突出单位"和浙江统战宣传"优秀单位"荣誉称号,

3篇理论政策研究创新成果分获全省一、二、三等奖，2项统战工作实践创新成果获全省表彰，统一战线呈现更加活泼清朗、积极向上的工作局面。二是扎实推进党外代表人士队伍建设"全链条"工作机制，建立市、县两级领导列名联系民主党派制度，召开组织部统战部党外干部联席会议，举办全市党外人士骨干培训班和党外科级干部培训班，支持党外人士实施"同心同廉"工程，打造了一支数量充足、结构合理、素质优良、作用突出的党外代表人士队伍，党外干部配备工作完全达标。总之，绍兴通过加强统战干部和党外代表人士"两支队伍"建设，持之以恒强化思想政治引领，切实服务好广大统一战线成员；在实践工作中不断增强忧患意识，坚持底线思维，以"打铁还需自身硬"的责任担当，夯实了实践基础。

三、进一步推进绍兴统战工作的若干思考

中国特色社会主义进入新时代，我国处在新的发展阶段，正踏上全面建设社会主义现代化国家新征程，与此同时，统一战线也进入了新的历史阶段。绍兴也要着眼时代之变、历史之变，对统一战线所处的地位作用、职责使命等作出深刻分析、把握前进方向。绍兴要切实做好新时代统战工作，加强党对统战工作的全面领导，聚力聚焦重点领域与重点问题，切实把党的主张和路线方针政策转化为社会各界的共同意志和自觉行动，为党和人民的事业寻找最大公约数，画好最大同心圆。

（一）深入学习贯彻习近平总书记关于做好新时代党的统一战线工作的重要论述

习近平总书记关于做好新时代党的统一战线工作的重要论述，是党的统一战线百年发展史的智慧结晶，是习近平新时代中国特色社会主义思想的重要组成部分，为新时代爱国统一战线巩固壮大提供了强大思想武器和行动指南。习近平总书记关于做好新时代党的统一战线工作的重要论述，鲜明贯穿马克思主义的立场观点方法，始终把马克思主义作为理论起点、逻辑起点、价值起点，集中体现了马克思主义的理论品格和精神实质，是马克思统一战线理论中国化时代化的最新成果，彰显着马克思主义理论的伟大智慧与中华优秀传统文

化的深厚底蕴。习近平总书记关于做好新时代党的统一战线工作的重要论述立足传统、聚焦实践，具有鲜明的时代性和实践性。因此，绍兴统战工作要坚持以习近平总书记关于做好新时代党的统一战线工作的重要论述为指导，深入贯彻落实中央、省委统战工作会议和全国、全省统战部长会议精神，紧扣围绕中心、服务大局，发挥统一战线凝心聚力的优势作用，直面统一战线各领域存在的困难和矛盾、风险和挑战，不断加强自身建设，不断提升看家本领，确保统一战线始终沿着正确政治方向前进，全面推动中央、省委市委决策部署落地见效。

（二）着力加强党对新时代统战工作的全面领导

新时代统战工作取得历史性成就，在于始终坚持党对统战工作的全面领导。在新征程上，党的领导越有力，就越能巩固和壮大爱国统一战线，形成真正的、广泛的、紧密的大团结大联合。在党的全面领导下，各方共同来做的大统战工作格局逐步形成。各级统一战线工作领导小组围绕贯彻党中央关于统战工作的重大决策部署，建立健全统战工作监督考核体系，通过将统战工作落实情况纳入领导班子、领导干部目标管理和考核体系，纳入政治巡视巡察、监督执纪问责范围等有力举措，党对统一战线工作的全面领导显著增强。加强党对统战工作的全面领导，构建大统战工作格局的内涵更加丰富。在领导力量上，必须毫不动摇地坚持党对统一战线的全面领导，把党的领导体现在统一战线各领域各方面，不断增强党的政治领导力与社会号召力，确保统一战线始终坚持正确政治方向。在工作对象上，着眼不断巩固和发展新时代爱国统一战线，扎实做好统一战线各方面成员的团结引导工作，充分调动和激发他们的积极性主动性。在工作主体上，必须树立"一盘棋"意识，统战部门要着眼全局研究统一战线重大问题，发挥好参谋、组织、协调督促等重要作用。党政部门、人民团体、社会组织等有关方面要增强统战意识，齐抓共管，增强工作合力。在工作机制上，必须进一步建立健全统一战线各领域的政策体系和制度体系，提升各项工作的制度化规范化程序化水平，把大统战工作效应发挥出来，为推进国家治理体系和治理能力现代化作出积极贡献。

（三）正确把握新时代统战工作涉及的重大关系

统战工作的政治性、政策性很强，必须坚持原则、守住底线。统一战线涉及领域广泛，敏感问题、复杂问题众多，稍有不慎就会出问题，甚至出大问题。处理好新时代爱国统一战线，必须把握好若干重大关系。一是正确把握固守圆心和扩大共识的关系。固守圆心和扩大共识是辩证统一的有机整体，核心是坚持党的领导。毛泽东同志反复强调"没有中国共产党的坚强的领导，任何革命统一战线也是不能胜利的"。党的百年统战实践充分证明，只有坚持中国共产党的领导，统一战线才有团结凝聚的核心，才能始终沿着正确方向阔步前进，才能充分彰显重要法宝优势作用。通过正确把握固守圆心和扩大共识的关系，实现包容多样而不弱化主导、增进一致而不强求一律、尊重差异而不扩大分歧，扩大团结范围，形成更大的同心圆。二是正确把握潜绩和显绩的关系。统战工作主要做人心的工作，有看得见的"显绩"，但更多的是打基础利长远的"潜绩"，既需要只争朝夕、把握当下，又需要持之以恒、久久为功。这些精辟论述深刻揭示了做好统战工作的内在规律，对于做好新时代统战工作具有重要指导意义。三是正确把握原则性和灵活性的关系。要善于把方针政策的原则性和对策措施的灵活性结合起来，既站稳政治立场、坚守政治底线，又具体问题具体分析，注重工作方式方法，从实际出发，把握好工作尺度。四是正确把握团结和斗争的关系。要善于斗争、增强斗争本领，努力形成牢不可破的真团结。这些重要论述是唯物辩证法的对立统一规律在处理统一战线关系中的科学总结和具体运用，具有很强的思想性和针对性。

（四）牢牢把握新时代统战工作的重要领域

统战工作点多、线长、面广，较为复杂多元。特别是不同的地域，统战工作呈现的特点也更显差异。要把握好一个地区的统战工作情况，首先要明确该地区统战工作的重要特点，哪些方面是亟须着重抓好的重要领域。譬如，2022 年中央统战工作会议强调，必须抓好中国新型政党制度、党的民族工作、我国宗教中国化、党外知识分子和新的社会阶层人士统战、非公有制经济健康发展和非公有制经济人士健康成长、港澳台和外海统战、党外代表人士队伍建设等领域工作。但具体到某一地区，工作重点就会有所差异与侧重。可以说，每个地区都要从自身实际出发，对本地区统战工作长期实践的经验进行总结与提升，既从战略与全局的高度明确把握，又从新的发展目标出发，抓好统战工作任务与重点。绍兴迈入新征程，要忠实践行"八八战略"，奋力打造"重要窗口"，聚焦聚力"五个率先"，全力打造新时代共同富裕地，率先走出争创社会主义现代化先行省市域发展之路。为此，绍兴要结合实际找准统战工作坐标方位，在广泛凝聚思想政治共识、系统构建工作领导小组运行机制、防范化解风险隐患、统筹推进数字化统战建设、持续提升多党合作制度效能、打造城市民族工作示范建设、争创宗教事务治理现代化市域范例、推动民营企业奋进共富路等多领域发力进取，加大攻坚克难，推动守正创新，擘画好具有统战辨识度的最大同心圆。

总之，绍兴统战工作要以习近平总书记关于做好新时代党的统一战线工作的重要论述为指导，结合学习贯彻党的二十大精神，深刻认识新时代统一战线工作所处的历史方位，精准把握新时代统一战线的新任务新要求，展现出统一战线在绍兴实践中的独特思想魅力与强大实践伟力。在实践中不断加强党对统战工作的坚强领导，压实主体责任，完善运行机制，强化风险防控，深化变革重塑，注重固本强基，健全完善大统战工作格局。以实际行动落实中央和省委决策部署，把新时代绍兴统战工作推向新高度。

专题七

2022 年绍兴人才工作发展研究报告

中共绍兴市委党校　王麒麟

新一轮科技革命正在加速重构全球经济版图，科技创新已成为国际社会百年未有之大变局中的决定性因素。党的二十大报告首次将教育、科技、人才三大战略进行统一部署，足见党中央对人才强国、人才支撑科技创新的高度重视。绍兴作为长三角一体化的重要节点城市，正在加速培育创新新动能、开辟科技新赛道，"名士之乡"人才集聚效应不断增强。下一阶段，绍兴仍需探索体制机制改革，不断优化营商环境，继续在推进人才强市、创新强市首位战略上发力前行。

一、绍兴人才工作的进展与成效

（一）加强顶层设计，抢抓人才资源

绍兴全面贯彻落实中央、省委和市委人才工作会议的决策部署，持续推进新时代"名士之乡"人才高地建设。一是加强对高层次人才和技能人才的顶层设计，优化人才资源结构。在高层次人才招引上，绍兴积极创新体制机制，迭代实施"名士之乡"英才计划，以项目为纽带，加快引进高层次创业创新人才，对顶尖和领军团队项目给予 500 万元～2000 万元资助，突出"高精尖缺"导向，分类奖补、分类扶持。同时，绍兴强化集成电路、生物医药产业顶层设计，编制印发《绍兴市集成电路产业人才发展规划（2022—2025）》《绍兴市生物医药产业人才发展规划（2022—2025）》，启动编制《绍兴市集成电路产业发展规划（2022—2026）》。截至 2022 年底，绍兴已入选创新创业人才项目 260 个、

领军型团队项目 26 个，在人才项目扩张的同时，绍兴持续抓好"院士+"工作，已集聚院士领衔产业化项目 16 个，全年新建院士（专家）工作站 20 家。此外，集聚持 AB 类工作许可的外国人才 1088 人，较 2021 年净增 458 人；深入实施人才新政 4.0 版本，制定新能源汽车人才购车补贴及实施细则，全年共兑现人才政策资金 15.9 亿元。在技能人才招引上，绍兴市政府制定了《关于打造新时代高素质技能人才高地助力先进制造业强市建设的实施意见（2022—2025 年）》：在激励提档行动方面，首次明确了高技能人才岗位补助政策；在培育提质方面，为鼓励民办技工院校发展，明确对新办技工院校的企业及其他社会力量，将根据办学层次、办学规模、教育质量、培养成效等，给予最高 500 万元补贴；在培训提效方面，加大制造业技能人才培训补贴力度，高端装备、新材料、现代医药等领域职业工种培训补贴标准可在已有标准基础上提高 30%，相关紧缺工种可提高 50%；在引育提速方面，对引进或新开工省级重大项目首期投产招引中级工及以上技能人才，给予企业每人 500 元补贴。截至 2022 年底，绍兴已实施重点产业人才服务专项计划，新增产业学院 7 个，累计开设集成电路"订单班" 19 个，新增高技能人才 3.54 万人。

二是加强对高校毕业生和博士后的顶层设计，促进人才资源年轻化。在高校毕业生招引上，出台专门的实施细则，对受邀参加应聘求职、实训、短期实习等人才交流活动的大学生和技工院校学生，给予 200～1500 元交通补贴，并按每人每天 150～200 元标准安排食宿；高校毕业生来绍可以先落户后就业，来绍工作后给予相应房票补贴、安家补贴、租赁补贴和企业人才集合年金补助；对已在绍事业单位工作的人才离职脱产攻读博士，毕业后全职回绍工作的享受与引进人才同等政策。迄今为止，全年新增青年大学生 9.9 万人，新增青年博士 260 名，在重点专业硕博招引方面，已引进医学类人才 1310 名、教育类人才 1326 名。在招引青年大学生和硕博生的同时，绍兴也重视加大博士后招引力度，对新建成的国家级、省级博士后科研工作站，分别资助 100 万元、50 万元，考核优秀、良好的分别奖励 20 万元、10 万元；每招收 1 名全职博士后研究人员给予 20 万元日常经费资助及 30 万元生活补助，在职博士后给予 15 万元日常经费资助及 25 万元生活补助，对出站留绍工作的博士后给予 10 万元安家补贴；对获得中国博士后科学基金或省级博士后科研项目择优资助的，给予 5 万元～15 万元资助。

（二）谋划平台建设，提升引育效能

绍兴紧扣重点产业需求，突出战略性、区域性、保障性等人才导向，谋划了一系列人才平台，助推绍兴人才强市、创新强市战略的实施。一是推动战略性平台建设。绍兴积极谋划推动杭绍临空人才合作创新区、数智创新人才培育发展样板区等特色人才平台建设，持续推动浙江绍兴人才创业园、外国高端人才创新集聚区、杭州湾高层次人才创业园、水木湾区科学园等创新创业平台高质量、特色化发展。除了创业园和创新区的搭建工作，绍兴还出台了《共建研究院提能造峰三年行动计划（2022—2024 年）》政策文件，共建研究院的目的是全面覆盖集成电路、高端生物医药等战略型新兴产业，以筑底强基、重点突破带动研究院整体提升，使之成为绍兴产业转型升级的新引擎。截至 2022 年底，绍兴市共引进共建浙江大学绍兴研究院、上海交通大学绍兴新能源与分子工程研究院等研究院 30 家，累计引进各类高层次人才 807 人，其中全职 291人；建成省级重点实验室（工程研究中心）等省级以上研发平台 29 家，其中天津大学、浙江大学、上海大学 3 家研究院获评省级新型研发机构；孵化企业112 家，其中 18 家已认定为高新技术企业或科技型中小企业。

二是推动区域性平台建设。经浙江省政府同意，《绍兴科创走廊发展规划》（以下简称《规划》）发布实施，在功能定位方面，《规划》以推动科创资源要素高水平集聚整合为牵引，致力于将绍兴科创走廊打造成为国内一流特色产业创新先行区、长三角重大科技成果转化承载区、杭绍甬一体化创新联动区。同时，聚焦绍兴集成电路、生物医药、新材料、现代纺织等科创产业，加快布局创新要素资源，全面提升战略产业科技竞争力。除绍兴科创走廊建设外，绍兴还在其他区域性创新平台建设上取得进展，如绍兴高新区在全国评价中上升 14位，首次进入全国前 50%；诸暨高新区成功认定省级高新区，率先实现省级以上高新区区、县（市）全覆盖。实验室体系建设取得突破性进展，现代纺织入选全省首批技术创新中心，已聘请国内外院士 5 名，入驻研究院 4 家。新培育省重点实验室 2 家，居全省第 2 位。

三是推动保障性平台建设。人才招引不仅需要企业平台，而且需要交流平台、服务平台等多种保障性平台，绍兴在这方面积极开展工作，取得了积极成效。绍兴高质量举办"名士之乡"人才峰会，对接引进首届世界女科学家大会、首届国际先进制造青年科学家论坛等国际人才交流活动，建成绍兴国际青年人才社区、绍兴人才公园、绍兴人才之家等人才交流平台，切实提升国际化年轻化人才生态。深化"人才管家"数字化场景建设，全面推广"绍兴人才码"，累计赋码超 105 万人，推出公交地铁优惠、"留才引才"消费券等服务事项 100 余项，线下扫码服务商家达 1008 家，实现人才服务"一码全享"、人才政策"一键智兑"、人才事项"一件联办"。此外，绍兴积极搭建专利和知识产权保护服务平台，以服务于科创人才，绍兴已建成知识产权"一件事"综合服务平台，布局知识产权品牌服务指导站，推动各项服务下沉，已累计建成 20 家指导站，服务企业 1000 余家次。

（三）加大金融支持，赋能人才发展

科创人才发展离不开金融支持，绍兴为有效促进科技、人才与金融的融合发展，已在科技金融、人才金融等领域积极探索创新。一是创新科技金融新手段。高起点部署开发科技金融平台，汇集八大类 56 个参数，围绕人才科技企业经营情况、创新能力、发展潜力和知识产权等进行数字画像并提供数字授信，形成具有绍兴特色的"越科指数"，有效接入绍兴银行"金科贷"并上线试运行。根据"越科指数"，给予授信额度最高 1000 万元的科创企业贷款，对符合条件的单一信用类新客户直接线上出具银行核实的授信额度，其他客户经复审通过后转线下银行人工审批，为企业获得银行贷款提供了极大便利。同时，为解决科创企业融资难问题，"金科贷"产品在研发过程中充分考虑准入对象"轻资产"的实际情况，创新引入"银行＋保险＋担保"三方协力模式，创新推出"知识质押价值评估方式"，创新构建地方特色"越科指数"体系，积极推动专利权等无形资产向金融资本转化，打通"知产"到"资产"，"专利"到"红利"的"绿色通道"。2022 年绍兴几家银行的科技金融已取得较大进展，累计已有 88 家科技企业在平台申请授信，绍兴银行等 7 家银行累计为 49 家科技企业授信 15763 万元。

二是探索金融服务新机制。在全生命周期人才创业金融服务闭环基础上，聚焦堵点难点，加快集成创新，深化服务内涵，加大人才企业挂牌与招引力度，持续深化人才"贷、保、险、投、板"五位一体金融服务机制，具体如下：（1）推广人才银行服务模式，创新人才企业授信机制，开辟人才贷款专项审批"绿色通道"，推动人才贷款扩面；（2）实施高层次人才创业创新保险，为高层

次人才创业企业研发活动保驾护航；（3）健全人才融资担保机制，实现全辖政策性担保全覆盖，省内率先创新推出"名单制"管理；（4）深化"人才＋资本"机制，深入对接创投机构，为人才企业和资本搭建桥梁；（5）鼓励和引导人才创业企业加快进入多层次资本市场，或挂牌省股权交易中心，探索主动融资。2022 年，人才服务银行为高层次人才创业企业授信 1.95 亿元，人才企业贷款余额 53.59 亿元；人才保险投保 57 单，保额 1.56 亿元；人才企业担保 72 笔，在保金额 1.68 亿；新增人才板挂牌 26 家、科创板上市 1 家，实现绍兴市科创板上市零的突破，新增人才企业股权融资 42.63 亿元。

三是优化政策激励新模式。完善"财政＋金融"惠企政策配套机制，加强考核引导，科学制定考核指标，压实主体责任，把金融支持人才工作纳入对金融机构和区县市金融办考核体系。进一步健全人才企业贷款贴息机制、信用贷款奖励机制、信用贷款风险补偿机制和综合保险补助机制，加快建立市、县一体政策体系，推动政策落地兑现。强化部门协同、市县联动和政银企协同机制，共同推进金融支持科技创新工作。市委人才办、市科技局、市金融办、中国人民银行绍兴支行和绍兴银保监分局建立常态化合作机制，促进科创信息共享。完善政策合力效应，加强科技金融与产业、人才、创新等领域的政策协同配合，促进产业链、创新链、人才链和资金链的四链融合。

（四）坚持党管人才，筑牢人才基石

近年来，绍兴人才队伍持续壮大，人才政策不断完善，但也要清醒地认识到，长三角地区的人才竞争日益激烈，绍兴市人才队伍建设与杭州、宁波、无锡等城市还有相当大的差距，人才工作还有不少薄弱环节。因此，在当前国际国内形势下，迫切需要进一步贯彻落实好中央对人才工作的决策部署，坚持党管人才工作。

一是压紧压实党管人才责任。贯彻落实中央和省委人才工作会议精神，高规格召开市委人才工作会议，出台《关于加快建设新时代"名士之乡"人才高地的实施意见》，建立重点任务清单和闭环推进落实机制。党委常委会定期研究人才工作，落实"一把手抓第一资源"主体责任。调整完善市委人才工作领导小组成员单位，优化市委人才办主任会议制度。完善人才工作目标责任制考核和述职评议制度，健全人才工作目标体系、工作体系、政策体系和评价体系，

更加注重考核人才落地率和贡献度。以"五星育人、三名争创"为抓手，以党建引领加大高校人才工作考核力度。建立人才工作赛马机制，营造比学赶超工作氛围。深化"一县 N 品"工作制度，培育打造更多人才工作"金名片"。

二是加强人才政治引领和政治吸纳。常态化开展"弘扬爱国奋斗精神、建功立业新时代"活动，举办长三角高层次人才国情研修绍嘉联合培训班，引导广大人才心怀"国之大者"，涵养家国情怀、激发奋斗精神、弘扬道德风尚。积极推荐各方面优秀人才进入"两代表一委员"或在群团组织任职，加大在高层次人才队伍中发展党员力度。完善党委联系服务专家人才制度，开展市领导走访慰问高层次人才活动。组建绍兴市高层次人才联谊会，常态化开展青年人才联谊活动，加强人才互动交流。

三是打造人才赋能共富载体。谋划一批人才工作服务共同富裕示范区建设的突破性抓手和改革举措，培育一批人才赋能共富典型案例。聚焦山区 26 县重点领域人才缺口，积极参与中组部"西部之光"、省"希望之光"计划，加大组团帮扶和智力援助力度。发挥"绍兴智库"作用，做好人才对口支援工作。全面落实乡村人才振兴计划，举办第二届"乡村人才振兴"全球创新创业大赛。加强乡村振兴、新时代"枫桥经验"等基层治理人才队伍建设，纳入高层次人才培养和引进计划。引导各地各单位坚持需求导向，促进人才有序流动。

二、绍兴人才工作面临的主要问题

绍兴人才队伍虽然在数量和结构上有显著的提升和优化，但由于长三角城市竞争激烈，不得不面对人才引育难、人才外流等严峻挑战，综合各方面考量，本文充分挖掘绍兴人才外流和引进难背后的因素，整理出绍兴人才工作所面临的以下几个重要问题。

（一）领军人才引进难

领军人才作为绍兴科技创新的生力军，长期存在引进难的问题，主要体现在以下两点：一是地区优势不足。绍兴处在杭州和宁波的中间，从就业机会来看，与杭甬相比，绍兴无论是在高校资源，还是在头部企业数等方面都存在一定的短板；从公共服务来看，城市基础设施投资规模仍然不足，优质医疗资源供给不够有效。二是人才综合匹配度不高。一方面，人才谱系与先进制造业强市要求还不完全匹配，顶尖战略人才引进力度需要进一步加大，教科文卫等社会事业拔尖创新人才还不足；另一方面，企业人才强企意识不强，缺乏掌握核心关键技术、具有战略视野的核心人才。

（二）青年大学生引留难

青年大学生是科技创新的未来军。绍兴青年大学生的引留难问题与如下两点因素有关：一是人生拐点因素。由于青年大学生刚刚毕业，面临结婚生子的人生拐点，因而在选择就业城市时，除看重企业平台资源外，还看中城市能否提供良好的教育、方便的生活等公共服务，与周边竞争城市相比，绍兴的医疗资源、消费场所等供给仍然偏弱。二是对人才政策的全周期服务重视程度不够。近年来，绍兴的人才新政更新较快，已经取得较好成绩，但存在重视货币补贴、轻视政策的全周期服务现象，例如博士学位的人才房票已从2021年的35万元提升至今年的50万元，但房票以外的人才服务市场化水平仍然偏弱。

（三）平台承载能级低

人才发挥作用离不开科研平台。绍兴全市人才平台数量较多，但具有辨识度的平台不多，主要问题体现在以下三点：一是平台经济体量总体偏小。两大"万亩千亿"产业仍处在起步阶段，现有平台对规上工业增加值、规下工业增加值等主要经济指标的贡献支撑还不够有力，平台多而不大、散而不强，精准度不够高，缺少像宁波材料所、杭州光机所等成建制、高能级的平台落户。二是全社会研发投入强度有待提升。绍兴市研发经费占GDP比重距离全省平均仍有差距，研发经费中基础研究和应用基础研究经费占比较低，与全省平均水平差距明显。三是发明专利提质增量不强。主要表现在区域推进不平衡，最高的新昌每万人高价值发明专利拥有量已达到31件，但个别区县低于全国9.4件的平均数。同时，高校科创主力军作用尚未充分发挥，2022年高校高价值发明专利拥有量280件，仅占全市高价值发明专利总量的4.1%。

（四）金融支持作用有待加强

从国家与区域战略导向看，金融参与科技人才大循环的能力都将越来越重要，金融参与经济治理的表现将逐渐向金融"智式治理"转变。绍兴在这方面仍面临如下困境：一是金融主体功能不够发达。绍兴金融深度发展缓慢，贷款余额占地区产值之比从 2017 年的 1.33 上升至 2021 年的 1.72，年均水平为 1.52，而杭州的年均水平达 2.74，远超绍兴。二是人才金融服务体系还不健全。绍兴的人才银行发展处于起步期，试点银行较少，保险创新处于劣势，人才担保业务在市域范围内难以全覆盖，各区县的人才引进力度不一、人才到岗率变化大制约了人才金融创新的步伐。

三、绍兴推进人才工作的几点建议

党的二十大报告对各省市的人才科技创新工作提出了更高的要求，绍兴正在加速融入长三角一体化，面对周边城市的竞争威胁，应大胆创新、开拓进取，实施更加开放、积极的人才政策，招引更优质的战略性人才、高技能人才，打造更完善的人才服务体系，健全更有利的金融支撑体系。基于以上思考，本文提出如下几点政策建议。

（一）完善顶尖人才引育新机制

第一，强化战略人才顶层设计，夯实科技创新主体。聚焦数字经济创新提质"一号发展工程"，研究制定战略人才机制措施，制定出台《"名士之乡"英才计划顶尖人才和团队遴选实施细则》，"一人一策、一事一议"加快引进省"鲲鹏行动"计划等具有全球影响力的顶尖科学家。大力实施院士智力集聚工程，完善"院士团队 + 产业集群 + 配套基金 + 平台支撑 + 生态赋能"发展模式，支持以顶尖人才和海内外院士为引领设立新型研发机构等创新平台，加快推动标志性产业链院士级领军人才团队全覆盖。

第二，优化海外人才引进机制，充实国际化人才队伍。坚持"高精尖缺、全职、海外、年轻"标准，全面落实国家海外引才战略，配强引才专班、创新引才方法，激发用人主体引才积极性，力争入选国家和省海外引才计划人才数量领跑全省和全国同类城市。实施海外人才到岗攻坚行动，完善人才入境联动机制，扎实抓好特定人才服务和安全工作，开展人才到岗专项督查，实现海外人才到岗率大幅跃升。支持"专精特新"企业、雄鹰企业、科技领军企业开展国际人才合作，加大海外人才引进力度，探索将人才密度、引才质量、创新强度作为企业评价、项目申报、政策支持的重要依据。

第三，深化卓越工程师培育机制，提升工程师创新动能。全面落实《浙江省卓越工程师培养工程实施意见（试行）》，实施制造业人才支持专项计划，探索将工程师纳入"亩均论英雄"人才密度评价。深化工程师协同创新中心建设，打造"浙里工程师2.0版"，积极创建国家卓越工程师实践基地、省级现代产业学院。加快推进浙江大学工程师学院绍兴基地建设，联动相关央企积极打造国家卓越工程师学院。创新推广工程硕士"1+2"联合培养"新昌模式"，培育支持一批工程硕博士，规划建设一批研究生培养基地。

（二）探索青年人才引进新渠道

第一，优化青年大学生引才机制，充实基础性人才队伍。迭代招才引智"人才专列"，开设"博士专列"、深耕"校园专列"、优化"线上专列"、拓展"海外专列"，全年举办各类人才招聘和推介会百余场，聚焦重点产业精准寻访青年博士。实施新一轮教育卫健系统"千名硕博"全球引才，优化教育卫健人才招录机制，加强重点学校、重点医院人才储备，加大引进教育卫健领域青年人才力度。深入实施博士后海外引才专项，举办博士后、大学生创新创业大赛，落地一批青年创业项目，加大博士后和留学人员招引力度。

第二，打造年轻化、国际化人才生态，完善人才服务体系。聚焦营商环境优化提升"一号改革工程"，迭代"一县一品牌""一域一特色"工作制度，谋划推进"年轻化、国际化、乡贤人才"三大系列举措，实施新一轮人才服务"十件实事"，建立以"项目制"为纽带的人才生态赛比机制，办好人才"发展大事""关键小事""同城难事"。加强人才住房保障力度，落实省委人才工作领导小组《关于加强人才住房支持工作的指导意见》，持续推进人才租赁住房建设专项计划，探索"先租后售"等人才住房保障模式。加大"政采云""制造馆"人才创新产品入库力度，加强人才项目"首台套"支持。优化市场化专业化人才服务，加强人力资源产业园建设，加快构建人才服务全产业链。用好海智汇·绍兴国际人才创业创新服务中心，筹划建设绍兴人才大厦，运营国际青年人才社区，加快建设鉴湖英才综合体、洋泾湖国际人才社区、外国高端人才俱乐部等一批人才社区综合体。

第三，以人才赛会为抓手，提升"名士之乡"引才开放度。聚焦"地瓜经济"提能升级"一号开放工程"，提升人才对外开放和国际化水平，高规格举办首届世界女科学家大会、首届国际先进制造青年科学家大会，高水平举办2023 中国·绍兴"名士之乡"人才峰会。举办第八届中国·绍兴海内外高层次人才创新创业大赛、第三届中国·绍兴"万亩千亿"新产业平台创新创业大赛、之江科创大会暨科创之江百人会年会、欧美同学会（中国留学人员联谊会）第三届"双创"大赛等辨识度人才赛会，争取更多高端人才赛会落户绍兴。结合"八八战略"20 周年、亚运会等重要节点，加强与中央和省级主流媒体对接力度，拓展人才工作宣传矩阵，讲好绍兴"人才故事"。谋划设立"绍兴工匠日"，争创一批全国人才工作创新案例，遴选一批重才爱才"伯乐奖"单位和"才聚绍兴十佳案例"，大力弘扬科学家精神、工匠精神。

（三）提升科创平台聚才新动能

第一，探索创新创业平台新方式，打造人才创新集聚区。聚焦绍兴科创走廊建设，完善网络大城市人才平台布局，建强人才创新创业平台体系。打造浙江绍兴人才创业园 2.0 版，高标扩建外国高端人才创新集聚区，规划建设杭州湾科创中心，提能升级民营人才创业园。全面落实《共建研究院强基提能造峰三年行动计划（2022—2024 年）》，加强研究院分类管理，完善绩效评价机制，提升全职人才比例，做大做强浙江大学、上海交大、天津大学、上海大学等校地共建研究院。加快推动绍芯集成电路、鉴湖现代纺织、曹娥江新材料、浣江航空航天等高能级实验室建设，积极争创省新型研发机构、省重点实验室。建强各级重点实验室、技术创新中心、新型研发机构、企业研究院等科研平台。高标准推进院士之家、院士专家工作站、外国专家工作站、博士后工作站、学会服务站、博士创新站"一家五站"平台体系建设。

第二，高水平建设人才管理改革试验区，强化试验区的制度创新。深化滨海新区人才管理改革试验区建设，开展"20 条"和"10 项重点举措"落实情况回头看，谋划新一轮改革举措，推广人才"双聘制"等改革成果。加快诸暨海归小镇人才管理改革试验区建设，制定专项人才服务政策，创新人才评价体系。加快杭绍临空人才合作创新区建设，出台人才合作创新区专项规划，制定专项人才政策"创十条"，探索杭绍人才互认机制，着力打造光电人才高地。

加快海峡两岸数智创新人才培育发展样板区建设，制定特定领域人才政策和人才评价体系，加快引进集聚数字经济人才。

第三，推进人才工作数字化改革，畅通人才前后端服务通道。贯通落实"浙里人才之家"数字化场景，加强人才全息数据库和"人才码""项目汇""引才云""人才谱"建设，打造与全省相衔接的市级人才计划申报管理系统、全市域协同的人才资源对接服务平台；持续推广应用"绍兴人才码"，提升赋码率和活跃度，实现更多人才服务"一码全享"、人才事项"一件联办"、人才政策"无感智兑"。优化工作机制和业务协同，全力提升全省人才竞争力指数，完善区、县（市）人才竞争力评价体系。

（四）强化金融支持科技人才服务能力

第一，推进科技金融专营机构建设，促进人才与科技金融深度融合。在现有银行网点中择优增设科技金融专营机构，鼓励引导银行机构在科创平台、园区和基地设立科技金融专营机构，争取设立绍兴科创走廊科技金融专营机构。建立健全科技金融专营机构、人才服务银行客户准入、授信管理、风险容忍、尽职免责和考核激励等机制，开辟人才科技信贷业务绿色通道，对人才科技金融业务实行专人负责、专业管理、专项额度、专线审批和专门考核。进一步提升专营特色和业务独立性，强化科技金融业务和风险隔离。

第二，深化科技金融平台建设，提升金融服务综合效率。依托绍兴市科技金融平台建设，做好平台迭代升级、互通互联和功能拓展，实现智慧画像、数字预授信、一键秒贷、政策直兑和线上担保等应用场景。推动科技金融平台与其他平台高效联动，深度挖掘企业信用信息，加快各类数据在金融服务场景应用落地，提升金融服务效率。

第三，实施各类金融试点计划，完善创业服务体系。深化"五位一体"人才创业的金融服务体系，实施人才企业上市培育计划，推动人才贷扩面、人才险升级、人才担覆盖、人才投增效、人才板增量。推动知识产权质押融资试点，探索向科技型企业发放以知识产权为质押的中长期贷款，着力培育科技型上市后备企业，优先对产业带动力强、科技含量高、市场前景好的雄鹰企业、单项冠军企业、专精特新企业等，实施上市梯度培育计划。

县域篇

专题八

2022 年越城区经济社会发展研究报告

中共绍兴市越城区委党校　　王　幸　　郑智昊

2022 年是党的二十大胜利召开之年，也是踏上全面建设社会主义现代化国家、向第二个百年奋斗目标进军新征程的开局之年。越城区在区委、区政府的正确领导下，全区上下全面贯彻党的二十大精神，全面落实省、市、区党代会决策部署，以"三个年"活动 [①] 和"三大攻坚行动" [②] 为抓手，全力打好经济稳进提质攻坚战，经济社会保持平稳健康发展态势，昂首迈进"首位立区、幸福越城"新征程。

一、2022 年越城区经济社会发展总体情况

2022 年越城区上下咬定目标、共同努力，做好了"疫情要防住、经济要稳住、发展要安全"三件大事，经济运行稳的基础不断夯实，进的态势持续巩固。全区实现地区生产总值 1271 亿元，增长 4%；一般公共预算收入 86.2 亿元，同口径增长 5.7%；固定资产投资 882 亿元，增长 13.1%；社会消费品零售总额 748 亿元，增长 3.6%；进出口总额 838 亿元，增长 26%；城乡居民人均可支配收入分别为 70525 元和 45540 元，分别增长 4.1%、7.1%。尽管受到国际形势变化、新冠疫情等不利因素影响，但越城区经济社会各领域的改革和发展亮点纷呈，各方面工作取得积极成效，2022 年越城区经济社会发展主要有以下几个方面的特点。

---

① "三个年"活动指项目攻坚突破年、共同富裕提质年、基层党建跃升年。

② "三大攻坚行动"指拔钉清障攻坚、信访化解攻坚、短板提升攻坚。

（一）聚焦经济大盘，经济发展更具韧性

2022 年 3—4 月，越城区一些经济指标明显走低，受到疫情严重冲击，越城区全面贯彻新发展理念，高效统筹疫情防控和经济社会发展，坚定信心，迎难而上，把稳增长放在更突出位置，着力保市场主体保就业保民生，保护经济韧性，保持经济运行在合理区间。

一是从主要指标看，"回"的态势在加固。2022 年越城区全年规模以上工业总产值 1622.52 亿元，同比下降 0.7%；限上批发业销售额 1410.53 亿元，同比增长 23.4%；限上零售业销售额 282.38 亿元，同比增长 13.2%；限上住宿业营业额 10.18 亿元，同比增长 4.6%；限上餐饮业营业额 17.65 亿元，同比增长 9.9%。二是从发展潜力看，"新"的动能在成长。全区高新技术产业投资额增速 66.1%，规上工业实现高新技术产业增加值增速 7.2%。新认定国家高新技术企业 203 家、省科技型中小企业 233 家。三是从动能转换效果看，"好"的因素在积累。2022 年全年实现规模以上新产品产值 647.94 亿元，同比增长 14.7%，新产品产值率为 39.1%，同比提高 6.5 个百分点。规模以上高新技术产业和战略性新兴产业增加值分别为 251.74 亿元和 190.24 亿元，分别增长 7.2% 和 32.0%。157 个项目列入年度市级智能化改造重点项目计划，新增工业机器人 525 台，新增振德医疗、长电绍兴 2 家省级未来工厂试点，数量居全省第一，长电绍兴获评第一批省级未来工厂。

（二）聚焦发展动能，产业提质更有成效

从产业发展来看，2022 年越城区聚焦发展动能，产业提质更有成效，农业与服务业稳步发展，工业加速转型。一是农业稳步发展。2022 年，越城区农业发展稳步提质增效，扎实推进农田基本建设，完成"非粮化"整治优化工作，累计清理腾退 5200 余亩耕地，建设完成 2.24 万亩高标准农田，继续推进 9100 亩高标准农田（粮功区）改造提升。美丽乡村建设迭代升级，开展"闲置农房激活"项目，吸引社会资本 1.6 亿元，安桥头村"宅基地 + 乡村建设"入选省农业农村厅强村富民集成改革典型案例，创建省级未来乡村 4 个。二是工业经济加速转型。主要指标回升向好，制造业投资增长 61.1%、增速居全省 44 个工业大县第 1 位。数智赋能亮点纷呈，人工智能产业增加值增长 32.5%，

居全市第 1 位。第三代半导体入选未来产业先导区创建培育名单。马海片区"绍芯谷"建设正式启动。中芯集成科创板首次公开募股（IPO）成功过会。工业全域治理实现突破，规上工业亩均税收增长 27%，新兴产业增加值增长 30.9%，均居全市第一位。三是服务业经济稳中向好。培育规上、限上商贸服务业企业 106 家，新增数全市第一，其中引入百亿级商贸企业 3 家。成功创建省级全域旅游示范区、省级数字生活新服务样板区。建设"一码找订单"数字化应用，创新推广数字化代参展模式，助企抢得 1 亿美元意向订单。实到外资 2.9 亿美元，引进超亿美元外资项目 3 个。成功创建全省首批区域全面经济伙伴关系协定（RCEP）高水平开放合作示范区、省级进口贸易促进创新示范区。

（三）聚焦城市能级，区域发展更具活力

从区域发展来看，2022 年越城区聚焦城市能级的提升，区域发展更具活力。一是区域融合纵深推进。全面完成新一轮国土空间规划"三区三线"划定，高质量编制全域空间战略规划。成功获批省级土地综合整治试点。"越子城"传统风貌区入选全省首批"新时代富春山居图样板区"，外滩、铁甲营等社区入选全省首批共同富裕基本单元，蕺山社区、坡塘村等社区、乡村分别入选新一批省级未来社区、未来乡村。对口协作顺利推进，东西部协作持续擦亮 5 张"金名片"，"越嘉有味"创新消费协作模式；山海协作工程依托"产业飞地"搭建平台，共享共建高新产业合作项目。二是平台能级实现跃升。国家级高新区、国家级经开区全国排名均跃升 14 位。绍兴综合保税区正式封关运营，"一日游"业务、一线进口业务、首单跨境电商"1210"顺利通关。集成电路、高端生物医药两大"万亩千亿"新产业平台发展势头强劲，分获全省考核第 1 名、第 4 名，滨海新区位列城市新区发展潜力百强全国第 12 位、全省第 2 位。海峡两岸（绍兴）数字经济产业合作区作为国台办支持浙江发展的第一项举措，上升为国家战略。三是共同富裕换挡提速。成立区委社会建设委员会，聚焦示范区建设"1+7+N"[①]重点工作，扎实开展"共同富裕提速年"活动，4 个场景入选省首批共同富裕现代化基本单元"一老一小"场景，2 个项目入选市首批

---

① "1+7+N"："1"指数字化改革，"7"指经济、民主法制、文化、社会事业、生态文明、党的建设、纪检监察，"N"指从 7 大领域当中提炼集成的抓纲带目式、牵一发动全身的重大改革。

共同富裕试点，3 个项目入选市第一批共同富裕最佳实践。城乡居民收入比降至 1.55，居全省前 10。荣膺"2022 中国最具幸福感城区"。

（四）聚焦城市品质，城乡风貌更为优化

从城乡风貌来看，2022 年越城区聚焦城市品质的提升，城乡风貌更为优化。一是城市风貌明显优化。全面提升城市管理水平，全域全过程实现"一把扫帚扫到底、一把剪刀剪到底、一个班组修到底"，城市管理、垃圾分类综合排名均居全市第一位，成功承办全市城市精细管理现场会，顺利通过全国文明城市创建复评。加快城市有机更新，完成拆迁 285 万平方米，释放土地空间 3000 余亩，有力保障轨道交通一号线、4 条智慧快速路全线通车。高质量完成中兴大道改造、阳明路提升等 41 个亚运配套项目，环城河步道全线贯通，"三山一湖"全面亮灯，在国际马拉松、"同心·越城"大会等重大活动中展现亮丽风景。二是生态环境成效凸显。深化大气污染防治行动，$PM_{2.5}$ 年平均浓度降至 29.7 微克／米^3，空气质量优良天数占比 84.6%。全面实施水生态修复，打造以梅龙湖、迪荡湖局部水域水生态修复为代表的"水下森林"式自净型水生态系统。启动"清废净土"专项行动，持续开展受污染耕地"源解析"工作，强化建设用地风险防控。扎实推进水污染防治，省控及以上断面水质达标率 100%，时隔 4 年再夺"大禹鼎"，创成省级生态文明示范区。中央环保交办信访件销号率 100%，持续做好长江经济带生态环境问题"举一反三"大排查大整改工作。三是美丽乡村迭代升级。深入实施"千万工程"，创建省级新时代美丽乡村达标村 8 个、省级未来乡村 4 个，新增市级乡村振兴先行村 4 个、市级 AAA 示范村 3 个、市级五星达标村 16 个。斗门街道、富盛镇创成美丽城镇省级样板。开展"闲置农房激活"项目，激活闲置农房约 1.3 万平方米。

（五）聚焦民生福祉，宜居根基更为牢固

从社会民生来看，2022 年越城区聚焦民生福祉提升，宜居根基更为牢固。一是教体事业均衡发展。浙江金融职业学院绍兴校区项目顺利推进，两湖西侧小学完成建设并投入使用，新开办小区配套幼儿园 4 所，省教育现代化水平监测指数跃升 A 等，省基础教育生态水平居全市前列，市教育均衡示范乡镇实现"满堂红"。深入推进"双减"工作，素质教育不断深入，培训机构纳入平台监

管率等 3 项指标位列全省第一。体育事业蓬勃发展，新增体育场地面积 17 万平方米，国民体质健康合格率达 94.3%；竞技体育勇创佳绩，省运会金牌数、团体总分均居全市第一位。二是医卫水平普惠提升。省人民医院越城院区成功入选第五批国家区域医疗中心试点，"健康浙江"考核连续 4 年保持优秀。慢性病综合防控能力稳步提升，推动防、治、康、管整体融合发展。"一老一小"健康服务拓展创新，推进老年健康服务专项行动省级试点，成立全市首个由社区免费提供业务用房的民办公助普惠性托育机构。三是民生保障更加有力。民生事业投入近 70 亿元，增长 10.8%。做好困难对象兜底保障工作，累计发放救助资金 6000 余万元。率先出台房地产新政"18 条"，高规格举办全区首届房博会。基本养老保险、基本医疗保险参保率均达 99.7% 以上。新增城镇就业 4.3 万人，开展职业培训 5.7 万人。完成老旧小区改造 43 个、加装电梯 100 台。加速拓展保障房覆盖面，新开工人才租赁住房 2300 间，投用人才公寓 4000 套。

（六）聚焦深化改革，发展活力更为充沛

从改革发展来看，2022 年越城区聚焦深化改革，发展活力更为充沛。一是产业转型集成改革继续深化。深入实施袍江区域有机更新，深入推进"腾笼换鸟、凤凰涅槃"攻坚行动，最后一个印染组团顺利关停，印染产能平稳退出，35 家化工企业全部签订退出协议，18 个化工集聚项目开工建设，获省政府第一档考核激励。出台"砺鹰计划"，开展"五个一"挂联服务活动，努力激活闲置厂房土地。项目招引精准有效，新招引 10 亿元以上项目 27 个、总投资 735 亿元，招引数、投资额均居全市第一位。二是人才示范区综合改革迈向深入。深入推进滨海新区人才管理改革试验区建设，发布试验区 2022 年度重点改革举措，制定出台人才新政 4.0 版及实施细则，制定"人才强企"助力经济稳进提质若干政策举措，新增技能人才 2.2 万人。出台《绍兴"古城青年创客"项目实施方案》，提升古城创业原动力。三是科技创新策源能力持续增强。谋划实施科技创新"258"行动计划，研发投入增速连续 4 年全市第一，全省排名跃升 30 位。绍芯实验室列入省政府重点支持产学研一体化科创平台，国家级博士后工作站、中国专利奖等实现零的突破。医疗器械综合体初步建成视频推广平台和医疗器械 3C 平台，在省级产业创新服务综合体绩效评价中获"优"。

二、2023 年越城经济社会发展的目标和现实挑战

2023 年是贯彻党的二十大精神的开局之年，是"八八战略"实施 20 周年，是为全面建设社会主义现代化国家奠定基础的重要一年。2023 年，高质量发展是全面建设社会主义现代化国家的首要任务。中央政治局会议定调 2023 年经济工作，重点突出"稳增长"，继续坚持稳中求进工作总基调，经济长期稳中向好的基本面依然不会改变。在这样的背景下，2023 年越城区集成电路、生物医药等新兴产业快速发展，印染化工企业加快搬迁集聚，区位优势和发展潜力将进一步激活。2023 年越城区国民经济和社会发展主要目标如表 8-1 所示，全区地区生产总值增速目标定为 7.5% 以上，一般公共预算收入增速目标定为 8%，固定资产投资增速目标定为 12% 以上，社会消费品零售总额增速目标定为 10%，外贸出口额增速目标定为 20%，研发投入强度超过全市平均水平。

表 8-1　2023 年越城区国民经济和社会发展主要目标

指标	目标	指标属性
地区生产总值	7.5% 以上	预期性
一般公共预算收入	8%	预期性
固定资产投资	12% 以上	预期性
社会消费品零售总额	10%	预期性
外贸出口额	20%	预期性
城镇居民人均可支配收入	与经济增长基本同步	预期性
农村居民人均可支配收入	与经济增长基本同步	预期性
研发投入强度	超过全市平均水平	预期性

资料来源：2023 年越城区政府工作报告。

面对以上目标定位，越城区也应当看到自身发展还有很多不足。一是新旧动能转换还需加速，稳进提质增效还需巩固。旧动能后劲不足，新动能尚未形成，产业发展阵痛期尚未度过。2023 年，越城区应当聚焦畅通循环，强化投资

驱动、扩大消费需求和深化内外开放程度。要聚焦产业转型升级，加快构建现代产业体系、纵深推进"腾笼换鸟"和头部引领项目招引。二是创新策源和成果转化能力仍较薄弱，高端人才、专业人才比较紧缺。2023 年，越城区应当聚焦创新驱动，全力以赴增强发展动能，提升平台能级、培育市场主体和激发科创潜力。三是城乡基础设施建设还有欠账，优质公共服务供给不够均衡。2023 年，越城区应当聚焦精细管理，全力以赴改善城乡风貌，精细打磨城乡环境、统筹推进城市有机更新和发力攻坚污染防治。四是防范化解安全、环保、基层治理等领域风险的各方责任仍需压实。2023 年，越城区应当聚焦优质均衡，全力以赴增进民生福祉，积极促进就业创业、扩面提质教体医卫，始终坚守住民生底线。

三、2023 年越城区经济社会发展的对策思考

2023 年越城区国民经济和社会发展工作总体要求：坚持以习近平新时代中国特色社会主义思想为根本指引，深入学习贯彻党的二十大精神，坚定不移做"两个确立"忠诚拥护者、"两个维护"示范引领者，坚持稳中求进工作总基调，完整准确全面贯彻新发展理念，服务构建新发展格局，着力推动高质量发展，忠实践行"八八战略"、努力打造"重要窗口"，积极融入全省"两个先行"和绍兴高水平网络大城市建设，向首位奋进，为幸福前行，奋力谱写中国式现代化越城新篇章。

（一）聚焦畅通循环，全力以赴推动经济发展

一是全面强化投资驱动。实施项目攻坚行动，树牢"项目为王"理念，按照近期可实施、远期可储备、定期可滚动的要求，建立健全项目储备库，实行定期动态更新，实施投资"185"工程，确保开工率、投资完成率跑赢时间进度，切实将项目转化为实物量，为经济稳进提质夯基垒台。围绕省扩大有效投资"千项万亿"工程，聚焦九大领域投向，推动经济整体向好，发挥重大项目"压舱石"作用。

二是全域扩大消费需求。以古城、镜湖新区为重点，联动周边区域，加强服务业与制造业融合发展，高水平建设一批服务业标志性工程，打造引领全市

服务业高质量发展的核心引擎，加速打造沥海城市副中心，全面提升科产城功能。实施"消费扩容"行动，增加新兴消费供给，推动网络教育、网络娱乐等消费，鼓励"网红经济""夜间经济""直播经济"发展，打造高品质步行街。迭代"越"系列消费促进活动，精心筹办"古城过大年"系列活动。三是全力推进内外开放。加快全国首批内外贸一体化发展试点区、全省首批 RCEP 高水平开放合作示范区建设，推动绍兴综保区列入"全国 B 类综保区"。实施"百团千企拓市场"系列活动，打通境内外专业展会组展参展通道，组团赴境外找单抢单。加快综保区"家门口"通关行动，加快保税仓建设。加大线上"一码找订单"境外代参展力度，探索"外贸＋供应链"实践创新。

（二）聚焦转型升级，全力以赴助推产业提升

一是加快构建现代产业体系。加快实施先进制造业"1515"专项行动[①]，着力打造先进制造业强市先行区，加快培育 5 大重点产业集群和 100 家以上优质企业群体，实施 50 个 5 亿元以上重大产业项目，争夺"浙江制造天工鼎"。实施数字经济"一号发展工程"，力争全区数字经济核心产业制造业增加值增速达 15% 以上，新建 5G 基站 300 个以上。持续提升"1+N"工业互联网平台体系，力争累计认定省级工业互联网平台 2 家，省级工业互联网创建平台 9 家。实施"云上企业""大数据示范企业"培育行动，推荐省、市"云上企业""大数据示范企业"各 5 家。

二是纵深推进"腾笼换鸟"。深入开展工业全域治理，加快提升低效工业用地效益，腾出用能 10 万吨标煤，盘活利用低效用地，力争规上亩均税收增长 10% 以上。全面启动马海 1 号先行区块建设，全力打造"泛半导体＋""绍芯谷"，力争杭州亚运会开始前基本完成区块更新。新认定未来工厂或入围省级试点 1 家，省级智能工厂、数字化车间 2 家以上，新增工业机器人 500 台。实施服务业"腾笼换鸟"，推进袍江汽车城提升改造和汽车博览中心建设，加快百度未来自驾基地项目落地，按照国内一流、世界领先的标准，抓好汽车城转型提升。三是头部引领项目招引。聚焦集成电路、生物医药、智能制造、未

---

① "1515"专项行动："1"指全部工业增加值突破 1000 亿元，"5"指打造形成五大在全国具有较强竞争力的重点产业集群，"1"指培育形成一批具有行业影响力的优质企业群体，"5"指制造业领域每年实施 50 个 5 亿元以上重大产业项目。

来产业、黄酒经典产业等主导产业，深入实施产业链精准招商，着力延链补链强链铸链，建立健全"一盘棋"大招商格局，巩固优势产业领先地位，加快培育高端化、智能化、绿色化的特色产业集群。促成中芯三期、比亚迪二期等重大项目及早落地，新引进 5 亿元以上项目 50 个，其中 50 亿元以上项目 6 个，100 亿元以上项目 3 个。

（三）聚焦创新驱动，全力以赴增强发展动能

一是显著提升平台能级。抓好国家级经开区、高新区争先进位，实现集成电路、生物医药两大"万亩千亿"新产业平台考核保持领先，积极谋划争取钠电及新能源装备省级"万亩千亿"新产业平台。高起点规划建设海峡两岸（绍兴）数字经济产业合作区，加快推进敏捷智慧能源、鼎捷智创芯基地、工业富联系统封装自动化服务平台等先导项目落地，全域推动产业数字化升级。

二是扎实培育市场主体。分类打造"领航型"标杆企业、壮大"冠军型"创新企业、培育"种子型"小微企业，全年新增"小升规"企业 100 家、"规改股" 20 家。实施上市"131"行动，力争新增"股上市" 3 家，上市公司总市值突破千亿元。引导"专精特新"中小企业成长为国内市场领先的"小巨人"企业，力争全年新增省级"隐形冠军"企业、国家级专精特新"小巨人"企业、制造业单项冠军企业各 1 家。贯通实施服务业高质量发展"百千万"工程，力争完成现代服务业新招项目、新招企业、新增月度"下升上"企业各 100 家。

三是聚力激发科创潜力。大力实施科技创新"258"行动计划，以打造全国全城科创发展区，全国科技产业创新示范区为定位，推动创新链产业链资金链人才链深度融合，加速迈进全国科技创新强区 40 强，争创"科技创新鼎"。以"大两湖"科创片区启动为引领，多个功能带作支撑，推动科创片区全城融合。实质性启动绍芯实验室核心平台建设，做强浙大绍兴研究院省级新型研发机构，推进天津大学等共建研究院建设新型研发机构并进入省级梯队。国家高新技术企业、省科技型中小企业年度新增均增长 50% 以上，保有量分别达到 600 家、1800 家。纵深推进滨海新区人才管理改革试验区建设，争创人才发展体制机制综合改革省级试点，深入实施"名士之乡"英才计划、"鲲鹏计划"和国家级、省级引才计划，着力推动应用型人才引进培育。

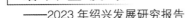

（四）聚焦精细管理，全力以赴改善城乡风貌

一是精细打磨城乡环境。打造最清洁城市样板区，实施城市清洁行动，对标"一线城市"，全面提升道路、设施和园林养护标准。实施古城全域环境精细化管理，确保全周期、全时段、全覆盖管好"四个环境""三个面"。加强中兴路地下空间谋划，加快上大路—迎恩门水街连片贯通，通过东鉴湖国家湿地公园验收。启动浙江省景区村庄 2.0 版建设，提升"坡塘云松""鲁迅外婆家"等品牌影响力，打造特色乡村旅游线路。加快美丽乡村建设，完成 4 个省级未来乡村、1 个省级示范乡镇、3 个省级特色精品村的创建任务。

二是统筹推进城市有机更新。加快古城保护利用，合力打造阳明故里、鲁迅故里、书圣故里，促进台门活化利用，有序推进古城基础设施和传统民居微改造，提升镜湖区域环境改造。坚持新发展理念，构建新发展格局，衔接国土空间规划，做好土地征收成片开发。统筹做好全区涉及国有土地上征收拆迁等相关工作。结合高水平建设网络大城市各片区开发及项目落地实际情况，持续攻坚拆迁征收、拔钉清障，全力完成 200 万平方米以上拆迁征收任务。

三是发力攻坚污染防治。持续打好蓝天、碧水、净土、清废保卫战，力争全年空气质量优良率高于 92%、$PM_{2.5}$ 年平均浓度低于 26 微克 / 米 ^{3}，省控断面优良水质比例高于 94%、功能区水质达标率 100%，全面创建国家生态文明建设示范区、省级全域"无废城市"，再夺治水"大禹鼎"。着力推进省级低碳试点县创建工作，推动产业绿色转型。继续抓实能耗"双控"工作，落实节能审查制度。持续做好长江经济带生态环境问题"举一反三"大排查大整改等工作。

（五）聚焦优质均衡，全力以赴增进民生福祉

一是积极促进就业创业。实施就业优先战略，打造"1+N 零工市场"，新增城镇就业 4.4 万人、失业再就业 7800 人，城镇调查失业率控制在 5% 以内。推动新型就业形态从业人员参保缴费，户籍人口医保参保率保持在 99% 以上。注重本土人才培养，加快建设绍兴新产业技师学院。以"职业培训券"为载体，大力实施"金蓝领"职业技能提升行动，着力擦亮"越城工匠"名片。迭代开展招才引智"春秋专列"，实施"活力绍兴·筑梦越城"、引才"百千万工程"、

越马劳务协作专项活动。

二是扩面提质教体医卫。加快杭州电子科技大学绍兴校区、浙江金融职业学院绍兴校区等建设。培育省现代化学校 4 所，省标准化学校创建率达到 100%，普惠性幼儿园在园幼儿率达 97%。推动省级体育现代化镇（乡、街道）创建，力争省级体育现代化镇（乡、街道）创建率达 75% 以上。推进健康新城建设，省人民医院越城院区一期投入使用、二期启动建设，东湖、马山街道社区卫生服务中心新建项目主体竣工，区公共卫生服务中心加快建设。实施健康越城建设提升工程，推动健康融入所有政策，全面巩固国家卫生城市和健康促进区建设成果，确保通过省级慢性病综合防控示范区复评。持续开展全民健康生活方式行动，稳步提高居民人均期望寿命。

三是始终坚守民生底线。开工保障性租赁住房 3000 套（间）以上，抓好"保交楼"等工作，促进房地产市场平稳健康发展。新建国家 AAAAA 级婚姻登记场所，完成老旧小区改造 30 个，加装电梯 50 台。贯通"老方便"养老服务一键通应用，打造越城智慧化养老新模式。深化养老服务"爱心卡"省级试点，实现基本养老服务全覆盖，社区成长驿站、托育设施全覆盖。完善未成年人救助保护机构工作制度，提升未保中心的救助保护能力。构建基层三级服务平台，加快形成基层慈善工作体系。

专题九

2022 年柯桥区经济社会发展研究报告

中共绍兴市柯桥区委党校　李　华　费　婷　张德政

2022 年是全面建设社会主义现代化国家的奋进之年，也是柯桥发展进程中把握机遇、砥砺前行的不凡之年。一年来，柯桥区凝心聚力、开拓进取，以新气象、新担当、新作为实现了良好开局，紧紧团结依靠全区人民，坚持实干实绩，奋力领跑竞跑，蝉联中国全面小康十大示范区、全国综合实力"十强区"，经济社会发展稳中向好，坚实迈进现代化"国际纺都、杭绍星城"新征程。

一、2022 年柯桥区经济社会发展总体情况

（一）发挥优势增动能，推动经济稳进提质

2022 年，全区实现地区生产总值 1901.4 亿元、增长 4.5%，一般公共预算收入 132.6 亿元、增长 1.6%（同口径），规上工业增加值增长 10.2%，社会消费品零售总额增长 4.6%，城乡居民人均可支配收入分别增长 4.2%、7.4%。顶格承接稳经济"一揽子"政策，靶向出台 11 条措施，兑现补助资金 13 亿元，完成增值税留抵退税 46.4 亿元，为企业减负 89 亿元。抢抓政策"窗口期"，发行政府专项债 52.5 亿元，投放政策性开发性金融工具 8.2 亿元，争取土地奖励指标 7198 亩，盘活"四未一低"①土地 7204 亩，腾出用能 30 万吨标煤。重

---

① "四未一低"指"批而未供""供而未用""拆而未用""用而未尽""低效用地"存量土地。

大项目建设全面提速，实施"老绍兴回归工程"，签约引进 5 亿元以上重大产业项目 45 个，其中百亿级 4 个，内资到位 141 亿元，外资实绩 5.1 亿美元。19 个省重点建设项目、18 个省"4+1"项目、6 个省市县长项目 100% 开工，高新技术、制造业投资分别增长 12.9%、18.1%。新旧动能加快转换，跨域集聚五大印染组团全部投产，48% 的规上工业企业完成智能化改造，整治"低散乱污"企业 310 家，工业企业亩均税收提升 16.1%、单位 GDP 能耗预计下降 4.1%，高新技术产业、战略性新兴产业增加值分别增长 16.1%、5.1%。入选全省中小企业数字化改造试点和"新星"产业群试点。柯桥经济技术开发区跻身全省高能级战略平台，杭绍临空示范区绍兴片区获省政府批复成立。市场主体达到 17.3 万户、增长 7.9%。3 家企业入围中国民营企业 500 强，新增国家级专精特新"小巨人"企业 12 家，培育上市企业 1 家，完成"小升规"171 家。

（二）创优路径提效能，实现改革创新突破

全域推动数字化改革，纺织品"花样数治"入选省数字化改革最佳应用，"浙里城市生命线"应用实现"一地创新、全省共享"，"织造印染产业大脑"获评优秀行业产业大脑。"县乡一体、条抓块统"获全省改革突破奖金奖。"一支队伍管执法"改革经验全省推广。出台优化营商环境行动方案，推行重大项目"拿地即开工"服务模式，创成国家首批知识产权强县建设示范区。深入推进人才科技"双创"，省现代纺织技术创新中心开园投用，杭州湾科创中心启动建设，绍兴光电研究中心签约落户。新增国家高新技术企业 87 家、省科技型中小企业 335 家，研发经费支出占比预计达到 3%，入选"科创中国"省级试点。实施人才新政 4.0 版，推进"登高计划"，新增全职院士团队 3 个，引育省级以上高层次人才 51 名，连续 10 年获评市人才工作述职评议考核优秀单位。

（三）开阔视野蓄势能，拓展开发开放格局

完善国土空间总体规划，科学划定"三区三线"，城镇开发边界延展至 196 平方千米。高起点谋划未来之城，中心城区一体化发展加速。鉴湖旅游度

---

① "老绍兴回归工程"指发挥绍兴籍企业和人才的人脉、资源优势，以亲情、乡情、友情招引在外绍兴籍优秀企业家、优秀人才回报家乡，促进总部、产业、技术、人才、信息、感情"六回归"。

假区创成国家级旅游度假区。启动若耶·铜谷小镇项目，推进兰亭度假区新一轮大开发。深入实施"迎亚运"三大行动，投用羊山攀岩中心，建成省级风貌样板区、未来社区各 3 个，完成拆迁 300 万平方米，改造老旧小区 10 个。杭绍台高速全面开通，杭甬高速柯桥互通完成改建，杭州中环柯桥段、杭绍台西线、群贤路西延、镜水路北段等重大交通项目加快推进。以中国轻纺城冠名 30 周年为契机，成功举办新丝路故事汇·柯桥论坛、第五届世界布商大会。中欧班列"柯桥号"正式开行，轻纺数字物流港加快建设，"水韵纺都"初具形象，轻纺城"线上＋线下"成交额突破 3300 亿元。

（四）加大力度强功能，维护社会和谐稳定

铁腕推进重点领域风险隐患大排查大整治，基层应急、消防一体化加快落地，马鞍化工集聚区安全风险降级，兰亭尾矿库顺利闭库，火灾起数自比下降 50%，降幅位列全市第一，安全生产事故起数、死亡人数较前 3 年平均下降 20% 以上。加强生态环境综合治理，创建"污水零直排区"标杆镇街 2 个、美丽河湖 3 条，区控断面水质 100% 达到功能区要求。$PM_{2.5}$ 年平均浓度 32 微克／米³，空气质量优良率 83.6%。生活垃圾"越分越美"，实现总量负增长、处置全闭环，打造垃圾分类"定时定点"小区 71 个、商业街 36 条。开展信访积案"百日攻坚"行动，市区两级积案全部化解，连续 78 个月进京"零非访"。基层网格智治走深走实，创新运用社区民警驻村守望制。成功破获涉恐专案，打掉恶势力犯罪集团 6 个，电诈、黄赌、交通警情大幅下降。圆满护航党的二十大，实现平安区创建"十七连冠"。

（五）扎实举措优职能，促进民生福祉改善

"共富星村"列入全省共同富裕试点，驻村指导员制度、强村富民集成改革入选全省最佳实践。荣获省农业"双强"行动"赛马"激励，创成省新时代美丽乡村示范县。全面消除年经营性收入 100 万元以下的相对薄弱村。山海协作、东西部协作、对口合作务实有效。民生支出 108 亿元，占一般公共预算支出 78.7%。新增城镇就业 6.9 万人，完成职业技能培训 3.4 万人次。基本实现全民参保，"越惠保"参保率 71.4%。建成康养联合体养老机构 5 家，完成适老化改造 500 户，新增标准化托育驿站 60 个、婴幼儿托位 1291 个。慈善发展指

数居全省第一位，发放各类救助金 0.8 亿元，惠及困难群众 16.4 万人次。浙医二院柯桥院区加快建设，区老年康复医院正式启用，健康浙江考核连续三年优秀。改（扩）建学校 13 所、新增学位 5340 个，成为全国义务教育优质均衡先行创建区、全省首批体育现代化区，教育现代化发展水平监测成绩居全省第一位。打造"15 分钟品质文化生活圈" 122 个。莲花落《一块玉佩》入选省域文明新实践主题曲艺，送戏下乡 400 余场。实现村社文化礼堂、镇街综合文化站全覆盖。

二、2022 年柯桥区经济社会发展存在的问题和短板

在看到成绩的同时，我们也要清醒地看到自身发展的不足，经济社会发展还存在不少困难和挑战：需求收缩、供给冲击、预期转弱三重压力在柯桥区不同程度显现；新旧动能转换还需加速，高能级平台建设亟待加快；区域协同发展还需加强，城市精细化国际化水平仍需提升；生态环境、安全生产、民生事业、基层治理等领域仍有弱项；少数干部担当精神不足，思想观念、能力水平与现代化要求不相适应。具体表现在以下五个方面。

（一）新旧动能转换还需加速

纺织印染为主的制造业结构性素质性问题仍未得到根本性破解，数字经济核心产业增加较慢，集中体现在以下三个方面：一是整体效益还不够佳。根据 2022 年全省制造业高质量发展综合评价结果，在 40 个工业大县中，柯桥区位列 23 位，处于中游水平。全区规上工业亩均税收仅为 18.55 万元，约为全省（32 万元）的一半。二是产业集群能级还不够高。对标省"415X"集群和市"4151"十大产业集群要求，全区符合核心区要求的仅有现代纺织集群，其他 3 个新兴产业群尚处于起步阶段，集中度不高、产业链协同不紧，在产业提升、生态治理、链式创新、成果转化等方面尚未形成核心竞争力，支撑要素不足。2022 年尚有 52% 的规上工业企业没有完成智能化改造。三是企业梯队还不够强。龙头型大企业大集团、上市企业不够多，专精特新"小巨人"企业、"雄鹰计划"企业占比不够高。上述问题均反映出柯桥区制造业大而不强、大而不优，亟待靶向施策，加快产业转型提升。

（二）高能级平台建设亟待加快

目前只有柯桥经济技术开发区被列为全省高能级平台，杭绍临空示范区绍兴片区 2022 年刚成立，兰亭度假区新一轮大开发刚刚启动。鉴湖旅游度假区虽于 2022 年创成国家级旅游度假区，但受国地空间、宏观经济形势等因素影响，文旅项目落地难。兰亭度假区存在指标落实难、工作力量不足等困难。柯桥经济开发区存在项目人才发展难题。中国轻纺城也面临市场发展活力不够，招商引资力度不足，产业集中度、贸易集散度、人气集聚度、产城融合度等不高的问题。

（三）区域协同发展还需加强

2022 年，柯桥区城乡居民收入比虽大幅缩小至 1.599（全省平均 1.9），年收入 10 万元～50 万元的中等收入群体占比达 80%，率先迈向橄榄型社会，但对标省内、国内先进尚有差距（如萧山城乡居民收入倍差缩小至 1.59）。城乡一体化、融合度上还有待进一步加强。特别是南部山区融入主城区的力度不够大，重大基础设施向农村地区山区倾斜的力度还不够大，一些薄弱村经济集体增收载体较少，后劲不足，村级经济的被帮扶机制还没有根本上从"输血型"向"造血型"转变。社会治理方面区域存在一定的不平衡性，生态治理、社会安全等领域仍有一些短板和薄弱环节，与群众的期待还有一定差距。

（四）城市精细化国际化水平仍需提升

一是城市建设"内涵"不够丰富，一定程度上有重城市空间拓展、轻内涵建设的倾向，城市商气多于文气，城市地标还不够多。二是国际化程度不够高。随着外商出入境管控要求提高，导致轻纺城外商数量降幅较大。另外，对外商的个性化公共服务供给不足，如国际学校配套缺失，外商子女教育问题凸显。三是对柯桥发展软环境上优化不足。如对外商等特殊购房群体的个性化政策服务不够，对外商经验交流平台建设的服务不够，与国际纺都相匹配的"国际街区""国际社区"较少。此外，随着人民群众对城市环境品质的需求不断提升，城市管理在市容整治、垃圾分类、保障措施和精细管理方面存在滞后。

（五）民生实事和优质公共服务仍有不足

2022 年柯桥区民生支出 108 亿元，占一般公共预算支出 78.7%，虽占比较高，但相比先进地区还有一定差距。老旧小区改造、教育、医疗、养老等优质公共服务供给不足。教育方面，如何进一步强校提质，特色发展，引导优质教育资源向薄弱地区和学校延伸辐射等方面精准发力；医疗方面，如何优化分级诊疗、智慧医疗，争创"健康浙江"行动示范样板；养老方面，如何进一步关爱"一老一小"群体，加强居家养老等普惠型养老服务供给，优化高龄独居老人关爱探访制度，持续完善医康养服务体系等都存在一系列问题。

三、2023 年柯桥区经济社会发展的对策思考

2023 年是全面贯彻落实党的二十大精神的开局之年，是"八八战略"实施 20 周年，也是"十四五"期间承前启后的关键一年。持续推进柯桥区经济社会高质量发展，要坚持以习近平新时代中国特色社会主义思想为指导，忠实践行"八八战略"，深度融入绍兴高水平网络大城市建设，完整准确全面贯彻新发展理念，谱写中国式现代化县域发展的柯桥新篇章。

（一）加快产业升级，建设现代产业体系

第一，建设制造业强区，大力发展先进制造业。加快传统纺织产业数字化绿色化转型升级，开展新一轮"腾笼换鸟、凤凰涅槃"行动，整治"高耗低效"企业，改造"低散乱污"企业，推进重点技术改造。充分发挥"市场 + 产业 + 科创"三大优势，打造世界级现代纺织产业集群，鼓励优势企业强强联合发展壮大，扩大培育"专精特新"小巨人企业。加快培育发展泛半导体、生物医药、新材料等新兴产业，着力引育重点项目，建设新兴产业集群。大力发展数字经济，坚持数字技术与实体经济相融合，加快产业数字化、数字产业化。推动产业平台能级跃升，充分发挥柯桥经济技术开发区平台牵引作用，在杭绍临空示范区绍兴片区重点布局光电信息等新兴产业平台。第二，加快服务业发展，大力发展现代服务业。推进现代服务业与制造业深度融合，重点引育现代金融、研发检测、创意设计、物流仓储、时尚会展等现代服务业。以中国轻纺城为核

心，重点发展人才服务、现代物流、时尚创意、金融服务等现代服务业集群。以鉴湖度假区创成国家级旅游度假区为契机，加快拓展文旅、文创、文娱新业态，积极发展商圈经济、地铁经济、夜间经济、网红经济等。以兰亭度假区为关键节点，加快建设兰亭书画村、若耶·铜谷小镇等重点项目，继续推进文旅融合发展。第三，全力推进投资项目，夯实产业发展的基础。紧紧围绕产业发展需求，积极招引项目、扩大投资。继续深化"老绍兴回归工程"，推进乡贤招商、以商招商、平台招商、基金招商。聚焦新兴产业领域，重点围绕总部型、强链型、创新型项目开展精准招商。紧抓产业项目的全生命周期管理，保障项目用地、用能等指标，加快推动招引项目早落地、早开工、早投产。

（二）深化改革创新，促进新旧动能转换

第一，坚持创新驱动，全面增强创新能力。打造高能级融杭科创大走廊，积极承接创新资源、创新要素，整合人才科创资源，全面提升协同创新能力。坚持金柯桥科技城、杭绍临空示范区绍兴片区"双核"驱动，打造临空人才合作创新区，提升浙江绍兴人才创业园，加速集聚高科技人才要素。以核心产业链"高精尖缺"人才招引为重点，迭代人才政策，协同推进产业引才、基金引才、园区引才。完善提升省现代纺织技术创新中心，培育发展光电子创新中心，打造生物医药和高端医疗器械技术创新中心。注重企业创新主体地位，支持行业龙头与高校院所共建创新联合体，完善梯度培育机制，扩大培育科技小巨人和创新型领军企业。第二，坚持深化改革，打造优良营商环境。聚焦营商环境优化提升行动，稳步推行模拟审批、并联审批、容缺受理、拿地即开工等改革，持续优化项目审批流程，将行政审批制度改革向纵深推进。落实新一轮惠企服务政策，加大组合式税费支持力度，增加政府融资担保补贴，畅通企业融资渠道。以"大综合一体化"行政执法改革省综合试点为契机，塑造更规范高效的行政执法新格局。深化国企改革，加快推进国有企业专业化、市场化、资本化改革，全面盘活存量资产、提升融资能力。大力弘扬企业家精神，引导支持企业专注实业、深耕主业。第三，坚持开放发展，提高对外开放水平。更深层次参与"一带一路"，紧抓RCEP贸易契机，积极培育提升外贸企业，充分发挥市场采购贸易、跨境电商的带动作用。深入推进"丝路柯桥·布满全球"行动，支持企业拓展外贸市场，建设公共海外仓，推动中欧班列"柯桥号"高效运行。高标准举办国际纺联年会、世界布商大会、新丝路故事汇·柯桥论坛，加快轻纺城数字物流港建设，不断提升中国轻纺城的对外知名度。

（三）优化城市布局，推动城市能级跃升

第一，拓展城市发展空间，优化城市规划布局。深度融入绍兴高水平网络大城市建设，完善"多规合一"国土空间规划体系，构筑"东融、西同、北拓、南延"的城市新格局。向东，加快融入绍兴主城区，推进亚运场馆片区更新；向西，加快"杭绍星城"建设步伐，强化与杭州的交通、产业等衔接；向北，高起点规划建设柯桥未来之城，联动布局未来总部、未来科创、未来社区；向南，串联漓渚、兰亭与南部三镇，打造南部生态康养共富带。第二，完善城市基础建设，增强城市承载能力。加快推动城市片区的开发建设，重点紧抓小越、临空智创城、柯北科创新城等特色精品片区建设，促进基础设施联通、城市功能耦合。高标准打造金柯桥 CBD 城市新区风貌区、鉴湖渔歌传统风貌区、书香兰渚县域风貌区等城乡风貌区，优化提升未来社区、未来乡村等基本单元。完善城市交通网，公路、水路、铁路建设齐头并进，全线推进杭绍台西线、柯诸高速等项目，加快形成环柯桥高速路网。加快杭州中环柯桥段、杭金衢高速联络线、群贤路西延等融杭道路建设。第三，紧抓亚运协办契机，提升城市能级品质。全面实施新一轮亚运城市行动计划，结合全国文明城市创建，推进实施"洁美纺都、宜居柯桥"建设行动，做好垃圾分类、违建治理、社区物业、道路交通等工作。推进城市治堵、公共停车场建设等一揽子方案编制进度，重点围绕学校、医院、商圈、地铁口等易堵点，采取系统治理举措，提升交通畅达水平。高标准做好亚运协办工作，紧抓场馆运行、赛事组织、安全保障、后勤服务等工作，保障亚运赛事顺利进行，进一步打响柯桥的城市品牌。充分发挥亚运综合效应，加快招引体育产业、体育协会总部等，促进运动休闲产业集群发展，努力实现"办好一个会，提升一座城"的目标。

（四）致力共富先行，提升民生福祉水平

第一，推广共同富裕载体，促进"扩中""提低"。以创建国家乡村振兴示范县为契机，推广强村公司、共富联盟、共富工坊等共富载体，完善片区组团、村企结对、部门结对等共富模式，全域推进乡村振兴。推进科技强农、机

械强农行动，大力发展特色农业，高效运营"平水日铸""稽东香榧"等区域公共品牌。坚决杜绝耕地"非粮化""非农化"，改造提升高标准农田，确保粮食安全落到实处。积极培育新型职业农民，不断拓宽农民增收渠道，提高农民人均可支配收入，缩小城乡居民收入差距。深入挖掘南部山区生态资源，培育发展农村电商、乡村旅游、民宿经济等业态。第二，加强精神文明建设，促进精神共富。改造升级文化基础设施，协同推进农村文化礼堂、社区文化家园、城市书房等基础文化设施建设，完善"15 分钟品质文化生活圈"。完善文化服务体系，依托基层文化阵地，支持文艺精品创作，丰富高品质文化供给。挖掘古越文化、唐诗之路、宋韵文化等地域文化内涵，深化文旅融合、文创融合、文娱融合，加大文化项目人才招引力度，提升发展文化产业。倡导社会主义核心价值观，健全志愿服务体系，打造有礼有爱的良好社会氛围。第三，全面保障民生领域，增进全民福祉。聚焦"一老一小"，建设新型康养联合体，推广"浙里康养"场景应用，优化生育配套政策，持续推动公共服务优质共享。深入贯彻教育"双减"政策，深化"教共体"建设，高标准推进学前教育普及普惠、义务教育优质均衡发展、普通高中特色化发展，全力办好人民满意的教育。深化"紧密型县域医共体"改革，支持区级公立医院评级提升，推进基层卫生健康综合改革，促进中医药传承创新发展，切实保障人民群众生命安全和身体健康。深化实施碧水蓝天保卫战，健全固废减量化、无害化、循环化处置体系，着力创建"无废城市"。

（五）提升治理能力，筑牢安全发展底线

第一，坚持和发展新时代"枫桥经验"，提升系统治理水平。以纪念毛泽东同志批示学习推广"枫桥经验"60 周年暨习近平总书记指示创新发展"枫桥经验"20 周年为契机，建设完善区镇村三级社会治理中心，优化提升三级联动社会治理指挥体系，提升基层治理效能。深化基层法治建设，提高依法行政水平，推广创建"枫桥式"法治镇街。深化党建统领网格智治，扩大红色物业、红色业委会覆盖面，融合应用"浙里兴村治社（村社减负增效）""基层治理四平台"等应用，创新发展驻村指导员制度，促进自治、法治、德治与智治深度融合。第二，加强风险闭环管控，防范化解重大风险。健全完善风险隐患闭环管控机制，深化溯源治理，强化动态排查，进一步防范生产、消防、金

融、房地产等领域风险。健全安全生产检查体系，加强道路交通、建筑施工、有限空间、危险品等重点领域专项整治，全力遏制重大风险事故，降低事故总量。系统完善消防安全体系，持续推进高层建筑、人员密集场所、生产企业和小微园区等五大领域消防安全排查整治，切实减少消防隐患。关注企业的资金链、担保链风险，帮助企业纾困解难，将不良贷款率稳定在较低水平。加强金融监管，深入打击非法集资等涉众型金融活动。第三，提升平安建设能力，营造和谐社会环境。健全社会矛盾纠纷多元调处化解机制，推进信访规范化建设，优化信访工作生态。一体推进源头防控、重点管控和联合督查，健全领导干部接访和包案化解制度，努力提升信访积案化解率，降低信访总量。强化社会智安防控体系建设，开展常态化扫黑除恶，严厉打击电信网络诈骗等各类违法犯罪行为，全面筑牢平安稳定防线，全力营造和谐稳定的社会环境。

专题十

2022 年上虞区经济社会发展研究报告

中共绍兴市上虞区委党校　　赫　林　林　洋

2022 年是党的二十大胜利召开之年，是实施"十四五"规划的关键之年，也是全面建设社会主义现代化国家的重要一年。面对需求收缩、供给冲击、预期转弱"三重压力"的严峻考验，上虞全区上下共同努力，按照"经济要稳住、发展要安全"的要求，深入实施数字化改革"一号工程"和"三个年"活动，着力锻造五张高质量发展"金名片"，继续巩固和保持了上虞高质量发展态势。

一、2022 年上虞区经济社会发展总体情况

2022 年，全区实现地区生产总值 1241.76 亿元，增长 4.7%；城镇、农村常住居民人均可支配收入分别为 77890 元、44946 元，同比增长 4.4%、7.1%，城乡收入差距进一步缩小；规模以上工业总产值 2171.63 亿元，增长 12.0%；全年实现社会消费品零售总额 416 亿元，增长 3.5%；一般公共预算收入 91.01 亿元；综合实力跃居全国百强区第 33 位，比上年提升两位。

（一）坚持深化改革，优化产业结构，经济发展更强劲

1. 产业结构持续优化

一直以来，上虞区始终把粮食生产作为"三农"工作头等大事抓紧抓好，粮食播种面积、产量保持全省领先，连续 3 年获评"浙江省产粮大县"，获全省高标准农田建设工作成绩突出集体，入选省级化肥减量增效"三新"试点县、省农业"双强"攻坚试点，农林渔牧业增速保持全市第一；培育省级农业龙头

企业 2 家，"农创智谷"产业园投入运行。始终坚持制造业当家，全区共有规模以上工业企业 836 家，其中年营业收入 50 亿元～100 亿元企业 3 家，10 亿元～50 亿元企业 36 家，5 亿元～10 亿元企业 45 家，1 亿元～5 亿元企业 199 家；上市公司累计达 19 家，总市值达 2434.10 亿元，占全市 35.8%；荣获省制造业高质量发展示范区。全区共有建筑业企业 573 家，其中特级 7 家、一级 45 家，实现建筑业总产值 1254.08 亿元，比上年增长 2.1%；建筑业税收 14.9 亿元，比上年增长 12.8%，"建筑之乡"金名片持续打响。数字文娱、新材料科技服务业入选省级现代服务业创新发展区。

2. 工业实力持续提升

谋划实施先进制造业强区"1215"专项行动 [①]，奋力打造先进制造业基地。新兴产业企业蓬勃发展，规上工业企业新产品产值增速保持全市第一，伞件产业成功入选国家级小微企业质量管理体系认证提升行动区域试点。智能化改造深化推进，实施 106 个省"千亿技改"项目，皇马尚宜列入省级未来工厂试点；"电机产业大脑 + 未来工厂"入选省高质量发展建设共同富裕示范区最佳案例；舜智云等 3 个平台入选省级工业互联网平台创建名单。深入开展"雄鹰行动""雏鹰行动""凤凰行动"，新增国家制造业单项冠军示范企业 1 个，国家级专精特新"小巨人"企业 14 家。以卧龙集团、晶盛机电为代表的高端装备产业集群规模突破 500 亿元，龙盛集团、晶盛机电入选省创新型领军企业。

3. 内外市场持续拓展

主动应对经济运行趋势，第一时间出台稳经济一揽子政策 47 条，创新开展"政企服务直通车"，累计兑现各类资金 22.98 亿元，为企业减负 31.1 亿元，市场主体首次突破 10 万家。开展促消费稳外贸专项行动，有效激活消费市场，拉动消费 12.18 亿元，区商务局被列入商务部内贸政策直报点试点名单，"e 享城"获评市级夜间经济集聚区，新时代中能等 6 家企业获评第三批省级内外贸一体化领跑者企业。积极推进市场采购贸易形式出口，推进公共海外仓建设，卧龙集团越南海外仓获评第七批省级公共海外仓。鼓励境外投资，4 家本土跨

---

① "1215"专项行动指到 2026 年，成为全省打造全球先进制造业基地和绍兴市打造先进制造业强市的引领区。"1"即全区工业增加值突破 1000 亿元，"2"即全力打造新材料、高端装备两大千亿级主导产业集群，"1"即新培育 100 家优质企业，"5"即每年滚动实施 50 个亿元以上产业项目。

国公司列入全省本土民营跨国公司"领航企业"培育名单。

（二）坚持创新驱动，激发人才活力，发展根基更坚固

1. 项目招引力成效显著

深入推进产业链精准招商，新引进 100 亿元以上项目 1 个、50 亿元～100 亿元项目 4 个、10 亿元～50 亿元项目 8 个。借助虞商乡贤资源优势，区领导带队赴北京、上海、深圳等地举办专场投资推介活动。紧紧抓住项目建设"牛鼻子"，建立健全区领导联系重大项目推进等八大机制，推动 168 个"五个一批"重大项目完成固定资产投资 235 亿元，18 个化工跨区域集聚提升项目落地建设。开展双月"赛马晾晒"、跨区域利益共享、项目谋划擂台赛，累计评选红旗项目 231 个、黄旗项目 55 个、蜗牛项目 27 个。

2. 平台承载力集聚强化

加快推动重点产业平台建设，杭州湾上虞经济技术开发区跻身全国化工园区 10 强，创成省制造业高质量发展"五星级示范园区"、省现代服务业创新发展区；氟精细化工产业集群列入工信部 2022 年度中小企业特色产业集群名单。曹娥江旅游度假区被列入国家级旅游度假区创建意向名单，创成省一流旅游驿站 1 家、省银宿 1 家、省非遗主题民宿 1 家。中华孝德园获评"浙江省智慧景区"。上虞区被认定为全省首批疗休养基地之一。曹娥江经开区实现实体化运行，通过空间集约、企业培育、开放创新等方式，整合各镇街工业园区，加快打造"千亿级产业发展主平台"。e 游小镇连续 3 年获省级特色小镇考核优秀。曹娥江实验室挂牌运营，杭电研究院获评全市唯一省级现代产业学院，天津大学绍兴研究院获评全市首家省级新型研发机构。

3. 科技创新力巩固提升

坚持创新在现代化建设全局中的核心地位，上虞区连续 2 年获评省党政领导科技进步目标责任制考核优秀单位，入选全省新一轮制造业"腾笼换鸟、凤凰涅槃"攻坚行动考核激励名单，勇夺省"科技创新鼎"。全面落实人才强区、创新强区首位战略，入选青年发展型县域国家级试点。加强企业自主创新，现有国家高新技术企业 460 家、省科技型中小企业 1346 家，数字化改革应用列入省级以上改革试点 4 个。加强创新平台建设，加速推进高层次人才创业园平台建设，累计引进应用型大学 3 所、大学研究院 12 家，建立院士专家工作站

43 家，新增省"尖兵""领雁"重大研发攻关项目 8 个。抓好人才"引育留用"，举办人才发展大会、百校联百企对接会、浙江大学百名博士上虞行等活动，申报入选国家"引才计划"24 名，居全省区、县（市）第 3 位；"鲲鹏计划"人才引育总数居全市首位，1 人荣获中国政府友谊奖。获得浙江省科学技术奖 4 项，全年专利授权数 7410 件。

（三）坚持融合发展，扮靓共富风景，城乡环境更宜居

1. 重大战略落地见效

探索共同富裕地方创新实践，结合自身优势，实施促进共同富裕"188"行动，聚力打造"曹娥江"共富带，构建增收共富等八大共富场景，中央广播电视总台浙江总站共同富裕示范区落地上虞。创新实施"区内山海协作"联盟，积极探索共富党建联盟、村企合作运营、乡村共富联盟等强村富民共富路径，"共富驿站"实现村村全覆盖，村级集体经济增收成效显著，全面消除年经营性收入 80 万元以下行政村，村均经营性收入达 104.66 万元，增长29.2%。全面融入高水平网络大城市建设，谋划布局 14 个重点片区开发建设，启动"一江两岸三城多片区"开发，杭绍甬智慧高速、邵逸夫医院绍兴院区、鸿雁未来社区等重大项目加快推进。全面融入长三角一体化发展，居民社保卡、公共图书馆实现办证借阅零门槛，开办企业实现全流程"一件事、两天办结"。

2. 城乡风貌整体提升

大力提升城市风貌品质，曹娥江"一江两岸"入选省首批城乡风貌样板区，南丰社区入选省第二批未来社区，创成省级高标准垃圾分类示范小区 20 个。出台新能源汽车充电基础设施"十四五"规划，新建公（专）用充电桩 151 个，完成市定任务的 193.6%。深入推进乡村振兴战略：岭南乡成功创建全国乡村旅游重点乡镇，崧厦等 3 个镇街荣获省美丽乡村示范乡镇，盖北等 3 个乡镇被命名为省 AAAA 级景区镇，东澄村成功创建省第 1 批未来乡村。荣获全国农村集体产权制度改革工作先进集体、省实施乡村振兴战略实绩考核优秀单位，再获省深化"千万工程"建设新时代美丽乡村工作优胜县，创成"四好农村路"全国示范县。上虞博物馆新馆建成投用，入选浙江省科普教育基地名单，成为上虞新的文化地标。

3. 城市文脉焕发生机

集思广益凝练"明德尚贤、创变笃行"新时代上虞精神，打造"今在上虞、遇见未来"城市品牌口号和"上虞吉象"城市 IP，全面展现上虞崭新城市形象。成功举办第六届孝文化节系列活动，进一步擦亮"中国孝德文化之乡"金名片。承办高规格体育赛事 12 场次，荣膺浙江省首批体育现代化县（市、区），荣获 2018—2021 年全省竞技体育突出贡献奖。"曹娥庙历史文化街区修复改造建设工程"入选全省首批文化基因解码成果转化利用示范项目。原创越剧现代戏《祝家庄里的年轻人》入选第五届中国越剧艺术节展演节目，获浙江省第十五届越剧节兰花奖·新剧目大奖。成功举办上虞复县建城（丰惠）1200 周年纪念活动暨第三届乡贤大会，徐光宪纪念馆入选民盟中央传统教育基地。坚决打好大气污染防治攻坚战，做好碳达峰、碳中和文章，"美丽浙江"建设连续 2 年考核优秀，捧回省首批"清源杯"，绿色成为上虞共同富裕示范区先行和省域现代化先行最动人的色彩。

（四）坚持以人为本，兜牢民生底线，人民生活更殷实

1. 公共服务全面提质

全国义务教育优质均衡发展区创建完成省级评估。创新推进区域教育综合评价系列改革，跻身省深化新时代教育评价综合改革两个试点区（上虞区、玉环市）之一；成为全国首批"史馆虚拟实验"教学规模化应用唯一试点区；入选省"人工智能＋教育"试点区、省"义务教育阶段作业改革实验区"和省"体卫融合"试点区。深化基层卫生健康综合改革，医疗健康信息互联互通通过国家 4 级甲等测评，"健康浙江"考核优秀实现"四连冠"。推进养老服务提质扩面，实现 20 个镇街级居家养老服务中心无感智能服务全覆盖，"智慧养老院"应用场景获评省厅路演最佳应用案例。

2. 基层治理融合创新

扎实推进党建统领网格智治和现代社区建设，率先破题融合型大社区大单元治理难题，"上统下分、强街优社""强社惠民"集成改革入选省级试点，无物业小区全面清零。初次信访全流程办理获全国社会管理和公共服务综合标准化试点，连续 3 年获省无信访积案县（市、区），有望实现平安创建"十四连冠"。构建食品安全包保责任体系，成功创建省食品安全示范县（市、区）。"虞

快办"政务服务品牌持续打响,"后事智办"相关经验做法获司法部点赞。

3. 生态绿色筑牢擦亮

积极践行"两山"理念,加快构建生态环保大格局,创新设立上虞区生态文明建设委员会,"绿水青山就是金山银山"实践创新基地创建列入省级储备库,生态文明建设成果更加丰实。碳达峰、碳中和工作有序推进,深入开展低碳试点县工作,相关工作做法在全省低碳试点县建设工作推进会上作典型发言,全域"无废城市"建设达到三星标准。杭州湾上虞经济技术开发区成功创建国家级生态文明建设示范区,成为国内第 2 个获此殊荣的涉化类国家级开发区。商场市场繁荣活跃,标准化改造提升 31 家农贸市场、56 家商场超市,创成省放心市场、星级市场 19 家。

(五)坚持党建统领,提高政务效能,党风政风更清正

1. 政治理论学习更加深入

把学习宣传贯彻党的二十大精神作为当前和今后一个时期的首要政治任务和头等大事,研究制定"六学六进六争先"学习实践活动工作方案,部署开展精神大学习、基层大宣讲、理论大研讨、全民大宣传、工作大落实、效能大提升"六大行动",打出了学习宣传贯彻的组合拳。健全落实"第一议题"制度,重温习近平总书记对上虞工作重要指示批示精神,闭环式抓好习近平总书记对绍兴、上虞 50 项重要指示批示工作的落实。落实落细省第十五次党代会、市第九次党代会精神,研究建立每月区党政联席会议、镇街部门书记季度工作交流会、招商引资季度例会和项目推进"八大机制",勇当推进"两个先行"奋进"五个率先"排头兵。

2. 党建统领作用更加凸显

全面启动"红色根脉强基示范区"创建,为勇当推进"两个先行"奋进"五个率先"排头兵提供坚强组织保障,探索推行全省首个党建统领网格智治评价指数,网格工作"五步法"得到时任省委主要领导肯定。充分发挥党建统领全局、协调各方的作用,支持和保证人大及其常委会依法履职,充分发挥人大代表主体作用,打造全省领先的全过程人民民主基层单元,"虞事 e 督"应用获全省人大数字化改革系统与时俱进优秀奖。支持政协发挥专门协商机构作用,民生议事堂、协商驿站等基层协商平台实现全覆盖,乡贤文化委员会客厅

获评省"五星级",委员队伍建设做法在全省推广。高质量完成意识形态省级综合试点,媒体深度融合实质性推进,省级孝德文化传承生态保护区创建取得积极成效。深化国防动员体制改革,党管武装考核实现"四连冠"。

3. 党风廉政建设更加深入人心

认真落实全面从严治党政治责任,一体推进省委巡视"回头看"和意识形态专项检查反馈问题整改,首创整改质效评估体系,"七张问题清单"管控力指数持续位列全省第一方阵。有序推进廉洁文化阵地建设,大东山清风馆获评绍兴市清廉单元建设示范单位、绍兴市廉洁文化教育基地,王充清廉思想展厅获评绍兴市廉洁文化教育基地。树好清廉建设示范标杆,上虞区实验小学荣获全省清廉建设成绩突出单位。推动清廉单元向多领域延伸,杭州湾经开区成为市级清廉园区试点,汤浦镇获评省级亲清政商关系示范乡镇。

二、2022 年上虞区经济社会发展存在的问题和短板

(一)经济发展有待提升

一是外部环境不稳定性不确定性上升,经济持续向上向好的基础尚不稳固。主要是受疫情延宕反复、房地产市场相对低迷、需求萎缩等超预期因素的影响,导致经济增长动能减弱,增速整体放缓。二是科创与产业的融合还不够紧密,创新转化速度还不够快,产业层次提升、新动能培育仍需持续发力。新兴产业培育发展步伐仍需加快,传统产业的层次总体不高,转型升级较慢;农业发展空间整体受限,工业产业有待进一步延链、强链,现代服务业发展的潜力也需要挖掘和发挥。三是城市活力魅力有待激发,在提升城市能级品质、高水平融入区域一体化发展上还需下更大功夫。城市人口集聚度和吸引力不足,外来人口流失与产业用工困难结构性矛盾较为突出,特别是引留青年的青春社区、青春街区、青春服务等场景建设相对滞后。

(二)社会事业尚待加快

一是教育医疗、养老托幼等优质公共服务供给还难以满足群众需求,城乡基本公共服务总体供给不足、分布不平衡、布局不合理。如教育、医疗、文化、体育等领域还存在不少短板,应对人口老龄化和少子化的服务设施建设不

足，营商环境优化还需持之以恒下更大功夫。二是安全生产、生态环保等领域还有不少短板要补。如加快推进化工企业转型升级和安全生产还有差距，空气污染和涉气信访问题依然存在，环保政策在企业落地落实力度不够大，企业和公民的生态文明建设意识也不够高。三是风险防范化解机制仍不完善，基层治理现代化任重道远。如对各类传统和非传统风险综合监管、发现预警、应急处置等制度需要全面理顺，创新推进"枫桥式"单元创建和迭代深化平安共同体建设等工作也要持续跟进。

（三）自身建设亟待提高

一是各级干部能力作风素质与"两个先行"要求仍有差距。如结合"六比六争先、勇当排头兵"作风建设深化提升专项行动情况，有的干部不能完全做到不应付、不敷衍、全身心投入工作，一些干部不能完全做到有事业心、有好状态、把握工作主动权。二是争先的干劲拼劲、抓工作的韧劲狠劲还需进一步强化。如对标"强、高、实、快、好"的工作标准，全区干部仍要下功夫、见实效；对标"有所创新"的工作要求，全区干部也要学习借鉴，勇于试验实践，探索新思路、新举措和新方法。三是落实全面从严治党要求仍需持续努力。如全面从严治党体系有待健全，包括党的组织建设待细化等；党建质量和监督效果提升要持续进行，一体推进不敢腐、不能腐、不想腐的能力和水平仍需增强。

三、2023 年上虞区经济社会发展的对策思考

2023 年是全面贯彻落实党的二十大精神的开局之年，是"八八战略"实施 20 周年，也是上虞区全面开启"青春之城"建设的起步之年。上虞将坚定不移地沿着习近平总书记指引的道路奔跑拼抢、创变笃行，全面建设朝气蓬勃、近悦远来的"青春之城"，勇当推进"两个先行"奋进"五个率先"排头兵，奋力走好中国式现代化上虞高质量发展之路。

（一）找准未来发展定位，高起点高水平建设"青春之城"

"青春之城"建设是一项承前启后、统揽全局、引领未来的系统工程、战

略工程。要以系统化的思维、现代化的视野、高品质的追求、先行者的担当谋划推进各项工作。一是坚持目标引领。以党的二十大精神为指引，认真践行"人民城市"理念，遵循城市发展规律，立足中国式现代化大场景，在高质量发展中建设朝气蓬勃、近悦远来的"青春之城"。二是谋划实践进路。坚持以全生命周期、全年龄段人口的年轻化青春化为导向，以激发青年群体创新创业活力为重点，以"科创＋产业"为主抓手，以"一江两岸三城多片区"为主平台，加快融入高水平网络大城市建设，大力推进年轻化、时尚化、运动化、国际化、便捷化、品质化、数字化、组织化发展，着力建设青年发展型城市、全龄友好型城市、生态宜居型城市、文化包容型城市，打造中国最具幸福感城市。三是把握结果导向。塑造形成具有强大吸引力、创新力、竞争力、扩张力、影响力的未来城市发展新形态，推动发展方式根本性转变、城乡面貌整体性跃升、瓶颈制约实质性化解，为全省全国提供区县高质量发展的"上虞样板"。

（二）优化组合资源要素，高质量培育经济发展的新动能

一是实施市场信心提振行动。承接省"8+4+1"①、市"1+9+X"②政策体系，制定稳经济政策，推动政策顶格兑现、直达快享。开展"百企百团拓市场抢订单"行动，对接绍兴三大国家级开放平台，支持企业巩固传统出口优势、拓展新兴市场份额。实施"美好消费在上虞"计划，举办"浙东新商都"系列活动。促进新能源汽车、智能设备等新型消费，培育文化体育、医疗健康、养老托幼等消费热点，加快建设智慧商圈、特色街区和风情夜市。设立"爱企日"，深化政企服务直通车、驻企指导员和营商环境观察员制度，开展"千企评部门评镇街评站所"活动，弘扬"企业家精神"。推动企业"上市上云上规上牌"，实施"凤凰行动·凤舞娥江版"。二是实施扩大有效投资行动。推进头

---

① "8+4+1"："8"即扩大有效投资、科技创新、"415X"先进制造业集群培育、现代服务业高质量发展、世界一流强港和交通强省建设、扩大内需和对外开放、乡村振兴和城乡一体化发展、保障和改善民生8个重点领域政策包，"4"即财政金融、自然资源、能源、人才4张要素保障清单，"1"即浙江省政府印发实施的《关于进一步提振市场信心 推动经济运行整体好转的若干政策》。

② "1+9+X"："1"即促进民营经济高质量发展的纲领性政策文件，"9"即三农、工业、服务业、建筑业、科技、文化、人才、金融、开放型经济九大政策，"X"即一系列特色政策，涵盖扩投资、强交通、惠民生、要素保障等内容。

部招商、乡贤招商、基金招商，实现更多项目"进盘子"。杭州湾经开区聚焦"3+2"产业链群培育，推进"五大特色产业园"建设；曹娥江旅游度假区聚焦"一江一湖一山两镇"建设，启动皂李湖"休闲之湖、科创之湖"核心区块项目建设；曹娥江经开区推进泛百官、泛道墟两大片区"腾笼换鸟"；e游小镇启动三期开发，推动游戏、动漫、影视、数字经济等全产业链发展。推进先进制造业强区"1215"专项行动，加快卧龙智慧新能源装备产业化、晶盛产业园等项目建设。推进化工行业改造提升 3.0 版"5610"行动，抓实化工产业跨区域集聚提升。实施服务业"1855"高质量发展行动，构建优质高效的现代服务业新体系。深化"农业双强 + 标准地改革"省级试点，强化"四季仙果"全链条建设，打响"1+N"区域农业公用品牌。三是实施改革创新赋能行动。深化农村宅基地制度、"三位一体"农合联、国资国企等改革，推动"大综合一体化"行政执法改革。实体化运作曹娥江新材料实验室，推进杭州湾产业协同创新中心二期等平台建设。实施科技企业"双倍增"计划、科技"小巨人"培育计划，申报"尖兵""领雁"项目。推进学前教育优质普惠、义务教育优质均衡、高中教育优质多元、职业教育高等教育融合创新。探索"城市合伙人"计划，在引育"鲲鹏计划"人才、国家和省级人才、青年大学生、卓越工程师上持续取得新突破。推进全国青年发展型城市试点，举办人才发展大会、之江科创大会等系列活动。撬动社会资本参与重大人才项目、创新项目，完善金融支持创新体系。深化人才新政 5.0 版，建立激励创新宽容失败机制，弘扬"科学家精神""工匠精神"。

（三）践行创变笃行标准，高层次打造人文生态的新气象

一是弘扬新时代上虞精神。推进新时代上虞精神、城市品牌口号和城市 IP 全域联动、全链运营、全民践行。举办纪念谢晋诞辰 100 周年、马一浮诞辰 140 周年活动。推进媒体深度融合，擦亮"虞声嘹亮"宣讲品牌。提档升级区级文明实践中心，实施"浙里新风·虞尚十礼"文明实践专项行动，深化全域文明创建，加强城市精细化管理，打造"席地可坐"的最清洁城市。二是推进文旅融合发展。曹娥江旅游度假区突出重点区块、重点项目开发建设，文广旅游局履行旅游管理职能，文旅集团保障文旅项目建设。加快曹娥庙历史街区开发建设，全面开园运营瓷源文化小镇，推动大东山、白马春晖等景区资

源串联、破圈，办好"诗画曹娥江"系列文旅活动。建设曹娥江文创走廊和浙东运河文化带、浙东唐诗之路文化带，引进培育一批专业文体运营机构和高端文体赛事，发展数字文化产业。打造城乡新型文化空间、文化场景、文化群落，构建更高水平"15 分钟品质文化生活圈"。三是厚植城市生态底色。建立健全中央和省委生态环保督察整改长效机制，打好治水治气治土治废治塑攻坚战，巩固国家级生态文明示范区创建成果，争创全国"两山"实践创新基地。落实"河湖长制""林长制""田长制"，深化"山水林田湖草沙"生态修复试点，争创全省幸福河湖试点县。开展"双碳"行动，落实能耗"双控"，推进工业、建筑、交通等领域清洁低碳转型，提升产业发展的含金量、含新量、含绿量。

（四）提高城市承载能力，高品质构建现代基础设施体系

一是融入长三角一体化。加强以复旦大学为龙头的产学研合作，以张江高科技园区、G60 科创大走廊、杭州城西科创大走廊为重点的产业合作、科创合作，以虞籍乡贤和虞商为重要资源的全方位合作。推进杭绍甬智慧高速、329 国道上虞盖北至道墟段、104 国道绍兴东湖至蒿坝段、南北中心大道全线高架等重大项目建设，开建轨道交通 2 号线二期上虞段、新章镇大桥及连接线、杭州湾油气码头。二是片区化组团式发展。结合"一江两岸三城多片区"城市空间布局，"未来城"创新开发建设体制机制和投融资模式，启动建设曹娥江文化艺术中心、e 游 park 创意产业园、竺可桢未来学校等项目，推进智慧交通体系。"活力城"加快"一江两岸"总部楼宇建设和总部经济招商，实施"老城焕新"行动，推进老旧小区、安置小区等改造提升。"文旅城"突出"慢活休闲"导向，聚焦皂李湖文旅项目开发建设，加快周边村落征迁改造，推动顶级 IP 主题乐园、顶奢度假酒店等项目落地，联动推动城南、祝家庄等区块开发，进而完善"14+X"[①]重点片区规划，构建上虞区多层次、多节点、多元化的网络大城市空间体系。三是全域"和美虞村"建设。推进"两未来一风貌"建设，打造省级未来乡村精品环线，争创省新时代美丽乡村示范区。实施村级

---

① "14+X"指拥江西进高端智造片区、一江两岸核心段城市风貌片区、城南有机更新片区、皂李湖周边城乡融合片区等重点片区。

集体经济新三年增收行动计划，完善强村公司、飞地抱团、片区组团经营机制，确保村集体经济年经营性收入持续稳定增长。

（五）着力保障改善民生，高效率回应人民美好生活向往

一是打造区内山海协作的共富家园。实施区内山海协作"6510"行动，升级"共富工坊"建设，推动更多镇镇结对、村村结对、村企结对。实施"扩中""提低"行动，完善高质量就业创业体系，多渠道增加中低收入群体收入和城乡居民财产性收入，确保城乡居民收入倍差缩小到 1.73 以内。二是打造服务优质共享的幸福家园。深化医疗资源"上引下沉"，加快邵逸夫医院绍兴院区建设，推动乡镇卫生院提档升级、村社卫生室优化提升。聚焦"一老一小"探索整体解决方案，加快建设区康养中心，推进高品质养老社区、养老机构、托幼机构建设，落实优化生育系列政策，建设 AAAAA 级婚姻登记中心。三是打造社会和谐稳定的平安家园。健全完善平安创建"三色"预警机制，深化平安共同体建设，争创全国信访工作示范区。创新推进"枫桥式"单元创建，打造一批新时代"枫桥经验"上虞样板。开展扫黑除恶斗争，强化安全生产、自然灾害、道路交通、食品药品等重点领域的智慧感知、监测预警，巩固食品安全"双创"成果，确保夺取"一星平安金鼎"。

（六）坚持全面从严治党，高效能保障"青春之城"建设

一是树牢大抓基层的鲜明导向。深化"上统下分、强街优社""强社惠民"两项省级改革试点，推进街道"大工委"、社区"大党委"建设。推进"红色根脉强基"示范三级联创，加强各级党群服务中心规范化建设，实施村级后备干部梯队培养 3 年行动计划，推动机关党建"双建争先"、两新党建"蝶变跃升"，探索新业态、新就业群体党建工作新路径，提高发展党员工作质量。二是锻造堪当重任的干部队伍。突出政治标准和实干实绩导向，加大一线考察和差异化考核，在重点工作、重大项目、重要平台中发现和选拔优秀干部，选优配强各级领导班子。深化"上挂下派中交流"模式，加大干部专业培训力度，加强优秀年轻干部提级管理、递进培养。坚持严管厚爱结合、激励约束并重，强化赛场赛马、晾晒比拼，健全"两个担当"良性互动机制。三是涵养风清气正的政治生态。做好省委巡视整改"后半篇文章"，增强对"一把手"和领导

班子的监督实效，聚焦政治监督有序推进二届区委巡察工作。纠"四风"树新风并举，深化作风建设专项行动，加固中央八项规定堤坝，重点纠治形式主义、官僚主义。坚持"一案七必须"，做实身边典型案例警示教育。加强廉洁文化建设，研究王充"清白廉洁"思想，推进清廉单元建设，擦亮"中国廉德文化之乡"金名片。

专题十一

2022 年诸暨市经济社会发展研究报告

中共诸暨市委党校　　岳红远　　郑功帅

2022 年是全面建设社会主义现代化国家、向第二个百年奋斗目标新征程进军的重要一年。面对超预期因素的冲击和挑战，诸暨全市上下团结一心，锚定"两个先行"①，奋进"五个率先"②，聚力"两放三争"③，着重稳进提质、除险保安、塑造变革，致力于多目标动态平衡，在大战大考中交出一份高分答卷。

一、2022 年诸暨市经济社会发展总体情况

2022 年诸暨市实现地区生产总值 1658.84 亿元，总量位居全省各县市第三，按可比价计算，同比增长 4.6%。第一产业增加值 57.54 亿元，同比增长 3.4%；第二产业增加值 809.28 亿元，同比增长 5.2%；第三产业增加值 792.02 亿元，同比增长 4.1%。三次产业结构比为 3.5∶48.8∶47.7。2022 年全市居民人均可支配收入 67810 元，同比增长 4.7%，城镇、农村常住居民人均可支配收入分别为 80438 元、49695 元，同比增长 3.8%、6.8%，城乡居民收入倍差 1.62，比上年同期缩小 0.04。全市居民人均消费支出 39287 元，同比增长 7.3%，城镇、农村常住居民人均消费支出分别为 44138 元、32327 元，同比增长 6.9%、8.1%。

---

① "两个先行"指中国特色社会主义共同富裕先行、省域现代化先行。
② "五个率先"指率先走出"腾笼换鸟、凤凰涅槃"的智造强市之路，率先走出面向全国、走向全球的高效循环之路，率先走出人文为魂、生态塑韵的城市发展之路，率先走出全域覆盖、上下贯通的整体智治之路，率先走出以人为本、全面进步的共同富裕之路。
③ "两放三争"："两放"指解放思想，开放发展；"三争"指争当绍兴第一，争创全省一流，争进全国十强。

完成一般公共预算收入 90.28 亿元，同比减少 9.9%。

（一）攻坚克难，深化改革，经济形势趋稳向好

1. 工业经济提供有力支撑

开展浙江省制造业高质量发展示范县市创建，规上工业增加值连续 22 个月保持 2 位数增长，战略性新兴产业、高新技术产业、装备制造业增加值分别达到 114 亿元、165 亿元、170 亿元，同比增长 9.5%、10.7%、10.1%，占规上工业比重分别达 32.4%、47.8%、48.3%。深入推进数字经济"一号工程"，全市数字经济核心产业增加值占 GDP 比重达 3.2%，数字经济核心产业制造业增加值突破 32 亿元。实施梯队重构提质跃升计划，新增单项冠军企业 1 家、国家专精特新小巨人企业 12 家、国家高新技术企业 91 家，浙江帕瓦新能源股份有限公司成为绍兴首家科创板上市企业。

2. 投资消费释放内需潜能

扎实推进扩投资优结构攻坚行动，新引进亿元以上项目 51 个，总投资 391 亿元，百亿级项目实现新突破；47 个项目进入省级以上"盘子"，争取中央预算内投资、专项债券、政策性开发性金融工具共 35.9 亿元。"西施有礼·品质消费"活动成效显著，3000 万元消费券撬动消费 6.1 亿元，预计全年实现社会消费品零售总额 530.6 亿元，同比增长 6%，其中网络零售额 290 亿元，同比增长 10%；快递业务量突破 10 亿件，占绍兴地区的 65%。外贸出口逆势增长，开通"中欧班列"公铁联运封箱监管业务、"诸暨—上海港"海铁联运国际专线，预计实现市场采购贸易方式出口 5 亿美元，全年出口有望突破 635 亿元，同比增长 20%。

3. 惠企政策激发主体活力

全面高效实施稳经济"一揽子"政策 41 条，创新推行先行预兑、直达快享、年度结算模式，累计兑现各类政策资金 16.1 亿元、减免各类税费 28 亿元，惠及市场主体 121 万家次。加大优质建筑企业扶持力度，挂牌运行建筑业服务中心，获评浙江省"钱江杯"优质工程 2 项，预计全年建筑业省内总产值达 742 亿元，同比增长 12%。常态化开展助企纾困暖心活动，举办"政企亲清会"12 期，解决企业难题 4000 余个，形成"企业出题、政府答题、跟踪问效"服务闭环。扎实推进营商环境优化提升行动，获评"2022 浙商最佳投资城市"。

（二）塑造变革，除旧布新，发展活力持续激发

1. 产业平台提档升级

完成开发区（高新区）空间和产业规划调整，顺利通过省级高新区创建评审论证，智能视觉"万亩千亿"新产业平台入选省级培育名单；完成科技城航空航天产业发展规划编制，海创服务中心、科创基地开工建设，全国第四个欧美同学会海归小镇揭牌运营。创新平台布局优化，中俄（诸暨）国际实验室、浣江实验室建成投运，"诸暨岛"入选省数字经济飞地示范基地、"杭州港"获评省级科技企业孵化器；举办智能视觉"万亩千亿"新产业平台全球创业大赛、海内外高层次人才创新创业大赛、航空航天与智能视觉产业高质量发展大会，全年入选国家引才计划人才 41 人、省级引才计划人才 25 人，分别居浙江省、绍兴市首位。

2. 数字化应用多点开花

88 个省重大应用贯通落地，75 个特色场景成为省级试点，4 个项目被纳入"一地创新、全省共享"一本账。"浙里直播共富"成为全国直播电商数字治理试点应用，网络安全智治应用上榜《领跑者》并夺得最佳应用，"浙里人口全息管服"平台获评省数字法治好应用，"诸事小灵通"率先在全省实现政务服务智能推荐，全国白蚁防治数字化建设现场会圆满承办。诸暨成为全省推进数字化改革成效明显的县市，获省政府督查激励。

3. 牵引性改革破题见效

协同推进"大综合一体化"改革，14 个镇街实现"一支队伍管执法"，全省首创"枫桥式"智治执法系统，全面推行"综合查一次"联合执法模式，实现市场减负、执法增效。加快推进农村宅基地制度改革，3 个村率先试点宅基地整合项目，全国首创"三权三票"[①]制度体系，"土地改革助推共同富裕"成为全省最佳实践。扎实推进创投改革试验区建设，数字金融产业园注册基金总规模达 413 亿元。纵深推进国资国企改革，实施低效资产处置专项行动，实现国有资产保值增值。

---

① "三权三票"："三权"指宅基地集体所有权、农户资格权、宅基地使用权，"三票"指集体权票、保障权票、保留权票。

（三）共建共享，共富先行，民生福祉更加殷实

1. 不断夯实共富基础

全年粮食生产面积 51.7 万亩，总产量 21.6 万吨，获评全省产粮大县称号；"西施石笕""枫桥香榧"公用品牌投入运营，中国白酒特色小镇、浙江省白酒核心产区落户同山，农业"双强"行动获全省"赛马"激励。村级经济巩固提升行动创新推行，55 个行政村年经营性收入突破 100 万元。创业就业机制不断健全，累计发放创业担保贷款 4887.5 万元，帮扶困难人员就业 2900 人，新增城镇就业 4.95 万人。建成"共富工坊"110 家，"一镇一品农创直播"入选绍兴市共同富裕首批最佳实践，城乡居民收入倍差缩小至 1.63。

2. 持续优化公共服务

不断完善社会保障，开工建设一批限价房，筹集保障性租赁住房 7788 套，治理城乡危旧房 5882 户；城乡居民基本养老保险基础养老金、低保分别提标至 290 元／月和 1050 元／月，发放各类救助资金 1.34 亿元、残疾人补贴 4441 万元。社会事业不断进步，新（扩）建中小学、幼儿园 10 所，每千人口托位数达 3.54 个。市人民医院二期和暨南分院开工建设，新妇保院主体工程提前完工，中医药服务实现乡镇卫生院全覆盖，新增老年康复护理床位 154 张，获评健康浙江建设先进县、全国健康城市建设样板市。

3. 深入推进文明创建

深入开展"浙江有礼·'枫'尚诸暨"文明新实践，村级关爱基金惠及群众 28.8 万余人次，慈善信托资金总量居绍兴首位，爱心食堂相关做法获评省第二批共同富裕示范区最佳实践。深入实施文体惠民工程，创成省级乡村博物馆 6 家，建成"15 分钟品质文化生活圈"140 个，浣江书房—金石学馆入选首届浙江省最美公共文化空间，西施文化入选省首批文化标识培育项目；20 项基层体育设施提档升级，成功承办 CBA 联赛第二阶段比赛和全明星周末。

（四）杭绍同城，一体融合，城市品质不断提升

1. 基础设施不断完善

店口高架正式通车，环城南路快速路主线贯通，G235 诸暨段、绍诸高速浣东互通、店口综合港区、湄池大桥加快建设，柯诸高速全线动工，杭诸市域

轨道交通预可研和线位研究深化推进。建设"四好农村路"68 千米，贯通省级绿道 125.6 千米，新增优化公交线路 16 条。开通 5G 基站 878 个。整县屋顶分布式光伏开发试点深入推进，新增并网容量 110 兆瓦。完成电网投资 6.4 亿元，提前投产 110 千伏建业变。全国水系连通及水美乡村试点创建、浦阳江治理三期工程加快推进，陈蔡水库加固改造项目主体完工；安华水库扩容提升先行工程正式开工。

2. 城乡环境不断提升

启用国土空间规划"三区三线"划定成果，全年实施"三改"129 万平方米，诸暨中心建成投运，五泄江文化广场主体完工，市文化产业中心开工建设，西施故里旅游区（东片区）焕新开园，东盛社区成为全省首批未来社区。2 个美丽城镇样板区、2 个城乡风貌样板区通过省级验收，"枫江明珠·榧乡古镇"获评"新时代富春山居图样板区"。完成 13 个试点村"多规合一"规划编制，培育 9 个乡村振兴先行村、2 个美丽宜居示范村，杜黄新村、枫源村、十四都村、枫江村、新桔城村入选全省第二批未来乡村，实现绍兴市"五星达标村"创建全覆盖。

3. 人居环境持续优化

深化大气污染防治攻坚行动，全年空气质量优良天数比例达 93.5%，$PM_{2.5}$ 平均浓度控制在 28 微克 / 米 ^{3} 以内。深化"五水共治"，提标改造污水处理厂 5 座，新改建污水管网 24.8 千米，实施农污设施提升改造项目 46 个，捧得"大禹鼎"银鼎奖项。深化全域"无废城市"建设，开展生活垃圾"定时定点"收集，投运污泥无害化处置、建筑垃圾资源化利用、易腐垃圾收运及资源化利用等项目，新增国土绿化 3359 亩，处置违建 99 万平方米，获评省"无违建"创建创先争优示范县、美丽浙江建设优秀县市。

二、2022 年诸暨市经济社会发展存在的问题和短板

（一）创新驱动引领能力不强

创新是引领发展的第一动力，是建设现代化城市经济体系的战略支撑。诸暨市近年来注重提升城市创新能力，着重引育高层次人才，但是在科技创新层面仍存在一些短板。诸暨市以袜业、汽车零配件等传统制造业为主，高新技术

产业体系尚未完全建立。传统企业创新的积极性不高，而上市企业创新带动度和贡献度有限，研发经费投入不多，技术转化能力不强。此外，诸暨市缺少高能级研发平台，除暨阳学院外，高校和科研机构数量较少。同时，受制于城市能级原因，高能级的技术创新平台引进难度较大，2022 年诸暨市研发经费占GDP 比重仅为 2.7%，低于全省平均水平。此外，由于诸暨市邻近杭州，且在交通、教育、医疗等基础设施方面与大城市依然存在较大差距，高端人才来诸暨就业的意愿不强，企业面临人才难引和人员流失的双重压力，并且工业园区建设重产业轻配套，缺乏商业、娱乐和生活服务类设施，企业自建配套类型单一，仅能满足员工基本居住需求，导致园区活力不足和员工流动性大。

（二）市场营商信心有待提振

2022 年以来，诸暨市工业经济呈现"V"字形发展，虽然工业经济各项指标稳固发展，但是受制于当前复杂严峻的市场环境，制造业企业仍显信心不足，具体表现为企业利润下滑，员工收入降低，投资意愿不强。部分企业由于订单量减少，产品库存较多，以致流动资金出现问题。虽然企业有能力购买智能设备以提高产品质量，但因为市场前景不明朗持观望态度。此外，诸暨市工业经济偏向外贸经济，受全球需求不足、中美贸易摩擦、地缘政治局势紧张等因素的影响，出口贸易经济面临巨大压力，全市规模以上工业出口交货值增速回落明显，如 2022 年 9 月出口交货值环比下降 10.7%。原材料价格持续上涨、市场供应链受阻、货运物流不通畅、舱位价格多变等因素导致企业出现"增产不增收、增收不增利"的现象，企业利润普遍下滑，如 2022 年前三季度，全市规模以上工业实现利润 35.2 亿元，同比下降 44.4%。与此同时，企业产品出货、资金回笼较慢，这直接增加了企业的经营风险，不利于企业有效组织生产。

（三）资源要素约束持续增大

资源要素充足供给是城市经济健康发展的重要保障。2022 年以来，诸暨市市域建设用地增量存在限制，导致重大项目落地存在困难。对于部分高新技术产业，诸暨市在土地供应方面缺少长远谋划，同时也缺少对高新产业以细分领域为特色的集中供给地块，无法有效满足高新技术产业增资扩产的需求。此外，诸暨市能耗指标供应存在劣势，因为传统产业与高新技术产业的能耗差距较大，导致诸暨市原有的工业能耗指标较少，而高新技术产业能耗指标较大，原有能耗指标难以满足新进项目的需要。高新技术产业不但在研发阶段投入大，而且还可能存在"好材不敢用"等生产应用脱节问题，企业从研发到量产不仅时间周期长、投入成本高、推广难度大，而且后续的固废回收等配套设施要求也比较高。因此，空间要素资源匮乏成为诸暨市引进高新技术产业和高精尖项目的障碍，需要着眼长远进行破解。

（四）数字经济引领能力偏弱

诸暨市数字经济发展虽已跻身全省"第一梯队"，拥有 9 个省级数字车间和 9 个工业互联网平台，但仍存在头部引领不够、平台支撑乏力等瓶颈。一是牵引性大项目比较缺乏，含金量不高。全市 62 家数字经济核心制造业企业以配件、元器件生产为主，金属加工比重占 70% 以上。2022 年，数字经济核心产业增加值占 GDP 仅为 3.2%，低于绍兴市平均数值。二是行业内小企业应用滞后，普及率不高。小型企业以机器换人、软件应用为主，数字化广度、深度、力度仍显不够，全系统、集成化、高层次的数字化改造不多。以数字车间为例，2022 年全市规上创建数占比 20%，规下企业占比更低。三是支撑性平台存在"空转"现象，契合程度不高。受数据保密、应用阶段、产业特性的影响，平台赋能企业不够充分。比如袜业智慧仓储环节涉及较少，机电装备实现自动排产、智能制造的还比较少。支撑平台不够接地气，与企业需求尚存一段距离，长远来看不利于数字化改造项目的深度应用和迭代升级。

（五）城乡融合潜力有待挖掘

诸暨市一直致力于发展特色小城镇，并构建出"一镇一品"和产业集群的特色小镇发展模式，对于缩小城乡收入差距、提高乡村消费水平、带动城镇经济发展都有积极作用，但是，诸暨市城乡融合在公共基础设施建设方面还存在一些短板。一是基础设施不完善，城镇规划相对滞后。诸暨市城镇建设呈现布局分散、规划前瞻性不足、功能性不完备的弊端。随着经济社会发展，城乡基础设施的供给数量和质量与人民群众的美好需求相矛盾，在部分乡镇区域，由于普遍缺乏居住建设规划，房屋建设呈无序性和随意性发展。二是城镇融合资金投入不足制约城乡融合。目前，诸暨市乡镇建设资金大多来源于政府投入，社会资金投入较少，但是随着乡镇基础设施亟待完善，资金投入压力较大，这也加剧了乡镇发展资金使用效率低下，无法形成集聚效应。三是诸暨市部分乡镇缺少文化、娱乐和社交场所，尤其是在教育、医疗、文化、信息技术等方面与城市存在较大差距，除了硬件，软件方面也是制约乡镇功能完备的重要因素。比如，高层次人才落户乡镇之后，也常因为乡镇的资源禀赋缺少吸引力而离开，最终城乡陷入一种恶性循环，导致城乡融合的目标难以实现。

三、2023 年诸暨市经济社会发展的对策思考

2023 年是全面贯彻落实党的二十大精神的开局之年，是"十四五"规划实施的关键之年，也是毛泽东同志批示推广"枫桥经验"60 周年暨习近平总书记指示坚持发展"枫桥经验"20 周年。诸暨市应准确识变、科学应变、主动求变，坚持稳中求进发展总基调，完整、全面、准确贯彻新发展理念，坚定扛起"枫桥经验"发源地担当，进一步解放思想、开放发展、改革创新，才能在中国式现代化县域实践中勇闯新路、勇立潮头。

（一）聚焦竞争底气，促进贯通承接发展的区位融合

突出诸暨区位优势，主动开放融接，聚力"杭绍同城"，深度融入高水平网络大城市建设，一体推进功能整合、项目聚合、产城融合，凝聚发展新动力。大力实施营商环境"一号改革工程"，力争营商环境跻身全省第一梯队，全面承接省"8+4+1"政策，力争全年兑现惠企资金 10 亿元以上，为市场主体减负 24 亿元以上，确保各类市场主体"进得来、长得大、活得好"。继续织密"一环九射"高速体系①，优化市域高速通道布局，加快完成"镇镇联高速"目标。深度对接科创大走廊、文创大走廊、城市产业带，主动接轨绍兴三大国家级开放平台，推进火车站综合枢纽化改造、B 型保税仓物流中心、诸暨东铁路物流基地等建设，力争海铁联运班列运量突破 4 万标箱，拓宽开放"接口扩

---

① "一环九射"高速体系："一环"即 G60 沪昆（杭金衢）高速公路—S26 诸永高速公路—S24 绍诸高速公路诸暨延伸线围成的高速环线，"九射"分别为 G60 沪昆（杭金衢）高速公路（城区以北段）、柯诸高速、绍诸高速公路、诸嵊高速（规划）、S26 诸永高速公路（城区以南段）、诸义高速（规划）、G60 沪昆（杭金衢）高速公路（城区以南段）、诸建高速（规划）、杭州绕城高速公路西复线。

容"。到 2023 年末,全市预计实现生产总值增长 7.5% 左右。

(二)聚焦产业跃升,提升县域整体发展的产业聚合

突出县域产业特色,充分发挥各级产业平台核心作用,形成以城市为中心、镇乡为节点、农村为基础的全域产业布局,带动居民、农民同步增收。建强产业平台,加快推进国家级开发区创建、深化工业园区全域治理,强化国家现代农业产业园农业产业平台示范带动作用,全力加快科技城(海归小镇)建设,力争智能视觉"万亩千亿"新产业平台产值突破 150 亿元。做大做强美丽珍珠、时尚袜业、铜材精密制造 3 张"金字招牌",推动规上工业企业数字化转型应用全覆盖,新增数字化车间 70 个、示范企业 30 家以上,实现未来工厂新突破。支持产业创新,积极布局航空航天、智慧视觉、生物医药和新材料四大新兴产业,筛选重点节点和细分赛道,瞄准国内外 500 强、行业龙头、隐形冠军、独角兽企业、企业总部、研发中心等,数字金融产业园基金规模突破 500 亿元,投资新兴产业项目 50 个以上。加快 150 个政府(国企)投资项目建设,争取更多项目进入省级以上"盘子"。

(三)聚焦基础完善,推动基础设施完善的强基契合

进一步完善公共设施,持续提升公路、管网、供电等"毛细血管"质量,持续提升 5G 网络覆盖范围,探索充电设施、停车位等新基建建设,因地制宜统筹城乡基础设施项目,加快城市基础设施管护资源和模式向乡村延伸。加快全国水系连通及水美乡村建设试点项目、安华水库扩容提升工程先行工程和高湖蓄滞洪区现代化改造工程等建设,实现"建一个工程、靓一处风景、传一段历史、护一地文化"效果。加快推进现代数字技术与乡村生产、生活、生态全面融合,共享建设成果。进一步完善生活配套,持续提升社区改造水平,通过"微改造"完善生活设施配套,科学布局社区综合服务设施,推进养老托育等基本公共服务便捷供给,完善社区养老、托育、助残等配套设施,整体提升城乡建设水平和运行效率。

(四)聚焦全域宜居,塑造美丽风景的风貌美合

深入实施"千万工程",联动抓好风貌样板区、美丽景观带、宜居示范村

建设,串点成线、连线成片、集片成带,集中力量创建 3 个省级特色精品村、3 个和美乡村（未来乡村），形成美美与共、宜居宜业的美丽风景。进一步加强城乡环境风貌管控,不断完善以"一分两清三化"①为重点的农村人居环境长效管理机制,实施常态化运维以奖代补,推动农村生活污水、垃圾、厕所"三大革命"提质,管（杆）线及道路序化优化,落实巡查督促,保持力度不减、劲头不松,以优异面貌迎接亚运会与"枫桥经验"60 周年纪念活动。注重优秀乡村文化传承弘扬,加强历史文化（传统）村落和农业文化遗产保护利用。推进生态和美,协同推进降碳、减污、扩绿、增长,扎实推进生态文明示范创建,持续打好蓝天、碧水、净土保卫战,确保空气质量优良天数比例达 90% 以上,县级以上饮用水水源地水质达标率保持 100%,创成三星级"无废城市",争创国家"绿水青山就是金山银山"实践创新基地。实施品质提升工程,分片区推进特色街区微改造、精提升,打通城区堵点 10 个以上,实施 9 个老旧小区改造,协同推进 6 个未来社区建设,争创 2 个省级城乡风貌样板区,完成"三改"②100 万平方米。

（五）聚焦城乡融合,锚定城乡发展的共富循环行动

深化农业"双强"行动,强化农业科技化、机械化应用水平,突出耕地资源保护、生产能力提升等举措,保障粮食等重要农产品向城市供给。依托珍珠、茶叶、香榧等乡村富民产业"金字招牌",重点打造具有影响力、号召力的品牌体系,形成产业链上下延伸、共富链城乡覆盖的优势产业体系。紧盯"国家级全域旅游示范区"创建目标,深入挖掘西施、珍珠等旅游 IP,大力推进文旅融合"五百五千"工程③,以休闲农业、农村电商等新产业、新业态为引领,做优做强农产品加工业和农业生产性服务业,推动"种养加"结合④和产业链再造,实现加工在乡镇、基地在村、增收在户。深化强村富民集成改革,创新优化乡村运营机制,建设"共富工坊"50 家以上,确保年经营性收入

① "一分两清三化":"一分"指深入推进农村生活垃圾分类,"两清"指全面清理乱堆乱放和全面清理"空倒房","三化"指公厕洁化、"三线"序化、庭院美化。
② "三改"指加快推进棚户区、老旧小区和背街小巷的改造。
③ "五百五千"工程指"百县千碗""百县千宿""百县千艺""百县千礼""百县千集"五大部分,"五百五千"工程是浙江省文化和旅游厅推进文化和旅游深度融合发展的战略性举措。
④ "种养加"结合指种植业、养殖业、农产品加工业结合。

80 万元以上行政村达到 100 个以上，形成以工促农、以城带乡、工农互惠、城乡一体的新型工农城乡关系。

（六）聚焦共建共享，实施现代文明实践的典范凝合

高质量抓好精神文明高地试点建设，以全国文明典范城市创建为抓手，努力在共同富裕中实现精神富有，在现代化先行中实现文化先行。深入实施"枫"尚诸暨文明新实践行动，深化拓展关爱基金、爱心食堂、全城志愿、移风易俗"四大场景"，扎实抓好全省婚俗改革试点工作，力争关爱基金总规模突破 2.5 亿元，爱心食堂行政村覆盖率达 75% 以上。深入实施文化惠民工程，加快建设市文化中心、市篮球中心，高效运行浣江书房、文化礼堂等文化阵地，常态化举办"西施文化节"、CBA 赛事、马拉松等精品文化展会、文体赛事、文娱演出，着力提升百姓文化获得感、幸福感。深入推进文化基因解码工程，充分挖掘西施文化、古越文化、"三贤"文化、耕读文化等优秀传统文化内涵，推动文化遗产系统性保护、创造性转化，全面展现"西施故里、好美诸暨"的文化风貌。

专题十二

2022 年嵊州市经济社会发展研究报告

中共嵊州市委党校　王刚梁

2022 年是党的二十大胜利召开之年，也是嵊州发展史上困难挑战极不平凡、取得成就殊为不易的一年。嵊州市按照中央、浙江省委和绍兴市委决策部署，高效统筹疫情防控和经济社会发展，坚持"三比三争"工作导向，深入推进"三个年"活动，以超常规力度打好稳进提质、除险保安、塑造变革组合拳，凝心聚力办好大事要事。

一、2022 年嵊州市经济社会发展总体情况

2022 年，嵊州市地区生产总值达 711.08 亿元，增长 4.1%，高于全省、全国平均 1 个百分点以上。完成固定资产投资 265 亿元，增长 15.3%，增速居绍兴第一位；6 个晾晒指标进入全省前 10%，绿牌数量居绍兴第一位；农林牧渔业增加值、规上规下增加值增速、工业用电增速、进出口增速等指标领跑绍兴。完成固定资产投资 264.87 亿元，增长 15.3%。社会消费品零售总额 298.14 亿元，同比增长 4.5%；城乡居民人均可支配收入分别达 72865 元、40495 元，同比增长 4.6%、6.9%。荣获全国百强县称号 6 个，特别是全国高质量发展百强县进至第 68 位，重返全国综合实力百强县。嵊州市获 2022 年一季度全省投资"赛马"激励，实现平安创建"十三连冠"。

（一）资源要素保障更加有力，发展基座进一步夯实

1. 保障机制更加完善

实施经济稳进提质十大攻坚行动，建立"专班干 + 例会推"工作机制，全

面落实中央、省、市"一揽子"政策及其接续政策，制定出台稳进提质"45条"，推动政策集成落地、直达快享。常态化开展"企业服务月"活动，帮助企业解决堵点难点问题 3300 余个，切实提振企业发展信心。

2. 保障措施更加多元

加快政策资金兑现速度，全年顶格兑现政策资金 13.27 亿元，为各类市场主体降本减负 13.84 亿元。加大要素争取和金融支持实体经济力度，全年争取建设用地指标 1762.36 亩，新增专项债 34.1 亿元，新增能耗指标 29.65 万吨标煤，政府性融资担保率从 1% 降至 0.5%，存贷款余额超 2300 亿元。

3. 保障平台更加开放

持续推进国家级开发区创建，与上海临港集团合作挂牌并开工建设漕河泾长三角协同发展产业园，嵊新临港经济区高能级平台获批省首批义甬舟开放大通道综合性战略平台，签订嵊新奉特别合作区框架协议，临杭高端装备智能制造工业园全面投产，联甬产业园基本建成。

（二）产业项目引育更显亮点，发展主体进一步壮大

1. 全链条强化项目投产"一件事"

迭代推进招大引强"1330"行动[①]，通过高规格举办第五届嵊州越商大会、赴上海举办招商推介会等，全年签约亿元以上项目 52 个、开工建设 35 个、建成投产 30 个。切实做好项目服务，全面实施"169"项目管理计划[②]，建立"月例会""百日攻坚""赛马晾晒""三色预警""容缺审批"等机制，新入库项目完成率增长 17.4%，3 个省市县长项目全面落地，8 个省"4+1"重大项目和 11 个省重点建设项目投资完成率分别达 141.9%、161.4%，总投资 130 亿元的比亚迪新能源项目，一期（15GWh）不到 10 个月实现通线投产，被省政府主要领导和集团董事长赞为"嵊州速度""比亚迪速度"。

2. 全方位下活集群培育"一盘棋"

大力推进产业集群培育行动，围绕打造 3 个 300 亿级优势产业集群和 3 个

---

① "1330"行动指树立"项目为王"理念，全年实现亿元以上项目签约 30 个、动工 30 个、投产 30 个；坚持招大引强，全年落户 10 亿元 ~ 20 亿元项目 3 个，20 亿元 ~ 50 亿元项目 2 个，力争引进 50 亿元以上项目 1 个。

② "169"项目管理计划指政府（国企）投资项目在每年 1 月下发计划通知书，最迟 6 月底前完成审批，9 月底前开工建设并统计入库。

300 亿级新兴产业集群目标，深入实施数字经济"一号工程"2.0 版，迭代升级"163"集群培育[①]，围绕传统优势产业和新引进战略性新兴产业，打好产业链整合优化组合拳，举办第十五届中国（嵊州）电机·厨具展览会，获评"中国集成智能厨房产业转型先行区"。

3. 全身心育好梯队成长"一片林"

全面启动制造业企业"长高长壮"三年行动计划，企业梯队不断建强培优，2022 年新增产值亿元以上工业企业 24 家、小升规企业 99 家、国家级专精特新"小巨人"企业 6 家、新认定国家高新技术企业 50 家、省科技型中小企业 161 家、IPO 辅导备案企业 3 家。

（三）创业创新氛围更加浓厚，竞争能级进一步提升

1. 引进外智做大创新平台

与浙江大学合作共建"未来碳中和无废乡镇联合研发中心"，与浙江理工大学共建嵊州创新研究院，引进落地国家级茧丝质量检验检测平台。全年新增院士专家工作站 2 家、博士后科研工作站 5 家，入选国家引才计划 10 人，同比增长 42%，创新指数居全省第 29 位。大力推进省级创新平台建设，如联合省农科院实施农村"小蚕工厂"项目及养蚕基地建设，通过精细化选育蚕种、契约式分发饲养、全链条提升价值等，打造茧丝产业共富联合体，蚕桑科技小院列入教育部办公厅等 3 部门首批支持建设名单，陌桑高科入选省首批未来农场十强。

2. 智能改造推进机器换人

结合智能厨电产业大脑建设，以"N"个共性应用场景和"X"个个性应用场景为目标，采取行业推进、轻量级改造、工程化实施、平台化支撑等，系统批量推进智能厨电中小企业"N+X"数字化改造试点，全年新认定国家高新技术企业 51 家，省科技型中小企业 161 家，嵊州智能厨电产业列入省级产业集群新智造试点，智能厨电行业产业大脑列入全省第二批工业领域行业产业大脑建设试点，亿田智能厨电列入省"未来工厂"试点，嵊州入选全省首批中小

---

① "163"集群培育："1"即数字经济"一号工程 2.0 版"，"63"即领带服饰、厨具电器、机械电机三大传统优势产业和数字 5G、新材料、生物医药战略性新兴产业 6 个 300 亿级产业集群。

企业数字化改造县域试点。

3. 融入改革实现数字赋能

深入推进数字化改革，新增省厅级以上改革试点 45 个，非标油运输监督模型获全国检察机关大数据法律监督模型竞赛一等奖，"农村物流创新发展探索共同富裕之路"入围交通运输部第 3 批农村物流服务品牌试点，"风雨哨兵"入选国家预警信息发布中心"七周年"专题，区域协查管控、数字家庭医生等应用获省领导批示肯定，一体化智能化公共数据平台获省综合五星评价。

（四）美丽共富底色更彰亮彩，人居环境进一步优化

1. 高标准做优城乡规划

专班推进现代化网络型山水城市建设，持续深化"接沪融杭联甬"，加快"四港"联动枢纽节点城市建设。江南环球港、萧山国际机场嵊州航站楼、嵊新第一高楼（开元名都大酒店）等建成运营，高铁新城作为嵊新首个 CBD 雄姿初显，杭台高铁通车运营，金甬铁路基本贯通，浙江经济职业技术学院成功引进，"高铁梦""高校梦"双双照进现实，绍兴港嵊州港区中心作业区码头（三界码头）正式建成，嵊州成为全省首批"四港"联动方向浙江交通强国试点县市。

2. 高起点打造精品节点

实施 4 个区块 12.5 万平方米城市更新改造，提升改造老旧小区 28.21 万平方米，完成白莲堂未来社区建设征迁腾空，完成"剡中越韵"县域风貌区省考核验收，全年新入选省级未来社区试点 4 个、未来乡村试点 4 个、城乡风貌样板区试点 2 个。打响"三美嵊州"品牌，着力打造文旅国潮 IP，举办浙江卫视"中国好声音·越剧特别季"活动，精心打造马寅初、袁雪芬、刘文西等嵊籍名人纪念景点，"西白忘忧"入选省第 3 批新时代美丽乡村共同富裕示范带，小黄山遗址纳入上山文化遗址群保护和申报世界文化遗产预备名单，嵊州获评"2022 年全国县域旅游综合实力百强县"。

3. 高站位绘好共富底色

实施集体经济增收计划和富民增收"六大行动"①，设立 2 亿元上市公

---

① "六大行动"指创业促富、就业促富、改革促富、品牌促富、服务促富、兜底保障促富。

司共富（公益）基金，林权碳汇共富试点获农发行全省首单 GEP 授信贷款 9.5 亿元，"农村宅基地全链条管理模式"获农业农村部肯定，"一庭园三基地"做法入选省强村富民乡村集成改革典型案例，"三界种粮队"模式获省领导批示肯定，经营性收入低于 50 万元薄弱行政村全面消除，城乡居民收入比缩小至 1.69。聚焦"一老一小"构建"浙里康养""浙有善育"服务体系，探索"e+N"阳光山庄智慧养老院模式，试点"爱心卡"养老服务，每千人拥有 3 岁以下婴幼儿托位数 3.81 个，居绍兴第一位，"健康浙江"考核居绍兴第一位、全省第八位。

（五）基层治理成效更为凸显，党群关系进一步融洽

1. 除险保安决战决胜

深入实施"百村万户敲门入户"专项行动，有效防范化解各类风险隐患。坚持和发展新时代"枫桥经验"，迭代升级"一中心四平台一网格"①基层治理体系，市社会治理中心挂牌成立并实体化运作。扎实开展信访矛盾化解"三清三行动"②，国家级、省级积案实现动态清零，信访"一图一指数"长期处于全省前列，信访秩序考核绍兴第一。纵深推进"大综合一体化"行政执法改革，全市域推广"一支队伍管执法"模式，高质量开展"综合查一次"省级试点，"县乡一体、条抓块统"格局加速形成。

2. 管党治党走深走实

深入实施"强基富乐工程"，纵深推进党建统领网格智治体系和现代社区建设，打造网格 1072 个、微网格 7103 个，"支部建在网格上"实现全市域覆盖。传承发扬新时代"民情日记"，迭代推广"浙里民情"特色场景应用，健全"民情周""民情大走访"等制度，"民情日记"实践中心建成投用，"民情日记"相关做法两度获省委主要领导批示肯定，"民情日记"微党课在浙江省委党校"浙里好课"播出，并在"学习强国""浙江在线"等平台发布。

---

① "一中心四平台一网格"："一中心"指县级社会矛盾纠纷调处化解中心，"四平台"指综治工作平台、市场监管平台、综合执法平台、便民服务平台，"一网格"指村（社区）全科网格。
② "三清三行动"："三清"指矛盾"清源"、风险"清格"和隐患"清仓"，"三行动"指越级访专项整治行动、重复访专项清理行动和信访业务专项提升行动。

二、2022 年嵊州市经济社会发展存在的问题和短板

2022 年是嵊州市实施"十四五"规划、落实市党代会决策部署的关键一年。全市围绕高质量发展这个首要任务，坚持"三比三争"工作导向，深入推进"三个年"活动，以超常规力度打好稳进提质、除险保安、塑造变革组合拳，推动全市经济社会高质量发展。

2022 年，受新冠疫情、中美贸易摩擦、全球经济发展乏力等因素影响，国内经济复苏仍面临不少困难，稳增长基础还不牢固，经济下行压力依然巨大。为此，嵊州市在做大产业集群规模、提升城镇化率水平、拉长民生保障短板、锻造干部队伍战斗力等方面还需持续发力、久久为功。

（一）高质量发展根基需进一步夯实

经济规模总量偏小，2022 年全市地区生产总值达 711.08 亿元，同比增长约 8%，财政总收入仅为 69.40 亿元，同比下降 13.3%，一般公共预算收入 47.28 亿元，同比下降 9.1%。产业结构不够优，高端装备制造和高端商贸服务等产业所占比重不够高，领带服饰、厨具电器、机械电机等传统制造业迭代升级不够快。企业竞争力不够强，企业结构性招工难、用工难问题仍较突出，运输成本上升明显，一些企业议价能力较低，利润空间持续受压。企业研发投入强度不够，2022 年嵊州研发资金投入占地区生产总值比重仅为 2.55%，低于绍兴平均水平。

（二）城乡居民生活品质需进一步提升

城市品质辨识度不够鲜明，城乡发展不够均衡，风貌建设不够精致，城市管理不够精细，与打造"席地而坐"的卫生环境、"杯水不溢"的通行环境、"井然有序"的市容环境、"五彩缤纷"的园林环境、"流光溢彩"的夜景环境目标还有差距。民生领域存在短板，共同富裕渠道还需拓宽，人口老龄化压力加大，教育、医疗、就业、养老等公共服务离群众需求还有差距。全市居民预防性储蓄动机上升，截至 2022 年 12 月底，住户存款达 759.07 亿元，同比增长 17.79%。

（三）基层干部能力素质需进一步加强

对照高质量发展和数字经济发展要求，部分基层干部素质能力难以适应新时期新要求，对基层群众操心事、烦心事和揪心事还要深化"时时放心不下"的责任感和使命感，大抓基层、大抓落实还需增强"临门一脚"功力，2022 年评选出的 6 个"蜗牛奖"项目和 66 名失责问责干部，根子在于因责任心不足导致的执行力空转。

三、2023 年嵊州市经济社会发展对策思考

2023 年是全面贯彻落实党的二十大精神开局之年，是"八八战略"实施 20 周年，也是"十四五"规划承上启下和现代化网络型山水城市建设关键一年。要坚持稳中求进工作总基调，完整、准确、全面贯彻新发展理念，忠实践行"八八战略"、奋力打造"重要窗口"，牢牢紧扣"两个先行"和"五个率先"，始终坚持"四敢"导向，大力实施 3 个"一号工程"，全面开展"五拼五比"和"三个年"活动，积极探索中国式现代化县域实践新路径。

主要预期目标：全市地区生产总值增长 7.5%；城乡居民人均可支配收入高于经济增长，且城乡收入比不断缩小；规上工业增加值增长 12.5%；一般公共预算收入增长 10%；固定资产投资增长 15%；社会消费品零售总额增长 8%；外贸出口增长 15%；高新技术产业投资增长 20% 左右；全社会研发投入增长 20% 以上；完成上级能源和环境指标计划目标。

（一）聚焦一体发展，在构建现代产业体系上突破争先

坚持一二三产协同发力，加快构建以先进制造业为主导，现代服务业和现代农业为支撑的现代产业体系。一要撑起制造业"顶梁柱"。深入实施"4173"产业集群培育行动①，力争新培育产值 1 亿元以上企业 10 家、10 亿元以上企业

---

① "4173"产业集群培育行动："4"即全部工业增加值突破 400 亿，"1"即打造 1 个国家级经济开发区（高新园区）和 1 个新能源装备万亩千亿新产业平台，"7"即在制造业领域培育形成新能源汽车及零部件、智能家居、高端装备、现代纺织、新材料、生命健康、新一代信息技术 7 个在全省具有竞争力的特色产业集群，"3"即制造业领域每年招引 30 个重大引领性项目、开工建设 30 个项目、竣工投产 30 个项目。

2 家，新增国家级专精特新"小巨人"企业 2 家，新增"小升规"企业 60 家、累计达到 730 家。扎实推进国家级经济开发区创建，加快新能源装备万亩千亿产业平台建设，做精做强开发区核心功能板块，主题式、连片式、多模式推进镇街工业园区升级改造，推动产业错位布局、园区协同发展。大力实施数字经济创新提质"一号发展工程"，建成投用智能厨电产业大脑，争取数字经济核心产业增加值增长 20% 以上，争创全省中小企业数字化改造县域示范和第二批国家中小企业数字化转型试点。加快推进建筑业高质量发展，促进建筑业转型升级、做大做强。二要点燃服务业"助推器"。实施服务业高质量发展"5653"行动 ①，推动服务业增加值占 GDP 比重、服务业税收收入占总税收比重等关键指标持续上升。推进高铁新城、城南片区消费中心建设，完善汽车、家电等购置奖补政策，大力促进大宗商品消费，推动文化旅游、现代商贸、康养产业向高品质和多样化升级。开展促消费系列主题活动，积极培育"首店经济""夜间经济"等新业态，全力推动消费回补、潜力释放。加大重点外贸企业培育力度，发展跨境电商等新业态，开拓新增长点。三要夯实农业"基本盘"。落实最严格的耕地保护制度，持续深化耕地"非农化、非粮化"整治，坚决守牢粮食安全底线。深化农业"双强"（科技强农、机械强农）行动，大力推进高标准农田和水利设施建设，支持三界国家级农业产业强镇和崇仁农业经济开发区创建，做好"农业 +"文章，不断夯实农业发展支撑。实施"1+1+3"农业品牌战略，积极培育"名企、名品、名牌"，打响"嵊情家味"区域公用品牌。

（二）聚焦项目建设，在积蓄现代发展动能上突破争先

实施扩大有效投资"135"行动，优化项目全过程管理，不断强化产业发展支撑。一要千方百计抓招大引强。深化招大引强"1330"行动 2.0，重点聚焦新一代信息技术、新材料、新能源装备、生物医药及医疗器械、城市建设、美丽经济六大产业链，扎实开展驻外招商、乡贤招商、基金招商等，确保全年亿元以上项目招引 40 个、开工 30 个、投产 30 个，完成市外境内资金 50 亿元、外资 1 亿美元。二要只争朝夕抓项目建设。加快推进重大项目"定制化"、

---

① "5653"行动："5"即服务业增加值占 GDP 比重持续上升，2025 年达到 55%；"6"即服务业税收收入占总税收比重达到 60% 以上；"5"即到 2025 年，生产性服务业占服务业比重达到 55%；"3"即每年新增规（限）上服务业企业 30 家。

一般项目"容缺＋承诺制"审批改革，小型项目审批实现"最多 15 天"。优化项目全生命周期管理，严格落实政府投资项目"936"管理，完善"三色预警""投资赛马"等机制，抓好签约未落地、前期环节慢、拿地未开工、入库推进慢"四张清单"，确保省市县长项目落地率 100%，再夺省投资"赛马"激励。三要全力以赴抓要素保障。坚持"要素跟着项目走"，推动资源要素向重点产业、重大工程、创新平台、优质项目倾斜，积极申报专项债及省级以上重大项目，全力向上争取资金、土地、能耗等。深入开展工业全域治理，力争盘活存量用地 800 亩以上，低效用地再开发 500 亩以上，挖掘能耗 3 万吨标煤以上。

（三）聚焦创新驱动，在提升现代开放格局上突破争先

坚持科技创新在现代化建设全局中的核心地位，全面增强创新策源能力和企业创新实力。一是向创新要活力。扎实推进"1155X"科技创新体系建设行动，加快剡溪创新带建设，重点推进艇湖科技未来城开发建设，着力打造蚕丝应用、现代家居、特种电机、生命健康、新能源五大科创平台，加快建设科创中心、北航科创园、开发区创业创新产业园、漕河泾长三角协同发展产业园、乡贤人才回归产业园五大科创园。大力开展科技招商，持续释放科技赋能产业发展的幂数效应。加强与浙江大学、西安交大、日本东京工业大学等高校的科技合作，积极推进储能研究院、氢燃料电池研究院建设。大力实施地瓜经济提能升级"一号开放工程"，启动地瓜经济总部建设，鼓励头部企业"勇闯天涯"，并购国外优质企业，引进优秀科研团队。二是向改革要动力。大力实施营商环境优化提升"一号改革工程"，深化优化营商环境 4.0 行动暨"1316"改革，不断擦亮"嵊利办"营商环境品牌。推进共同富裕示范区重大改革，确保省级典型案例和共富试点零的突破，全力争取省改革突破奖。坚持问题导向，聚焦项目竣工验收、项目招投标、项目预决算管理等重点领域谋划一批重大改革，着力解决一批困扰基层、阻碍发展的现实难题，打通嵊州发展难点堵点。三是向人才要潜力。深入实施"鲲鹏行动""名士之乡"英才计划等重点引才工程，拓宽院士回归、乡贤引才、赛事引才渠道，深化推进"青年强嵊"系列人才招引计划，更大范围开行高校招才引智"人才专列"，鼓励嵊籍大学生返乡就业创业，争取"鲲鹏计划"实现零的突破。

（四）聚焦城乡协调，在打造现代品质之城上突破争先

坚持城乡融合发展，以新型城镇化建设推进城乡一体规划、建设和管理，打造功能更强、品质更优、特色更显的现代城市。一要打造枢纽节点。加快推进诸嵊高速、G527 长乐至东阳段、S310、S312 等项目前期工作，动建甬金高速改扩建工程、甬金高速嵊州互通西接线北延工程、开发区至高铁新城快速通道等项目，建成甬金铁路嵊州段、G527 甘霖至长乐段，全力打造"四港"联动县域示范标杆。加快义甬舟嵊新临港经济区建设，不断提升发展能级。二要加快片区开发。加强规划引领，启动丽湖片区建设，突出三江交汇地理优势，统筹滨水景观、建筑风格、人文风貌，勾勒城市天际线，打造"未来城市之窗"。推动领带园区转型重塑，布局一批文化、休闲、运动、服务、商贸项目，打造宜业宜居"未来城市邻里中心"。加快未来社区、未来乡村建设，因地制宜培育特色场景，大胆探索运行模式，打造村社地标式的"未来城乡幸福单元"。三要提升人居环境。开展"喜迎十运会、环境大提升、全域共美丽"行动，加强城市"智慧管理"，全面提升绿化、亮化、美化水平。启动"金角银边"工程，建设口袋公园 30 个、城乡绿道 60 千米，打造"转角遇见美"公园场景。深化"千村示范、万村整治"工程，全域推进和美乡村建设，培育省级和美乡村 6 个。

（五）聚焦民生优享，在开创现代美好生活上突破争先

坚持在发展中保障和改善民生，用心用情办好民生实事。一要拓宽渠道"富民"。统筹农村宅地基、农业"标准地"和强村富民乡村集成改革，打造 50 个以上星级"共富工坊"，确保 30% 以上村集体经营性收入超 100 万元。围绕小吃产业市内市外"双百亿"目标，开发小吃产业大脑，启动建设小吃产业园，全面打响"嵊州小笼包"特色品牌，打造"百县千碗·剡溪乡味"地标美食。全域铺开林权碳汇共富试点，用好 GEP 贷款激活"两山"生态经济。二要公共服务"惠民"。加快浙经院嵊州校区建设，建成投用镇海中学嵊州分校，高标准通过全国学前教育普及普惠县复评，创建全国义务教育优质均衡发展县市。加快市人民医院二期建设，完成市妇幼保健院（第二人民医院）建设及疾控中心异地新建工程，建成投用中医院公共救治能力提升项目，创建全国

中医药工作示范县。启动建设市级幸福颐养中心和托育中心，推进"爱心卡"养老服务，实施"托幼一体化"改革。深化省级婚俗改革试点，创建 AAAAA 级婚姻登记中心。三要社会保障"暖民"。实施全民参保计划，推进县域医共体医保行业自律示范点建设，确保户籍人口基本养老保险和医保参保率均达 99% 以上。实施"家门口"就业计划，新增就业人数 1 万人，确保零就业家庭动态清零。完善住房保障体系，支持刚性和改善性住房需求。深化社会救助"一件事"集成改革，建成"一体通办"兜底保障助联体服务中心。

（六）聚焦文旅融合，在彰显现代生态文明上突破争先

坚持人文为魂、生态塑韵，推动山水林田湖、亭台楼阁桥有机融合。一要打响"百千万"文化乐民品牌。创建国家级越剧文化生态保护区，办好嵊州·中国民间越剧节，不断扩大越剧版《中国好声音》影响力，建成运营越剧博物馆新馆、袁雪芬故居，举办傅全香诞辰 100 周年纪念活动，发行上映越剧电影《汉文皇后》。加快小黄山申遗步伐，争创中华诗词之乡，支持三界镇创建省第三批千年古城复兴试点。开展文化"三走进"活动，持续推进"浙江有礼·文明嵊行"新实践，不断擦亮全国文明城市金字招牌。二要绘好"山水城"全域生态画卷。围绕依山傍水、青山绿水、显山露水的生态城市、人文城市、宜居城市建设目标，长效落实"三长制"，巩固"污水零直排区"创建成果，誓夺"大禹鼎"，创成国家生态文明建设示范区、国家生态园林城市。建成投用第三水厂，加快曹娥江、黄泽江流域综合治理工程及三溪水库建设，推进抽水蓄能电站项目。有序规范垃圾分类、工程渣土、砂石资源管理，创建省三星级"无废城市"。三要打造"文生旅"一体融合样板。用好"诗路联盟"资源，加快推进唐诗之城项目建设，打造中国首席情景式诗意生活体验目的地。推动越剧小镇争创国家 AAAA 级旅游景区，不断繁荣"越剧+"产业。系统提升绍兴温泉城项目，打造休闲养生胜地。加快金庭书礼小镇建设，动建羲之文化园项目，打造书法朝圣游线。加快西白山滑雪场建设，全力打造"西白忘忧"游线。

（七）聚焦数智变革，在提高现代治理水平上突破争先

坚持以数字化改革为牵引，深度推进治理模式创新和治理体系重构，全力以赴防风险、保稳定、护安全。一要推动治理应用全贯通。推进基层智治系统

建设，迭代建强"141"体系，加强"枫桥式"基层单元建设，推动各类平台应用全面贯通，构建县乡一体、条抓块统的基层治理模式。深化党建统领城乡现代社区和网格智治，配强"1+3+N"网格力量，推进现代社区和美争创，创建省级现代社区 1 个以上。全力攻坚"大综合一体化"行政执法改革，创新"网格 +"执法和"一张清单"检查，打造"一支队伍管执法"嵊州样板。二要推动"民情日记"新发展。以"民情日记"诞生 25 周年为契机，优化升级"民情日记"实践中心标杆阵地，迭代推广"浙里民情"数字化应用，深化"走村不漏户、户户见干部"长效机制，努力打造新时代践行"人民江山论"浙江经验、全国样本。结合"大走访大调研大服务大解题""万名干部进万企"等活动，不断丰富"企情日记"内涵，助力优化提升营商环境。三要推动除险保安再提档。一体推进平安嵊州、法治嵊州建设，开展勇夺"一星金鼎"打造"平安之城"攻坚行动，重塑舆情、信访、安全生产 3 大维稳体系，构建"15 分钟应急救援圈"，确保安全生产事故数、伤亡人数双下降，创建省级无信访积案县。推进平安护航亚（残）运专项行动，完成杭州亚（残）运会、"枫桥经验60 周年"纪念活动、绍兴市十运会等重要节会维稳安保任务，夺取平安建设"十四连冠"。

专题十三

2022 年新昌县经济社会发展研究报告

中共新昌县委党校　高亚佳

2022 年对新昌县来说是极不平凡、极具考验又极富成效的一年。新昌县政府在坚决贯彻上级党委、政府决策部署的基础上，紧紧依靠全县人民，忠实践行"八八战略"，深入实施"14361"发展战略[①]，扎实推进高质量发展建设共同富裕示范区，开拓创新、奋发有为，相继入围全国工业百强县、创新百强县、投资竞争力百强县，全国县域经济综合竞争力百强县排名攀升至第 54 位。

一、2022 年新昌县经济社会发展总体情况

2022 年新昌县全年地区生产总值为 564.75 亿元，按不变价格计算，同比增长 5%，增幅排名全市前列。分产业看，第一产业增加值为 25.23 亿元，同比增长 3.3%；第二产业增加值为 290.63 亿元，同比增长 5.5%；第三产业增加值为 248.90 亿元，同比增长 4.8%。3 次产业占比为 4.5∶51.5∶44.1。全县实现财政总收入为 67.97 亿元，其中一般公共预算收入 41.65 亿元，同口径增长 8.1%，增幅居全市第一位；固定资产投资 164.19 亿元，增长 15.2%，增幅居全市第二位；外贸出口总额 225.1 亿元，增长 33.6%；社会消费品零售总额 197 亿元，

[①]　"14361"发展战略："1"指一个战略目标，即打造三大都市区黄金交汇节点城市、争当高质量发展建设共同富裕示范区县域标杆、跻身全国县域综合竞争力"50 强"；"4"指四大战略定位，即创新策源之城、实业智造之城、唐诗文化之城、幸福宜居之城；"3"指三大战略路径，即工业立县、创新强县、生态兴县；"6"指六大战略举措，即小县大科技、小县大通道、小县大城镇、小县大花园、小县大民生、小县大变革；"1"指一个战略保障，即党建统领整体智治。

增长 8%。城乡居民人均可支配收入分别为 72008 元、39243 元，分别增长 4.8%、8.2%，城乡居民收入比持续缩小，为 1.83，比上年同期缩小 0.06。回顾 2022 年新昌县整体运行情况，主要呈现以下几个方面的特点。

（一）统筹各产业发展，确保经济社会平稳运行

1. 三大产业增速平稳

一是农业生产保持平稳。2022 年，全县农林牧渔业总产值 33.78 亿元，同比增长 3.6%。其中，农、林、牧、渔业产值分别增长 1.2%、14.2%、47.0%、4.1%。二是工业生产稳定增长。2022 年，规上工业增加值实现 180.09 亿元，增长 9.3%。主导行业总体向好，全县 24 个工业行业大类中，21 个行业产值实现增长，其中汽车制造业、计算机通信和其他电子设备制造业、纺织业、通用设备制造业等重点行业同比增长分别是 36.3%、22.9%、20.4%、14.0%。新兴产业增势良好，全县高新技术、装备制造、战略性新兴、数字经济等产业制造业增加值分别增长 8.2%、13.5%、12.5%、12.4%。三是服务业稳中有升。2022 年，全县服务业增加值同比增长 4.8%，对全县生产总值贡献率为 43.6%。分行业看，批发零售业、住宿餐饮业、金融业、营利性服务业、非营利性服务业增加值同比分别增长 7.2%、2.5%、13.3%、7.8%、0.5%，交通运输仓储和邮政业、房地产业增加值同比分别下降 0.2%、3.3%。

2. 三驾马车协同并进

一是投资持续向好。投资持续向好，既包括数量的增长也包括结构的优化。2022 年，全县固定资产投资同比增长 15.2%，增速高于全市平均 4.2 个百分点，居全市第 2 位。投资结构持续向好，民间项目投资、制造业投资、高新技术产业分别增长 39.9%、35.2% 和 22.3%，增速均高于面上投资；交通投资增长 12.6%，增速高于全市平均。重点领域增长较快，工业投资增长 37.7%，对固定资产投资增长贡献率达 70.83%。二是消费市场有序恢复。2022 年，全县社会消费品零售总额 195.98 亿元，同比增长 7.3%。限额以上单位按经营单位所在地分，城镇社会消费品零售额增长 11.7%，乡村社会消费品零售额增长 22.6%；限额以上单位按消费类型分，商品零售增长 13.4%，餐饮收入增长 5.5%；从限额以上单位商品零售类值看，全县限额以上零售额前 10 类商品占全部限额以上零售额的比重超 9 成，其中 7 类商品实现正增长。三是外贸保持

较快增长。2022 年，全县进出口总额 230.61 亿元，同比增长 33.5%。其中，出口总额 225.1 亿元，增长 33.6%，比前三季度加快 2.8 个百分点；进口总额 5.5 亿元，增长 28.6%。实际使用外资增长较快，全年实际使用外资 2609 万美元，同比增长 17.8%。

（二）聚焦"小县大科技"，拼出创新制胜新赛道

新昌县聚焦"小县六大"发展路径，大力开展"五力五争先"活动，以战则必赢、拼则必胜的心气，助力新昌经济高质量发展。

1. 创新指标全省领先

创新指数位列全省第二，研发经费支出占 GDP 比重连续 8 年保持在 4% 以上（2021 年达 4.4%，位列全省第二），成功创建国家首批创新型县市，蝉联全省"科技创新鼎"，并在全省科技工作会议上作典型经验交流发言。

2. 企业梯队优化提升

突出科技创新引领企业"专精特新"发展这一主线，全年新增省级科技型中小企业 96 家，预计新增国家高新技术企业 38 家。全县现有国家单项冠军企业 3 家、上市企业 14 家（另有斯菱股份和同星科技 2 家企业过会待发）。

3. 创新能力不断提升

设立"卡脖子"、国产替代等"专精特新"科技攻关专项资金，实施"专精特新"重大科技攻关项目 10 项。截至 2022 年底，申报（备案）开发新产品 162 项，新产品产值率 50.36%；全年荣获省科技一等奖 1 项、二等奖 1 项、省科技单项奖 2 项。

4. 创新平台有所突破

高端科创园、海创大楼、科创集聚园、智能装备小镇小微产业园等平台建设加快推进；智能纺机联合体揭牌投运，完成公司注册、股东注资与装修事宜；杭州双城国际科创飞地即将建成投运；绍兴市研究院联盟新昌分中心（全市首家分中心）引进落地。

（三）聚焦"小县大通道"，拼出节点城市新格局

1. 区位优势日益凸显

杭台高铁嵊州新昌站正式运营，527 国道新昌段（一期）建成通车，金甬

铁路新昌段工程进度全线领先，104国道二期动工建设，天姥大桥连接线一期、王金线、新胡线等项目加快推进，太下线、南互通连接线路口平改立建成投用，县域交通大环、县城交通小环逐步成型。

2. 平台能级不断跃升

大明市片区规划优化完善，境外并购产业合作园、嵊新奉特别合作区等建设稳步推进，人才公寓建成投用，高端科创园、海创大楼、数字物流园等项目进展顺利，30个重点产业项目竣工投产，回购回租工业用地1066亩。义甬舟嵊新临港经济区上升为全省首批义甬舟开放大通道综合性战略平台，智能装备小镇考核优秀，高新园区入围全省高新区"亩均效益"领跑者名单，被列入国家级高新区考核单位。

（四）聚焦"小县大城镇"，拼出城乡融合新实践

1. 东门如城破题开篇

引进顶尖规划团队匠心绘就"山水人文地·康养文教城"规划蓝图，精心编制城市设计和项目方案。创新片区整体开发模式，携手中铁建推进基础设施建设，中央运动公园、浙工院新昌学院、新昌妇幼保健院、新民未来社区、纬一路、中环路等项目先行动工，新昌"未来向东看"氛围越发浓厚。

2. 精致县城更具韵味

"三区三线"划定成果正式启用，"1+3+1+1"城镇规划体系和"1+4+1"乡村规划体系基本成型。城市有机更新步伐加快，55.8万平方米的城市拆改顺利推进，建业大厦、建设技术服务中心、里江北历史文化街区、南街城市记忆街区建成投用，南岩路过江隧道建成通车，文化旅游综合体、社会治理中心等项目加快建设，12个老旧小区、8条城市道路完成改造，"水墨山城"县域风貌样板区通过省级验收。城市管理提档升级，全国文明城市创建"十大攻坚行动"、城区"脏乱差"围剿战深入开展，创建"席地而坐"示范区8万平方米。

（五）聚焦"小县大花园"，拼出绿色发展新境界

1. 生态环境领跑领先

深化工业废气治理、面源污染治理，$PM_{2.5}$平均浓度为22微克/米^3，空

气质量优良率达 95.6%，空气质量综合指数全市第一。开展"五水共治"碧水系列行动，"三江"交接断面水质均值达Ⅱ类水标准。加强生态文明建设，新昌实现"美丽浙江"建设工作考核三连优，入选全省首批生态文明建设实践体验地和美丽浙江十大样板地，获评全国水土保持工作先进集体，位列全国"两山"发展百强县第 8 位。

2. 全域旅游亮点纷呈

全年接待游客 443.8 万人次，实现旅游总收入 62.6 亿元。绿色低碳先行先试，实施光伏"双倍增"行动，建成全市首个新型储能示范项目，新增光伏装机容量 8.45 万千瓦。完成 21 座小水电资产整合。垃圾分类有序推进，再生资源分拣中心、建筑（装修）垃圾处置中心建成投用，新增无废细胞 110 个，创成全省首批全域"无废城市"。

（六）聚焦"小县大民生"，拼出共建共享新图景

1. 民生实事全面完成

全县全年财政用于民生支出 50.2 亿元，占一般公共预算支出的 70.7%。完成村级饮用水提标改造工程 60 个，受益人口达 4 万人。完成农村公路大中修 50 千米，客运西站（澄潭）建成投用，城乡公交 2 元一票制实现全覆盖。实施"老有颐养"幸福提升工程，建成社区级活动健康之家 6 个、"乡理乡亲"服务集市 183 个。开展全民健身提升工程，新建体育公园 3 个、健身步道 50 千米。新增城市书房 2 家。

2. 社会保障更加坚实

人力资源服务产业园建成开园，"天姥雁栖"计划招引产业工人 6158 人，新增城镇就业 7235 人，零就业家庭实现动态清零，城镇登记失业率 2.48%。深入实施全民参保计划，基本养老保险参保率达 99.6%，基本医保参保率达 99.9%，越惠保参保率达 70.5%。学校布局不断优化，科学整合农村小规模学校 8 所，新设立寄宿制学校 4 所，组建滨江小学，建成沃西中学、拔茅幼儿园、南星幼儿园、沃洲幼儿园，引进落地第一所大学。健康新昌纵深推进，人民医院迁建工程主楼结顶，2 家医共体总院通过互联互通四级甲等测评，连续 4 年获得健康浙江考核优秀，夺得健康浙江铜奖。全市首家公办公营"一老一小"服务综合体（梅湖中心）建成投用。

3. 文化供给更加多元

举办魏晋风度展、浙东唐诗之路文化季系列活动，非遗馆、方志馆建成开放，新昌被列为全省促进人民群众精神富有试点县。此外，围绕喜迎党的二十大胜利召开，新昌档案馆举办"喜迎二十大 档案颂辉煌——'浙'十年"新昌县经济社会发展成就展，宣传党的十八大以来新昌县经济社会发展取得的辉煌成就。与此同时，开发利用好馆藏梁柏台档案，编印《梁柏台光辉一生与历史贡献》。联合绍兴市档案馆开展"越里乡愁·绍兴特藏"档案文化宣传活动，宣传推介馆藏珍品档案清朝圣旨、调腔档案等。

（七）聚焦"小县大变革"，拼出改革赋能新活力

1. 数字应用迭代升级

围绕"1612"体系架构，省级重大应用全面贯通，新增省级以上试点 30 个，新上线重点应用 13 个，6 个项目被列入全省重大改革（重大应用）"一本账"S_2，一照通用、建筑工人保障在线全省推广，"茶卫士"入选全省"一地创新、全省共享""一本账"S_0，"天姥管家"入选全省数字经济系统最佳应用，车辆注销"一件事"入选全省数字社会系统最佳应用，数字化改革获五星级评价。

2. 共同富裕试点蹄疾步稳

构建共同富裕系统架构图，共富"五大行动"落地见效。做强科技创新支撑共同富裕，科技人员创富入选全省首批共同富裕最佳实践。创新林地流转、市场经营、期权兑现绿色共富模式，系统推进低效林改造，流转低效林面积 6.8 万亩，种植名贵林 3.5 万亩。探索民营企业助推兴村共富体制机制，总规模 10 亿元的兴村富民基金正式成立。消薄增收成效明显，所有行政村年经营性收入超 50 万元，农村集体经济总收入增长 10.8%，低收入农户人均可支配收入增长 28.2%。多元化拓展就业岗位，实现城乡边保户灵活就业超 2000 人。

3. 重点领域改革出新出彩

统筹抓好 17 个承接省市的重大改革项目贯通落地、10 个自谋类特色项目创塑亮点。"大综合一体化"行政执法改革扎实推进，"三中心一应用二机制"综合执法"新昌模式"基本成型。浙里康养集成改革不断深化，创新实施空巢老人安全保障"一件事"改革。全国农村宅基地制度改革试点持续深化，实施共富生态搬迁工程，完成首批 14 个自然村搬迁。

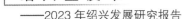
二、2022年新昌县经济社会发展存在的问题和短板

2022年，新昌县在经济社会生态等方面取得了一系列显著成绩，在肯定成绩的同时，我们更要看到前进中的困难和挑战。

（一）对标现代产业发展，深度融入发展不够

新昌县深度融入国家和省市战略布局不够多，产业集群引领作用不够强，重大产业项目支撑力仍不足，企业的物流、能源等经营成本较高，稳增长、稳投资、稳工业面临较大压力。一是生态环境方面环境资源要素发展制约大。新昌是个山区县，地域面积小且存狭长型地带，特别是环境资源要素对发展存在一定制约。县域内钦寸水库、长诏水库和正在建设的镜岭水库等饮用水水源保护区及生态红线区面积大，对生态环境质量要求高，在一定程度上对新昌县区域结构调整和进一步发展带来更多的约束和限制，适宜相应工业项目特别是二类、三类工业发展的县域土地十分有限。二是工业跨越发展挑战较大。2022年，新昌县规上工业总产值680亿元，规上工业增加值180.1亿元，但规上工业产值、增加值绝对量在绍兴市各区、县（市）中排名比较靠后。企业缺"工"，受到区位条件、城市能级、经济总量和企业数量等因素的制约，新昌高水平创新型团队、行业领军人才集聚困难，导致集聚创新资源要素的能力不强，企业高层次人才和一线员工紧缺已成为常态化问题，经济高质量发展受到一定程度的制约。

（二）对标精致花园城市建设，城市品质还须提升

城镇规划、建设和管理水平有待提高，农村人居环境仍需改善。一是行业管理压力较大。建筑业企业走出去发展力度不大、企业资质等级上升进度缓慢、创优创标积极性不高，建筑业产值增长难度较大。物业行业同样面临政策支持力度小、企业发展良莠不齐的局面。天然气改革工作推进缓慢。二是安全生产压力较大。城镇燃气、城镇危房、在建工地、高层消防等方面的安全隐患仍然存在，安全形势仍然面临重大挑战，需要时刻绷紧思想之弦。关于商品房精装修质量、房屋延期交付、小区物业服务、民工欠薪、项目建设等方面的信

访投诉数量多。

（三）对标公共服务优质均衡，人口老龄化进程加快

教育、医疗、养老、文化等领域的优质服务供给不够多元，城乡均衡发展仍有差距。首先是医疗卫生资源不足。县域医疗设施和医生数量较少，医疗服务能力相对较弱，很多患者需要到其他地区就医。同时，医疗卫生服务质量也不稳定，可能存在医疗安全问题。其次是公共文化设施不足。公共文化设施如图书馆、博物馆、艺术馆等较为缺失，限制了居民的文化娱乐活动，也影响了文化知识水平的提高。最后是养老服务设施不足。随着老龄化进程加快，需要大量的养老服务设施来保障老年人的生活，但养老服务设施不足，老年人的生活质量受到影响，再加上护理人员短缺，导致老年人护理困难。

（四）对标县域治理现代化，村社治理能力不足

新昌县在安全生产、生态环境、社会稳定等领域风险防范化解能力需要加快提升，共同富裕路径机制有待进一步完善。一方面，城乡差距还有待进一步缩小。大部分村集体经济发展面临路子难找、项目难进、人才难求等困境，自主发展、自主增收办法不多，经营性收入不高，全县近 50% 的村集体经济经营性收入集中在前 20 个行政村中，大多数农村的集体经济比较薄弱。农民增收路子窄，还是以茶叶和进城务工为主，自主创收的能力不强、渠道不宽。虽然近几年农村居民人均可支配收入增长都保持在 9% 以上，列全市前 3，但绝对值一直排在全市末尾。另一方面，农村公共服务设施质量有待加强。农村饮用水、农村道路、农贸市场、公园等基础设施建设历史欠账较多，各类设施重建设轻管理现象较为普遍，公共服务事业发展"城高乡低"问题较为突出。

（五）对标实干争先，少数干部争先意识不强

在研究问题、破解难题、优质服务等方面，干部改革创新力度不够大，敢拼敢争的精神状态还不够足。有的党组织和党员干部贯彻落实各级重大决策部署持续性、深入性不够，还存在搞变通、做选择的情况；"四风"问题呈现新表现新形态，重点领域、重要岗位、重点人员腐败仍有发生；农村涉纪信访占比较高，农村党员干部酒驾、赌博等非职务违法犯罪行为禁而未绝。对这些问

题，必须高度重视，切实加以解决。

三、2023 年新昌县经济社会发展的对策思考

2023 年是全面贯彻落实党的二十大精神的开局之年、"八八战略"实施 20 周年，也是新昌县实施"十四五"规划承上启下的一年。新昌县将继续以习近平新时代中国特色社会主义思想为指导，全面贯彻落实党的二十大精神，按照省市决策部署，坚持稳中求进工作总基调，完整、准确、全面贯彻新发展理念，服务构建新发展格局，着力推动高质量发展，忠实践行"八八战略"、努力打造"重要窗口"主题主线，围绕省委"两个先行"、市委"五个率先"，锚定"稳三进二走前列"，推进"小县六大"再深化、"六个先行"争示范，在牢牢把握"融入大局、把握大势"的战略思维、"力拼经济、服务民生"的目标追求、"纲举目张、系统集成"的工作方法、"敢于胜利、严守底线"的结果导向的方向基础上，积极探索中国式现代化县域实践。

（一）坚持做大总量、做高质量，在高质量发展上聚精会神加压奋进

一是深化县域创新体系建设。完善云上科创局建设，健全"飞地 + 高创园 + 基金"综合运营模式，高端科创园、新昌—中关村人才科创港全面运营。加快新昌智造科创带建设，完成投资 15 亿元，实现技术交易额 12 亿元以上。提升企业科技创新战略规划能力，健全企业创新高端智库网络，深化产学研协同，举办科技对接活动 50 场以上，实施"专精特新"重大科技攻关项目 10 项，开发备案新产品 100 项以上。夺取首批全省科技创新金鼎。二是提升产业平台能级。聚焦国家级高新区创建，加快境外并购产业合作园和义甬舟嵊新临港经济区建设，争创省级"万亩千亿"新产业平台，新增中小微企业园 2 个。加快产城融合步伐，推进园区基础配套设施建设，实施大明市片区市政、交通、商务等项目 36 个，建成海创大楼、综合能源站、数字物流园一期等支撑性项目，更好服务入驻企业。完成梅澄区块、拔茅区块、沃洲区块、塔山江北区块等控规修编。三是壮大先进制造业集群。实施"4321"行动，巩固提升高端智能装备、生命健康和汽车零部件（大交通）主导产业集群，培育若干个新兴产

业集群，建设"39X"先进制造业集群，确保高新技术产业增加值占比达 90% 以上。加快三花、新和成、可明生物、京新药业、斯凯孚等项目建设，完成工业投资 65 亿元以上，确保 25 个重点工业项目竣工投产，力争规上工业总产值突破 750 亿元，誓夺"浙江制造天工鼎"。四是深化全产业链招商。优化招商政策，推进一二三产融合招商，深化国企招商机制，发挥"基金 + 股权 + 科技"招商作用，以产业集群为牵引，支持新商企业扩大再投资，实施招大引强行动，引进亿元以上工业项目 30 个以上、总投资 150 亿元以上，力争百亿级项目有突破。签约高质量农业和美丽乡村项目 12 个以上、总投资 1 亿元以上。签约亿元以上文旅项目 9 个以上、总投资 17 亿元以上。签约亿元以上贸易服务业项目 5 个。当年新签约项目落地率 40% 以上、往年签约项目落地率 80% 以上。五是加快数字经济发展。大力实施数字经济"一号发展工程"，加快产业数字化、数字产业化，打造"5G+""人工智能 +"应用场景 5 个，新增市级以上智能工厂（数字化车间）3 家，实现制造业主要行业、规上企业数字化改造全覆盖，争创全省中小企业数字化改造试点县、全省数字经济创新发展示范区。

（二）坚持生态优先、绿色发展，在新型城镇化上全力以赴笃定前行

加快推进以人为核心的新型城镇化，争创以县城为重要载体的城镇化省级试点，奋力打造人与自然和谐共生的精致花园城市。一是优化空间格局。编制县乡国土空间总体规划，推进规划管理城乡一体化改革，健全城镇规划体系和乡村规划体系，加强中心镇、特色镇、一般镇差异化管控，完成县城"大三江时代"总体城市设计、主城区建设"五三"方略及概念性方案。二是深化生态文明建设。打好污染防治攻坚战，深化"五水共治"碧水行动，推进全域幸福河湖创建，提升"污水零直排区"长效运维水平，再夺"大禹鼎"。加强扬尘源、工业源、农业面源等管控，确保空气质量综合指数领跑全市、全省一流。加强土壤污染治理和生态修复，污染地块安全利用率达 95% 以上。实施能源绿色低碳发展和保供稳价三年行动，推进"县域碳最优"新型电力系统建设，积极谋划抽水蓄能项目，新增光伏装机容量 7.5 万千瓦、储能 6 万千瓦。推进国土绿化行动，争创国家森林城市。三是打造最清洁城市。聚焦"410 工程"，

全面实施城市功能优化、单元洁化、家具序化和治理标化四大专项行动，深入开展城乡垃圾精分细管，积极推进最清洁系列创建，持续提升管养标准，全面打造"席地而坐"的卫生环境、"杯水不溢"的通行环境、"秩序井然"的市容环境、"四季养眼"的园林环境和"雅致有韵"的城市夜景。深化城乡"六个一体化"改革，提高环卫保洁、路面养护、园林绿化等精细化管理水平。四是建设精致县城。推进城市有机更新，加快老城片区化改造步伐，精心雕琢城市微空间，重塑城市印记和文化特征，改造老旧小区 12 个，完成拆改 50 万平方米。加快文化旅游综合体、东街拆迁安置房、羊毛衫兔毛市场迁建等项目建设，建成社会治理中心、水务大厦。深化交通治堵，加快 104 国道与新蟠线连接线、丽江路延伸工程等城市道路建设。推进雨污分流改造，建设海绵城市、韧性城市。五是建设精美集镇。围绕城乡公共服务均等化，打好"拆改建用"组合拳，因地制宜布局邻里中心、农贸市场、文体场地等配套设施，有机串联生态绿道，打造典型精美集镇 2 个。深化集镇管理"五比"竞赛活动，促进集镇洁化序化美化。六是建设精妙乡村。深化新时代美丽乡村建设，围绕"五大聚焦"，突出产业振兴和公共服务提升，推进乡村客厅建设，迭代村级便民服务站 80 个，提升乡村善治水平，健全农村人居环境长效管护机制，打造更具特色的宜居宜业和美乡村。

（三）坚持以人为本、共建共享，在优享型美好生活上坚定不移久久为功

围绕"人的一天、人的一生"，加快构建全生命周期公共服务体系，奋力打造"民生优享均衡"金名片。一是提升城乡居民收入。健全公共就业服务体系，实施"天姥雁栖"、高素质农民、技能人才等计划，完成职业技能培训 6500 人次，引进产业工人 6000 人，新增城镇就业 7000 人以上，城镇登记失业率控制在 3% 以内。加大重点群体和城乡边保户就业兜底帮扶，开展公益性岗位扩容行动，16～60 周岁城乡边保户就业帮扶率达 50% 以上。按照民生实事"群众提、大家定、政府办"的理念，高质量办好十方面民生实事，着力解决人民群众普遍关心的突出问题。二是加快共同富裕步伐。以全省缩小收入差距共富试点为抓手，迭代完善"15151+X"体系，持续推进科技创新支撑共同富裕等五大专项行动，分类推进九大群体"扩中""提低"。开展创业创新活力

集成改革，激励个体工商户创业奔中。推进共富生态大搬迁，深化实施宅基地有偿退出，加快农民集中居住区建设。实施农业转移人口市民化改革，优化新市民积分制管理。推进林业经营体制改革和小水电站集成改革，深化推动 GEP 试点，探索碳汇、绿电等生态权益转化方式，做好山水增值文章。深入实施"消薄提低八八行动"，确保年经营性收入 80 万元以上村达 20% 以上、低收入农户人均可支配收入增长 20% 以上。做好东西部扶贫、山海协作和对口支援工作。三是健全社会保障体系。夯实多层次医疗保障体系，扩大社会保险覆盖面，户籍人口基本医保、基本养老保险参保率达 99% 以上，越惠保参保率达 70% 以上。稳步推进医保改革，强化医保基金监管。优化退役军人服务保障体系，创成省级双拥模范县。优化 3 次分配，织密社会救助、社会福利、社会优抚兜底网络，发展红十字、慈善等公益事业。推进健康新昌建设，加快人民医院迁建、医共体分院优化提升、康宁医院等项目建设，深化县域医共体改革，强化职业健康社会化服务供给，健全基层医疗卫生服务网络，基层就诊率达 67% 以上，县域就诊率达 90% 以上，高分通过浙江省健康县考核。健全幸福养老服务体系，实施老年健康服务"五大行动"，推进四级长者活动中心建设，建成县级长者中心 1 个、颐乐学院 2 个、社区级长者健康之家 5 个、嵌入式微养老服务场所 35 个，组建为老服务公司。推进全省普惠托育基本公共服务试点建设，新增 0～3 岁婴幼儿托位 200 个，每千常住人口拥有婴幼儿托位数达 4.5 个，全力打造育儿友好型社会。

（四）坚持破旧立新、改革创新，在高效治理体系上只争朝夕攻坚破难

释放改革红利，创新治理模式，奋力构建共建共治共享的社会治理新格局。一是打造最优营商环境。实施营商环境优化提升"一号发展工程"，强化知识产权保护，优化公共服务配套，全面优化提升政务环境、法治环境、市场环境、人文环境，弘扬新时代企业家精神，构建亲清新型政商关系，让市场主体预期更稳、信心更足、活力更强。全面落实减税降费政策，推动惠企政策直达快享。全面开展第五次全国经济普查，摸清经济社会发展"家底"。二是推动改革迭代升级。持续推进数字化改革，加快重大应用纵深贯通，迭代轴承产业大脑、茶产业大脑、车辆注销"一件事"、一照通用等特色应用。统筹推进

"大综合一体化"行政执法改革、乡镇（街道）园区财政体制等集成改革，推动全面深化改革走深走实。深化国有企业改革，提升市场化运营能力。三是打好园区工业全域治理攻坚战。深化"亩均论英雄"改革，开展"专项整治＋平台收储＋园区规划＋项目招引"全链条分类治理攻坚行动，突出连片集中开发，盘活闲置低效用地，供应工业用地 1000 亩以上，回购低效用地 500 亩以上，回租工业厂房 10 万平方米以上，争创全省制造业全域治理标杆县。四是深化平安新昌建设。坚持和发展新时代"枫桥经验"，重塑初信初访机制，完善矛盾纠纷多元调解体系，夯实平安创建基础，确保平安建设"护鼎加星"。全面落实安全生产责任，聚焦道路交通、城市运行、建筑施工、消防安全、地质灾害、危化品等重点领域，强化风险隐患排查整治，确保生产安全事故起数和死亡人数较前 3 年平均数分别下降 20%。推进"公安大脑"建设，加强社会治安防控，深化警城联动机制，依法打击网络赌博、涉黑涉恶、电信网络诈骗等违法犯罪，打好杭州亚运会等安保硬仗，打造最具安全感的县城。

改革篇

专题十四

绍兴党建统领整体智治系统建设年度研究报告

中共绍兴市委党校　王新波

为贯彻落实习近平总书记和党中央关于数字化建设的战略部署,《中共浙江省委关于制定浙江省国民经济和社会发展第十四个五年规划和二〇三五年远景目标的建议》提出"全面推进党政机关整体智治,构建省市县一体、部门间协作、政银企社联动的协同高效运转机制,完善争先创优工作机制,推进中央宏观决策、省级中观实施、基层微观落地全线高效贯通"。2021 年 2 月,浙江省召开全省数字化改革大会并发布《浙江省数字化改革总体方案》,以此为标志,浙江省正式启动党建统领整体智治系统建设。

简单地讲,党建统领整体智治就是党政组织运用数字化技术整合治理资源,推动党政部门组织体系重构、科层动员力提升,并与其他治理主体协同,实现精准、高效的公共治理。现阶段,党建统领整体智治改革更加强调充分发挥党在社会整体智治中的领导作用,以数字化改革为牵引,构建党建统领、整体智治"民呼必应"的基层治理体系。2022 年是全省推进党建统领整体智治改革的第 2 个年头。绍兴市认真学习贯彻习近平总书记关于数字化改革的重要论述精神,按照省委党建统领整体智治工作要求,聚焦聚力"图更强、争一流、敢首创",围绕市第九次党代会提出的奋斗目标,高质量统筹推进党建统领整体智治系统建设,取得了阶段性成效,主要表现在以下几个方面。

一、绍兴党建统领整体智治建设的阶段性成效

（一）加大"统"的力度，构建高效体制机制

1. 实行专班运作机制

组建党建统领整体智治系统工作专班，以全市域"一盘棋"的理念，整体协调推进系统建设，由市委秘书长牵头，每月召开例会，研究全市面上情况，部署具体工作。组建党建统领整体智治重大任务工作专班和市委办公室服务党建统领整体智治系统工作专班，并建立市县联动机制，推动上下协调同频。实施清单化、项目化管理，通过一周一报告、一月一清单，开展挂图作战、对账销号，确保工作扎实有序推进。

2. 实行分片联系制度

建立绍兴市党建统领整体智治系统建设分片组联系制度，建立8个片组，由市委办公室有关领导和相关处室分片联系6个区、县（市）和92个市级部门（单位），明确分管领导和联络员，进一步加强联系，增强主动服务意识，共同研究工作对策，指导和推动区、县（市）和市级有关部门、单位抓好相关工作梳理和系统建设，形成全面覆盖、合力推动工作格局。

3. 实行闭环管理制度

建立任务清单动态管理、协同执行、闭环管理、迭代完善和数据开发利用的重大任务执行链管理"五项机制"，形成"发现—反馈—整改—共享"的高效协同管理链条，确保各项工作落地落实、闭环有效。

（二）体现"实"的效果，深化推进应用建设

1. 在承接贯通省级应用中成效显著

2022年，绍兴市承接的13项省级重大应用，均按要求有序推进，并在实战中取得显著成效。一是"七张问题清单"应用，积极探索"七张问题清单""六争"赛马机制和"重点关注问题""三色"闭环管理机制，加快打通由点上具体问题有效解决向面上共性问题闭环管控的转化通道，现承接省级问题163个、整改105个，市级问题678个、整改433个。二是突发快响应用，截至2022年底，市县乡三级已全部贯通，全市共配置有效账号3670个，通过突

发快响上报紧急突发敏感事件 504 件，及时妥善应对处置了各类突发事件，为维护全市社会大局稳定发挥了重要作用。在省委办公厅上半年度和三季度突发快响贯通应用情况评价报告中，是全省唯一连续 2 次获得综合评级为五星的设区市。三是公权力大数据监督应用，主要承担 7 个领域（系统）12 个监督应用建设工作，其中教育、人力社保领域由绍兴牵头开发建设，国有房产、"大综合一体化"行政执法、基层（村社）领域由省纪委牵头，绍兴各地参与试点建设。截至 2022 年底，全市共分办处置红色预警 4294 条，办结 3863 条，查实 1734 条，转移问题线索 568 条，处理 1801 人次，挽回经济损失 323.84 万元，发出纪检监察建议书 43 份，推动专项治理 24 项，推进制度完善 15 项。四是"浙里人才之家"应用，持续深化建设"人才管家"数字化场景，创新打造人才消费券、人才防疫服务、人才购置新能源车补贴等服务事项，累计办理人才在线服务 9.4 万件，提供"无感智兑"1.97 亿元，绍兴"人才码"领码 14.1 万人，人才惠及面、服务便利度进一步提升。

2. 在迭代升级重大应用中提质增效

聚焦贯彻中央、省委大政方针，落实推进现代化先行、建设共同富裕示范区等重大决策部署中发现的"中梗阻"问题以及党政机关和基层高频共性需求，按照急用先行、务求实效的原则，梳理需要多跨协同的重大需求，开展相关场景建设，"浙里兴村治社（村社减负增效）"应用、智慧编办、"智汇民情"系统应用、红色根脉强基工程应用等 13 个多跨场景迭代升级或启动实施，谋划推进大安全智控、智能文稿服务等 2 个应用场景建设。一是"浙里兴村治社（村社减负增效）"应用充分发挥数字赋能作用，迅速推动党的二十大精神下村社、进网格，组织引导广大基层党员干部群众迅速掀起学习贯彻热潮。持续做好应用迭代升级工作，优化"下镇进村"事项过筛，初步完成智能分析方案，实现大屏体系的全面融合，形成可在全省范围推广的迭代版本。上线以来全市已有 103 个乡镇 2122 个村社 2 万余名镇社干部使用，常态日活跃超 95%；累计下派事项 66 万余件，完成率 98.5%；开展揭榜挂帅事项 433 项，揭榜率 100%。二是智慧编办应用，为中央编办和省委编办试点项目，今年启动 2.0 版迭代升级，已建设完成"掌上编办""编外聘用人员管理一件事""机构编制事项联办一件事""无纸化会议"等多项应用，年底前完成事业单位登记及编外聘用管理评估分析应用。

3. 在打造地方特色应用中改革创新

聚焦共同富裕、稳进提质、除险保安、民生实事、基层治理一件事集成改革等重要领域，结合实际，积极打造一批具有前瞻性、首创性、突破性、引领性，且在需求重要性、多跨集成性、实战实效性、改革突破性、建设规范性等方面具有绍兴辨识度的数字化应用。一是枫桥纪检监察指数应用，创造性发展运用新时代"枫桥经验"，加强基层纪检监察工作数字化新路径，按照"一指数、两牵引、三原则、四层级、五维度"的逻辑架构设计，着眼破解基层监督中信息贯通协调不够、前哨作用发挥不足、数据挖掘分析不透等问题，建有"指数榜""风险池""修复台""清枫令""跟踪站"五大核心场景，形成"数据归集、分析研判、预警整改、质效跟踪"的全过程可监测可留痕可追溯监督闭环，累计采集各类监督数据249万条，发现并整改问题1000余个。探索建立"枫桥纪检监察指数"，打造系统集成、协调高效的数字化大监督平台，形成"量化评价、发现问题、预警提醒、督促整改、规范提升"全链条式监督闭环，共归集各类监督数据250.9万条，发出预警提醒3629条，完成修复整改2990条。二是国企房产公权力大数据监督应用，立足国有资产从产生到处置的全覆盖、全链条、全生命周期管理，打造房产来源、运营、管理、处置4个监督子场景，围绕违规决策、利益冲突、失职失管等公权力问题，实现"监督一屏掌控、管控一贯到底、数据一键获取、预警一出即有"的智慧监督，有效促进国有资产保值增值、盘活利用，及时发现企业在国有资产管理中违纪违规违法问题，护航国有企业高质量发展，目前已在全市11家市管国企全面推广使用，共挽回损失276.98万元，推动重塑制度22个，推进专项治理3项。三是"民族e家亲"应用，聚焦传统治理模式下少数民族群体的基础信息底数不清、数据分散，服务少数民族群众融入当地生活的举措不够有效，各民族交往交流交融深度广度不够深厚等问题，由统战部门牵头，协同21个部门（单位），打通8套跨部门、跨层级系统，构建一图两端两场景应用，切实提升民族事务治理法治化水平。四是"浙智汇"应用，建设"直观、便捷、互动"的群众端、"有时限、有跟踪、有闭环"的工作端和"能统计、能评估、能参谋"的管理端，重点建设7个重点子场景及"一码一屏一库"配套模块。结合省—市—县—街道（乡镇）4级联动机制，对接省"民呼我为"平台，实现日常建议事项办理的业务数据协同，完成纵向与各级政府办公室实现业务数据互通，全面开展人民建议征集工作，健全全过程人民民主参与体系。

（三）盯牢"高"的标准，及时提炼工作成果

1. 打造一批标志性成果

围绕"最系列"，挖掘特色场景和创新应用，打造一批具有绍兴辨识度的标志性成果。一是推广"浙里兴村治社（村社减负增效）"应用，通过系统归集落到村社的任务事项，实时感知处置民情民意，打造"双向业务闭环"，有效打通党建统领整体智治的"最后一公里"，相关做法被中央党的建设工作领导小组《党建要报》刊发，并得到时任浙江省委主要领导批示肯定，2022 年10 月获评 2022 年浙江数字化改革"最佳应用"。二是推广"浙里民情"应用，相关经验做法得到了时任省委主要领导批示肯定。"七张问题清单"省级示范榜案例入选 8 个，数量全省第一。强化"突发快响"应用贯通落地，提升突发事件紧急信息报送工作质效，前三季度综合评价为全省 2 个五星级之一。

2. 提炼一批理论性成果

注重提炼总结，努力形成一批可复制可借鉴可推广的理论经验。"契约化"共建项目入选《中国改革年鉴》典型案例。人才智能评价等应用在人民网、新华网和《浙江日报》等多家国家级、省级媒体刊载推广。"基层统战在线"形成"两单三化"机制得到省委领导批示肯定。《重塑指挥管理保障三大体系 破解融合型大社区大单元治理难题》一文在《浙江政务信息（专报）》第 368 期发表，获得省政府领导批示肯定。智慧编办应用相关理论研究、制度体系、调研文章多次被《中央机构编制工作信息》《中国机构编制》《浙江机构与编制》等信息专报、刊物宣传报道。"县级档案工作指数评价"被列入省级试点，得到国家档案局肯定，被评为"全国示范数字档案馆"；"互联网＋"环境下农村基层档案智慧监管体系建设研究项目被国家档案局列为全国档案科技项目。"公权力大数据监督"水利工程项目大数据监督应用相关做法在省数字化改革简报上刊发交流。研究课题《基于 ODI 评估模型的我国省级政府数据开放平台成熟度评估研究——对浙江、上海、山东的比较研究》成果被浙江省委党校立项。

3. 开展一批创新性探索

聚焦稳进提质、除险保安等领域，着力发挥区域特点，新上线或试点一批重要应用。"网络安全智治"应用创新做法在省数字化改革推进会进行演示

汇报，获省委主要领导充分肯定。成功举办"浙里宗教中国化在线"应用上线仪式，"绍兴掌上宗教"应用在浙里办平台上线试运行，得到省委领导肯定。"大综合一体化"行政执法纪检监察嵌入式监督应用上线运行，相关做法入选《"大综合一体化"行政执法改革实践成果 100 例》。"招生安"学校招生应用场景建设工作得到省纪委领导肯定。

二、党建统领整体智治建设中存在的问题

2022 年，绍兴虽然在党建统领整体智治系统建设中取得了一定的成效，但还存在一些问题，具体表现在以下几个方面。

（一）工作推进力度仍需进一步加大

党建统领整体智治是一项复杂的系统性改革工程，要完成这一改革任务，不仅需要先进成熟的信息化技术的支撑，更需要消除部门之间的信息壁垒，打通体制机制的障碍，甚至触动一部分既得利益。推动这一改革既面临技术性难题，又面临体制机制障碍，其工作任务的复杂性和艰巨性是难以估算的。特别是一些应用开发起步较晚，迭代升级较慢，又有时效性考核要求。在这种情况下，一些干部难免出现畏难情绪和"等、靠、要"思想，争先创优的积极性主动性不够高，这些情况在实际工作中直接表现为推进的力度不足。

（二）配套体制机制有待进一步完善

一些应用侧重技术层面优化升级，缺少满足实际需求的体制性机制性突破，距"集成、融合、共享"的改革目标仍然存在较大的距离。实际上，在现阶段的数字化改革过程中，相对技术的革新改进，体制机制的突破和创新更具有挑战性。同时，一些已有的数字化改革的成果仍需进一步提炼提升，特别是应用成果、理论成果、制度成果总结提炼还需要花大力气持续推进，要达到"一地创新、全省共享"的改革效果还需要做大量工作。

（三）目的与工具的关系需要进一步厘清

推进党建统领整体智治改革，其主要目的和价值追求是运用数字化技术，

在党建统领下发挥社会多元参与经济社会各项事务的治理，更好地满足人民群众日益增长的美好生活需要。数字技术是这项改革的主要手段，数字化是改革的基本途径。正确处理价值和手段的关系是推进党建统领整体智治改革的重要前提。但在推进改革的实际工作中，会出现目的和手段的颠倒，"为了数字化而数字化"的情况屡见不鲜，由此导致党建统领整体智治成果与经济社会发展需要、与人民群众生产生活的实际需求不匹配的问题。

（四）数据贯通仍然是进一步改革的重点

党建统领整体智治的核心是运用数字技术实现各领域、层级、部门之间的数据共通和共享，解决多元治理主体之间的信息不对称问题，进而实现多元治理主体之间的高效协同。但在目前的数字化建设中，各条线都有自己的数字化应用场景，这些应用场景之间还有相当一部分没有实现数据的共通共享，许多数据的输入和更新都需要基层工作人员重复进行。在下一步推进改革中，要更加关注数字化为基层工作带来便利并减轻基层负担的目标。

（五）外包项目要防范被承包商绑架

数字技术属于高科技领域，众多数字化应用场景的开发、应用和维护都是各级政府及其工作人员的能力盲区，需要大量专业技术人才承担。然而，由于体制机制的原因，政府及其相关部门难以招聘和培养数字技术的专业人才，在这种情况下，党建统领整体智治的很多应用系统和场景的开发，只能以政府向市场购买服务的形式来实现。一些公司利用政府及其工作人员对数字技术的依赖，在前期的竞标中开出较低的价格，甚至为政府免费开发系统，待后期系统开始投入使用的过程中，就大幅度抬高系统维护和更新的费用，造成政府相关投入大幅增加。一些软件开发公司甚至还垄断着数据的所有权，向使用数据的下级政府和部门收取巨额费用，对政府形成事实上的技术绑架。

三、绍兴党建统领整体智治建设的推进方向

在接下来的改革工作中，绍兴党建统领整体智治建设要聚集新时代党的建设总要求，牢牢把握改革的方向、重点和实效，切实做好以下几方面工作。

（一）继续加大党建统领的力度

继续坚持"一把手"统揽全局，以党建统领破解数字化改革面临的认知难、协同难、执行难三大障碍。以"1612"体系为总体构架，紧跟省党建统领整体智治系统部署节奏，持续加大党建统领整体智治系统建设力度，激发各级各部门创新动力。继续保持奋进态势，把"七张问题清单"落实作为检验"政治三力"的重要标尺，进一步争先创优、比学赶超，努力在推动市县乡高质量贯通上合力攻坚、在提高办结销号整改质量上合力攻坚、在谋深做实共性问题解决上合力攻坚、在打造绍兴特色工作载体上合力攻坚。不断完善市本级专题门户、市级单位和区、县（市）专题门户的页面设计和内容设置，确保门户页面结构合理、内容全面、数据实时，不断提升核心业务数字化率。

（二）努力提升数字化智治的水平

继续加大对各区、县（市）优秀应用扶持力度，根据上级工作要求，加快迭代"重大任务＋执行链＋主要领域"系统架构，构建综合集成、协同高效、闭环管理的工作运行机制，推进党政机关全方位、系统性、重塑性改革。进一步加快推动党建统领整体智治系统向乡镇（街道）延伸，扎实推进重大应用及其数据和机制的全面贯通，努力构建纵向一体、横向协同的全方位智治体系，加快形成"县乡一体、条抓块统"的县域整体智治格局。

（三）加快应用成果的品牌效应

按照上级重大改革应用"接得住、用得好、见实效"的要求，紧紧围绕系统迭代升级这个目标，在全面承接上级应用要求的基础上，加大应用场景培育力度，进一步丰富和完善系统功能模块组，积极争取系统大脑建设的各类试点，进一步打造可复制可推广的最佳案例，加快培育一批具有绍兴辨识度的特色场景应用，争取更多应用进入全省"一本账"。完善提升"浙里兴村治社（村社减负增效）""枫桥纪检监察指数"等应用，提炼更多高质量的实践成果、理论成果和制度成果，持续擦亮改革"金名片"，力争为全省贡献更多"绍兴经验"。

（四）不断深化上下左右联通

在纵向上，强化上下联络对接工作，向上加强与省级主管部门的联络对接，及时把握政策方向，获取最新工作重点；向下加强区、县（市）业务指导，传递上级工作精神，确保上下贯通。在横向上，增强与周边设区市联络学习，深入研究其他地市先进做法和经验，积极创造条件，力争激流勇进，保持佳绩。

（五）持续推进体制机制突破

在党建统领整体智治持续推进、应用成果层出不穷的同时，其相关的制度规范建设还存在一定短板，如数据产权、数据安全、平台垄断与平台治理等方面还存在诸多普遍性问题，制约着数字化改革的持续推进和成果的效用显现。因此，要排查现阶段一些体制机制的障碍，加大制度供给的力度，不断调整数字化基础上的层级、部门、行业和区域关系，推动党建统领下数字化改革的健康可持续发展，更好地服务经济社会发展和满足人民对数字化生活的美好向往。

（六）着力减少对信息技术企业的过度依赖

在推进数字化改革过程中，要注重与相关信息技术企业建立良性的合作关系。在项目招标过程中，要合理确定数字化应用项目从开发、应用到后期维护、升级等整个过程中政府与企业之间的权责关系，避免所开发的应用项目后期的维护、接入受制于人，尤其要避免数据所有权完全落入应用开发企业手中，进而造成应用后期的使用、维护成本大幅增加。

（七）保障数字化改革政策的持续性

以数字化技术的应用为核心的党建统领整体智治建设，不是一蹴而就的改革，而是一项长期艰巨的任务。数字化改革既需要数字技术的不断迭代升级，又需要思维惯性、制度惯性和文化惯性循序渐进的变革与量的积累。这就要求主导这项改革的权力主体在策略上把握重点、掌握节奏、不断调试，在精神上锲而不舍、久久为功，做到"咬定青山不放松、一张蓝图绘到底"。唯此，党建统领整体智治建设才能获得持续性发展，才能不断取得一个又一个成果。

专题十五

绍兴数字政府系统建设年度研究报告

中共绍兴市委党校　方丝雨

2022 年是党的二十大胜利召开之年，是贯彻落实省、市党代会精神的开局之年，是深入贯彻落实习近平总书记关于数字政府建设重要论述精神、推动全面深化改革、数字化改革、共同富裕示范区重大改革一体融合的关键之年。

一、绍兴数字政府系统建设发展的背景和目标

（一）建设背景

浙江在数字化改革中始终处于全国"领跑者"的位置。2022 年 6 月，省第十五次党代会提出要高水平推进数字化改革，打造数字变革高地，着力推进数字化改革引领系统性变革。7 月，省政府出台《浙江省人民政府关于深化数字政府建设的实施意见》，全面贯彻落实《国务院关于加强数字政府建设的指导意见》，以数字化改革促进制度创新，推进政府治理流程优化、模式创新和履职能力提升，加快建设"整体智治、唯实惟先"的现代政府。

过去一年，绍兴市坚持以建设"数智绍兴·现代政府"为总体目标，发挥以数字技术重塑政府治理流程的关键价值，系统推动治理理念、机制、工具等创新，加快整合资源，激发数字活力，健全电子政务协同体系，为建设高水平网络大城市、打造新时代共同富裕示范区提供了强劲动力。

（二）发展目标

绍兴市委、市政府不断适应当前社会的数字化转型趋势，电子政务服务能

力持续提升，数字基础设施建设水平不断升级，数字交易量平稳上升，"数字枫桥"模式创新性领跑，整体智治特色明显。

为了更进一步加快释放数字化发展红利，绍兴市委、市政府提出了新的发展目标。到 2025 年，政府系统基本实现履职核心业务数字化全覆盖，政府履职数字化、智能化水平显著提升。全力打造"掌上办事之市""掌上办公之市""掌上治理之市"；政务服务"一网通办"率达到 95% 以上；场景化多业务协同应用开发数达到 100 个以上；统一行政处罚办案系统应用率达到 100%；基层社会矛盾在镇村化解比例达到 90%；实现中心城区光纤网络全覆盖，建成第五代移动通信（5G）基站 2 万个以上；加快数据要素市场化分配，数据交易量达到 100 亿条。到 2035 年，政府系统形成更加成熟完备的数字政府体系框架，即高水平建成整体协同、敏捷高效、智能精准、开放透明、公平普惠的"整体智治、唯实惟先"的现代政府，为推进政府治理体系和治理能力现代化提供有力支撑。

二、绍兴数字政府系统建设发展的成果

（一）数字政府系统建设纵深推进

1. 全面谋划数字政府顶层设计

2022 年，绍兴市研究出台《中共绍兴市委全面深化改革委员会 2022 年工作要点》（见表 15-1）等文件，突出"一把手"抓数字化改革，谋划成立了 10 个由市领导领衔的牵一发动全身改革（应用）项目和 40 个由市级各专项小组（系统）领衔的重点突破改革（应用）项目，为实现绍兴数字政府重大改革（重大应用）创新性突破提供了强大的支撑力。

表 15-1 《中共绍兴市委全面深化改革委员会 2022 年工作要点》核心指标

序号	指标名称	目标值
1	具有全省全国影响力的最佳应用数	10 个
2	重大理论成果数	3～5 个
3	重大制度成果数	3～5 个

序号	指标名称	目标值
4	新增各类业务领域大脑数	30 个
5	重大应用功能贯通率	100%
6	重大应用活跃度	80%
7	重大应用好评率	99%
8	党政机关核心业务数字化覆盖率	80%
9	"浙里办"日均活跃用户数	15 万人
10	"浙政钉"用户活跃率	84%
11	数字经济核心产业增加值增长率	15%
12	家庭可支配收入 10 万元～50 万元群体比例	比 2021 年提高 3 个百分点
13	未来社区（乡村）上架数字社会"我的家园"数	25 个
14	文化发展指数	106
15	平安指数	93
16	法治指数	90
17	数据共享需求满足率	99%
18	政务云平台稳定性	99.95%
19	网络安全等级保护定级备案率	80%
20	涉密信息系统分级保护率	100%

2. 迭代升级数字化改革系统架构

绍兴市委、市政府根据省委、省政府精神及相关指导意见，将数字政府建设的顶层设计和浙江数字化改革的实际情况有机结合，推进政府决策科学化、社会治理精准化、公共服务高效化。2022 年以来，绍兴市紧盯"两年大变样"的时间节点要求，突出"建机制、抓统筹、勤对接、强服务、严督查"方针，在已经搭建了现代数字政府"四梁八柱"的基础上，持续推进数字政府体系架构进一步迭代升级（见图 15-1），围绕政务服务、经济调节、市场监管、生态保护、应急管理、政府运行六大领域塑造了一体化的数字政府，持续走在前列。

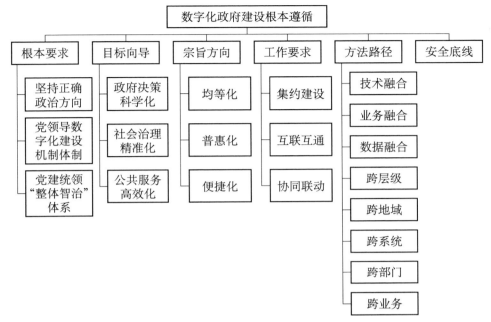

图 15-1 绍兴市数字政府体系架构

3. 调整优化数字化改革系统跑道

绍兴市加快数字化改革与全面深化改革、共同富裕示范区重大改革一体融合，围绕"1612"体系构架，及时调整全面深化改革专项小组和数字化改革系统跑道设置（见表 15-2），进一步充实数字政府建设的重点内容。此外，还不断整合各区、县（市）数字化改革运行机制，推动政务服务数据共享，加快数字社会公共服务集成化改革进程，在实现数字政府治理增效、服务提质的同时将数字化改革引向更高层级。

表 15-2 绍兴市数字化改革系统跑道设置

小组名称	系统名称	跑道设置
党建统领体制改革专项小组	党建统领整体智治系统	政治统领、思想引领、组织建设、纪检监察监督、民主法制、群团建设、安全塑造
现代政府体制改革专项小组	（1）数字政府系统；（2）数字经济系统	（1）政务服务、经济调节、市场监管、生态保护、应急管理、政府运行；（2）数字产业化、产业数字化、产业链现代化、要素保障、科技创新

续表

小组名称	系统名称	跑道设置
社会体制改革专项小组	数字社会系统	托育、教育、就业、居住、健康、救助、养老、便民
文化体制改革专项小组	数字文化系统	文艺惠民、文创发展、文脉传承、文明创建、融媒传播
平安法治领域改革专项小组	数字法治系统	平安法治基础工作、风险识别与管控、执法与司法、监督制约与服务
基层治理体制改革专项小组	基层治理系统	党建统领、经济生态、平安法治、公共服务

（二）数字化改革成果斐然

1. 数字应用高效贯通

2022 年绍兴市持续深化与国家部委、省级部门对接，2022 年新增 5 项国家试点，承接省级重大应用试点 40 项。全力推进省 38 个重大应用在绍兴贯通，目前已有 30 个应用贯通，26 个应用数据已回流。同时，出台全市重点多跨场景应用"一本账"S_1，纳入 116 个应用；迭代升级"一本账"S_2，纳入 150 个应用。与此同时，绍兴市委、市政府始终坚持多跨协同、信息共享原则，将"直播电商数字治理平台""一码找订单""数字家庭医生"等 13 个应用纳入首批"一地创新、全省共享""一本账"S_0，在数量上位列全省第一。

2. 数字改革提质增量

2022 年，绍兴市承接并推进省级及以上重大改革试点 458 项：其中，国家层面 50 项，省级层面 408 项，已累计形成 60 余项省级及以上改革成果，打造了诸多具有绍兴特色标识的优秀改革成果。优秀改革成果中，获得国家部委、全国性协会肯定和推广 11 项，改革成果在国家简报、期刊、新闻媒体刊发的 17 项。在 IRS 共登记应用系统 1221 套，新增 353 套，共编制公共数据目录 16284 类，归集数据 8380 类，共 653.95 亿条数据。"浙里办"平台的本地应用 145 个，注册用户数 435 万人，日均活跃用户数 24 万人。

3. 数字产品率获佳绩

绍兴市着力打造了一批具有绍兴地方特色的数字应用产品（见图 15-2），

在数字政府的建设中越来越多地发挥着重要影响力。如"浙里兴村治社（村社减负增效）""企业破产一件事""纺织品花样数治""网络安全智治"4个应用入选省"最佳应用"，入选数量位列全省第三。执行"一件事"综合集成改革、电机产业大脑＋未来工厂、"无废城市"等5项改革获得省改革突破奖。"全域推进宅基地制度改革"被评为全省第一批高质量发展建设共同富裕示范区最佳实践。"数字孪生曹娥江"列入水利部试点。"安心码"警银协作、"阅卷精灵"分别获评全国公安基层技术革新奖一等奖、二等奖。车辆保险理赔监督模型、"非标油"偷逃税监督模型应用在全国检察大数据法律监督模型竞赛中获评一等奖。"历史文化名城保护传承"相关做法荣获2022世界智慧城市大奖·复苏创新大奖。

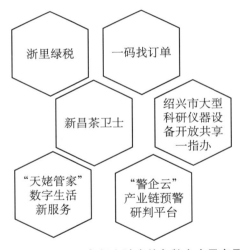

图 15-2　2022 年绍兴地方特色数字应用产品

4. 数字制度日趋完善

2022年，绍兴市委、市政府颁布《绍兴古城保护利用数字管理平台共建共享实施方案》《关于深化基层党建"三张金名片"统领网格智治的实施方案》《数字政府系统工作机制方案》《深化"县乡一体、条抓块统"改革推进基层智治系统建设的实施方案》《政务信息技术服务网络安全管理规定》等一系列重要文件，并制定了数字化改革应用谋划推进"四项机制"、"三精"方案、情况通报、月报、专报、工作提醒函、作战图等一批制度规范。在数字政府的建设过程中，同步形成了一系列丰硕的理论成果（见表 15-3）。

表 15-3　2022 年绍兴市数字化改革成果刊发情况

名称	刊发情况
"历史文化名城保护传承"相关改革经验做法	《改革情况交流》
宅基地制度改革相关做法	《宅基地改革与管理》
"浙里直播共富"应用	《新华每日电讯》
"不可移动文物智能化管理"等 8 个应用	《人民日报》
"直播电商智慧监管"	《新华每日电讯》
"电机产业大脑""网络安全智治"应用	《领跑者》
"电机产业大脑"	《数字化改革概论》
"纺织品花样数治"等 11 个应用	《数字化改革（工作动态）》
"码上防疫"等应用	《数字化改革（抗疫篇）》
"一码找订单"	《数字化改革（稳进提质篇）》
"企业破产一件事"应用	《数字化改革（除险保安篇）》
"有限空间安全在线"应用	《数字化改革（除险保安篇）》
"推进'公证＋行政执法'协同治理模式"等 10 个应用	《竞跑者》
……	……

（三）电子政务服务更加高效开放

1. "平台＋大脑"赋能智慧决策

目前，绍兴以"城市大脑"建设推进城市运行"一网统管"，以数字技术提升对现实社会的治理能力，在数字空间内实现集预警、监测、评估及实时感知等多种功能于一体的战略目标管理，推动经济社会的质量变革、效率变革及创新性变革，实现了"大脑"辅助政府智慧决策能力的巨大进步。同时，绍兴还迭代升级了市公共大数据平台，统一了数据标准，拓展了数据来源，强化了动态更新，采取了更为科学的数据采集和管理的组织机制，基本上实现了全市公共数据资源的统一采集、集中存储、集中管理、集中处理和分析，夯实了数字政府发展的数据支撑。

2. 数字服务基础设施加快升级

绍兴政务云服务平台已为全市 54 个部门，无废城市信息化系统等 533 套应用提供算力服务，可靠性达 99.99%，运行能耗利用效率低至 1.3。依托"浙政钉"政务协同办公系统，构建了市县一体、部门协作的高效运转机制，"浙政钉"共激活用户 120712 人，激活率达 99.07%，日均活跃率达 84.81%。此外，绍兴还升级了政务网出口万兆负载均衡、视联网会议系统终端，现已能够支持 4K 高清视频会议。2022 年 3 月，绍兴市行政中心机房还被确定为公共机构领域国家绿色数据中心。

3. 政府信息平台加快开放

扎实推进政府系统数字开放平台建设，进一步提升了政府信息公开平台的开放指数（见表 15-4），加快建设互联互通、全域共享的政策文件数据库，从过去的"人找政策"转变为"政策找人"。2022 年，绍兴打造了"越阳光"政务公开品牌，开展了智能应用功能推广工作并推进了"1+N"政务知识库建设，完善了突发公共事件等重点信息协同发布和舆情回应机制，进一步增强了政府公信力，提高了群众对政府公共服务的满意度。

表 15-4　2022 年绍兴市政府信息公开平台开放指数

名称	开放指数
开放数据集	770 个
开放数据项	9471 项
开放数据量	361447423 个
开放部门	53 个
平台注册量	11503 个
平台访问次数	2236723 次
下载调用次数	5431 次
应用成果数	32 个

4.电子政务服务普惠便民

绍兴市委、市政府始终坚持"智慧便民"原则，从关乎群众切身利益的"办事难"问题出发，全面提升"一网通办"水平，高标准推进"关键小事"智能速办、浙里基本公共服务"一键达"等重大应用落地，持续优化政务服务 2.0 应用。目前，全市 6 个区、县（市）均已完成综合自助终端等硬件设施与政务服务 2.0 平台适配，103 个乡镇（街道）均已开通政务服务 2.0 智慧大厅，开通率达 100%，已上线自助一体机 406 台。新增 22 项"跨省通办"事项在政务服务大厅落地，全市依申请政务服务事项一网通办率达 94.50%。值得一提的是，2022 年全市 45 家政府网站已完成适老化和无障碍功能改造（见图 15-3），增强了对老年人、残疾人等特殊群体的数字化服务便利能力，使电子政务的受益人群更加广泛。

图 15-3　绍兴政府网站老年服务专区

三、绍兴数字政府系统建设发展的助推作用

在新发展阶段，以数字化改革助力政府职能转变既是对现代政府治理体系的优化引擎，也是对打造共同富裕示范地的有力支撑。对数字政府的建设全方位地推动了绍兴经济社会的高质量发展，为其在经济、法治及环境等方面领域的长足进步提供了积极的帮助。

（一）数字政府助推经济发展

数字政府充分发挥丰富的数据资源和应用优势，全面推进数字技术与实体经济深度融合，实现了"无形"的数据资产向"有形"的经济价值转化的兑现模式。一方面，绍兴贯通并持续迭代"经济调节 e 本账""有效投资 e 本账"等经济运行监测类型的数字应用，加快预测预警、战略管理、评价反馈等模块建设，加强覆盖经济运行全周期的统计监测和综合分析能力；另一方面，绍兴持续完善"1+9"政策体系和减负降本政策，推动各领域经济政策有效衔接，加快建设覆盖政策兑现全流程"一站式"服务平台，优化迭代"越快兑"等应用，实现惠企政策统一发布、精准匹配、直达快享。数字政府双管齐下助推数字经济，数字产业化和产业数字化又加速推进了数字政府的建设，最终实现绍兴特色数字产业链（群）的做大、做强，从而更好地释放数字经济发展活力。

（二）数字政府助推社会治理

在"大综合一体化"改革的背景下，按照"全省领先、彰显特色、切实可行、卓有成效"总体要求，利用数字技术化解社会矛盾，提升社会治理综合水平。一是开发建设数智"枫桥经验"综合集成应用，推动"枫桥经验"在数字化改革中的应用与推广，实现了数字政府治理能力的现代化。二是深化"公安大脑"建设，构建"圈层查控、单元防控、基础管控"结构体系，形成"研—交—办—督—结"闭环运行，将不同部门、不同机构通过数字技术联结起来，实现了数字政府高效联动的协同处突模式。三是推进行政执法结构性、体制性、机制性系统集成改革，基本实现了权力规则化、规则数字化、数字智能

化，从而提升了整体执法效能，权责统一、权威高效的行政执法新格局成熟定型。

（三）数字政府助推生态文明

在绍兴"数字大脑"的建设基础上积极开展"无废大脑"建设，持续迭代"无废城市""浙里蓝天""数字孪生曹娥江"等一批多跨协同场景应用，推动生态环境的智能化治理。同时，依托省域空间治理数字化平台，绍兴还建设了市域空间治理数据仓，架构起"浙里城市生命线"等数字场景，建立了涵盖声、光、辐射等全方位的生态环境监测网络，全面增强了数字政府对生态环境的治理能力。此外，绍兴市委、市政府积极发挥水源、大气、土壤、污染物防治中的数字化作用，统筹建设绍兴市能源大数据平台，全力打造全省域内生态文明示范数字化创建的"绍兴样板"。

四、绍兴数字政府系统建设发展中存在的问题

（一）数字建设的共识意识有待凝聚

目前，绍兴数字政府的建设基本采用的是领导小组负责制，不同的事项由不同的单位和人员牵头负责实施，这固然有利于分明权责、提高数字化工作的效率，但在一定程度上分散了数字化政府建设的侧重点。加之，各部门人员之间数字观念和数字战略存在一定差异，尤其是在政府部门日益专业化的组织结构设置与公共服务领域的关注点差异等客观因素的影响下，都有可能会导致数字思维的细微分歧，从而影响到数字政府整体规划的"一盘棋"。

（二）城乡差异有待弥合

2022 年，中央一号文件中提出要"以数字技术赋能乡村公共服务，推动互联网＋政务服务向乡村延伸覆盖"，这也意味着数字乡村建设被进一步纳入数字政府建设的总体蓝图中。随着农村经济的发展与数字技术的普及，农村网民的数量也得到了显著增长，这也为数字乡村的构建打下了坚实的基础。然而，目前绍兴的数字乡村建设还面临着一系列诸如通信基础设施建设率不高、智能设备普及率不足、电子政务应用覆盖面不广、数字人才与资金的缺口较大等问

题，导致城市与乡村地区之间的数字鸿沟不断拉大。数字乡村建设，需要进一步优化基层数字政府的可持续发展路径。

（三）个性化服务有待丰富

不同受众由于收入水平、教育程度、职业身份不同，导致其对数字政府及电子政务服务的期待存在差异。为更好地提供公共服务，需要建立健全完善的数字政府需求列表，细化任务目标，凸显地方特色，为各主体提供"数字菜单"式服务。目前，绍兴数字政府网站及相关数字应用在适老化和无障碍化的设计上已经取得了较好的成效，但其能否更进一步，针对不同社会群体的个性化需求提供更加细致的定制服务，这将会成为数字政府提升公共服务水平的一个长期努力方向。

（四）信息风险有待重视

各地在数字政府建设过程中，普遍会面临信息技术风险、数据安全存储与使用风险以及智慧治理等所带来的风险。绍兴数字政府也面临类似的风险，如网络信息攻击、开放数据泄露、数字社会监管难度加大、不良网络舆论冲击等问题都有可能造成政府公信力的下降。基层政府在面临数字治理环境巨大变化所带来的冲击与考验时，需要以更加审慎的态度处理数据开放与信息保护之间的平衡关系。

（五）数字技术有待升级

数字技术尤其是人工智能技术的迅速发展为数字政府的建设带来了新的机遇与挑战。2023 年初，以 ChatGPT 模型为代表的人工智能技术所带来的"质变"将会是今后各地开展数字治理时无法回避的议题。一方面，人工智能技术的进步能够增强电子政务服务的亲民性，提高数字政府的运行效率并降低智慧治理的运维成本；另一方面，也要考虑到新的数字技术带来了新的伦理争议与行政责任。就绍兴市政府的立场而言，无论是一味排斥还是全盘接纳都不可取，只有将技术赋能与监管责任统筹起来，在数字政府的建设规划中为数字技术的迭代留下充足的升级空间，才能在未来的发展潮流中真正提高数字政府的智慧化水准。

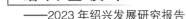
五、绍兴数字政府系统建设发展的策略与建议

（一）以人民为中心，保障绍兴数字政府健康发展

绍兴数字政府的设计要以人民群众的需求为导向，优化组织结构，整合数据资源，持续提供公众满意的公共服务。首先，要加强绍兴数字政府各层级各部门之间的协调合作，以数字赋能的方式打破扁平科层制造成的信息壁垒，为多元社会主体参与智慧治理提供更多的机会。其次，广泛调研各层级人民群众最迫切的数字需求，建设用户友好型的数字服务平台，将人民诉求、社会期待与数字政府的建设过程有机结合，让人民群众真正地成为数字政府的"主人翁"。最后，绍兴数字政府的建设过程中要广泛地引入人民群众的监督力量，将能否提升人民群众的幸福感与获得感作为衡量数字政府建设水平的重要价值判断标准。

（二）以制度为基石，保障绍兴数字政府持续发展

数字政府的发展离不开基础设施、公共服务、市场监管、社会治理、法律及产业数字化等相关政策工具的支撑。以绍兴为例，在数字政府建设过程中，就广泛采用了以财政投入、设施保障等为代表的供给型政策工具，以经济调节杠杆、产业数字化等为代表的需求型政策工具，以及以社会多元监督、现代化政府治理模型等为代表的环境型政策工具有机搭配，协同合作，从而实现了数字政府的高质量发展。在政府治理数字化转型的未来，更要在遵循上级有关数字政府建设中的规划政策的前提下，因地制宜地出台能够真正适配绍兴实际的数字制度，积极促成电子政务服务的一体化和可持续发展，最终实现数字政府政策的显著优化。

（三）以技术为动力，保障绍兴数字政府快速发展

绍兴数字政府的建设要进一步加强数字技术与数字社会治理的深度融合。一是要促进数字技术的纵向融合。要将5G通信技术、物联网、云计算、区块链等数字技术广泛应用于政府决策、施政、监管的各个环节，从而提升政府的智慧治理水平。二是要促进数字技术的横向融合。大数据时代的政府治理要善

于利用数字技术打破时间与空间造成的信息阻隔，贯通数据与业务流通的信息节点，帮助数字政府早日实现上下、内外、虚实业务互联互通。三是要促进数字技术的赋能融合。从 ChatGPT 到 GovGPT，在生成式人工智能技术可能掀起的第二次数字政府转型浪潮中，绍兴数字政府的建设要始终保持动态更新的状态，以应对可能到来的技术冲击。

（四）以人才为引领，保障绍兴数字政府创新发展

由于数字政府的特殊性，绍兴市委、市政府对数字人才的培养与储备也应当具有相应的匹配要求。一是自主性。电子政务应用的开发与运维不应过度依赖外部资源，而是要在技术与模型上实现自主可控。这就要求政府加大对自有科研机构与人员的培养力度。二是前瞻性。数字政府的建设工作并非一蹴而就的，因此政府对数字人才的储备应当"高瞻远瞩"，注意把握数字技术发展的潮流从而提前对相关技术人才进行储备。三是复合性。在数字政府治理的过程中，要求政府采取多种措施培养政治过硬、业务熟练的管理人员，以尽快填补数字政府高质量发展的人才缺口。

（五）以安全为底线，保障绍兴数字政府平稳发展

信息安全在任何时期都是数字政府建设的"防火墙"。以绍兴的情况为例，一是要提高安全意识，认识到党政机关的关键信息设施极易成为网络安全攻击的"活靶子"，要建立健全一套集事前预警、事中阻断、事后补救的风险应对系统。二是要强化安全措施，及时出台与《中华人民共和国个人信息保护法》相配套的数据保护政策并不断加大对信息安全违法行为的处罚力度。三是要提高安全方面的推广宣传，政府工作人员与社会公众都应当对信息泄露问题保持高度警惕，从源头上切断网络与数据安全的风险点。

专题十六

绍兴数字经济系统建设年度研究报告

中共绍兴市委党校　金　晶

　　数字经济已成为引领产业链发生颠覆性变革的重要力量，是构建现代化经济体系的重要引擎，也是重塑全球经济结构的关键力量。党的二十大报告强调："加快发展数字经济，促进数字经济和实体经济深度融合，打造具有国际竞争力的数字产业集群。"通过运用数字技术对传统产业进行全方位、全链条改造，可以有效提高全要素生产率，促进传统产业数字化、网络化、智能化发展。

　　2022 年是数字经济五年倍增计划的收官之年，也是数字经济"一号工程"升级版的开局之年。2017 年浙江启动实施数字经济"一号工程"，推动了浙江数字经济走在全国前列。2022 年 6 月，浙江省第十五次党代会作出打造数字经济"一号工程"升级版的战略决策，指出数字经济是经济竞争、科技创新和制度变革的主战场，是推动未来社会变革的主引擎，是必争之地。2022 年，浙江省数字经济核心产业增加值占 GDP 的比重从 2014 年的 7.1% 提高到 11.6%，提高 4.5 个百分点；2014—2022 年，年均增长 15.2%，比同期 GDP 增速高 7.5 个百分点；产业数字化指数连续 3 年居全国第一。

　　绍兴作为传统产业改造提升唯一的省级综合性试点，近年来，主动拥抱数字文明和技术变革，深入实施数字经济"一号工程"，大力推进产业数字化和数字产业化"双轮驱动"，探索推进数字经济系统建设，以数字化改革为引领，以数字产业化、产业数字化为主线，加快构建数字经济引领的现代产业体系，取得了积极的成果。5 年来，绍兴市数字经济核心产业增加值年均增长 20.8%，增速居全省第二位，高于全省平均 4.9 个百分点，产业数字化指数达 98，居全省第 2 位。2022 年，数字经济核心产业增加值占 GDP 比重达到 4.4%，较

2018 年提升 1.4 个百分点。2022 年 12 月，据工业和信息化部下属机构赛迪顾问公布的"2022 数字经济城市发展百强榜"，绍兴排名全国第 37 位，较 2021 年排名前移 11 位。

数字化的浪潮犹如一条奔腾的大河，势不可当，绍兴正乘风而行，数字赋能产业升级，为"绍兴智造"的高质量发展带来更多可能性，率先走出了"腾笼换鸟、凤凰涅槃"的智造强市之路，为全省建设数字经济"一号工程"升级版贡献了绍兴力量。

一、数字经济系统建设亮点与成效

（一）成为夯实产业基础，牵引经济发展的关键力量

《2022 年绍兴市国民经济和社会发展统计公报》数据显示，2022 年绍兴全市生产总值为 7351 亿元，比上年增长 4.4%，略高于浙江全省增长率（3.1%）。规模以上工业中，高新技术产业增加值比上年增长 10.4%，占比 61.5%，比 2021 年提高 3.6 个百分点；装备制造业增加值增长 13.1%；战略性新兴产业增加值为 832 亿元，同比增长 16.1%；数字经济核心产业制造业增加值为 181 亿元，同比增长 13.5%，占比 8.5%（见表 16-1）；规模以上工业五大传统产业增加值增长 2.6%。

表 16-1　绍兴市 2022 年规模以上工业主要产业增加值情况

产业	增加值（亿元）	比上年增长（%）	占比（%）
高技术产业	283	15.4	13.3
高新技术产业	1304	10.4	61.5
装备制造业	694	13.1	32.7
战略性新兴产业	832	16.1	39.3
数字经济核心产业制造业	181	13.5	8.5

从上表数据可以看出，绍兴制造正在朝着数字化、智能化、高端化方向转型升级，这将为未来的经济增长提供强有力的保障。同时，新兴产业高速发

展，正在成为经济增长的重要推动力量。另外，绍兴作为传统产业改造提升省级试点城市，在数字化驱动下传统产业正持续地发展和改进升级。

数字经济对装备制造业、高新技术产业和战略性新兴产业的牵引作用十分显著，工业领域的数字化变革也推动了整个经济社会面的数字化变革。通过不断夯实产业基础，数字经济正在成为全市经济高质量发展的关键力量。

（二）成为赋能经济治理，构筑现代产业网络体系的核心力量

1. 产业大脑建设走在前列，市场化应用成效显著

一是产业大脑建设全省领先。2022 年全省分行业产业大脑建设评价中，绍兴稳居前二，织造印染、电机、轴承、袜业、智能厨电、化工、生物医药 7 个细分行业产业大脑被列入全省试点，黄酒、珍珠等历史经典领域和茶叶、香榧等特色农业领域产业大脑建设率先突破。电机大脑在全省数字化改革例会上作典型发言，获省数字化改革突破银奖，相关做法在省《数字化改革（领跑者）》刊发推广，并作为典型案例写入《数字化改革概论》，织造印染和电机产业大脑获 2022 年度数字经济系统产业大脑优秀案例。

二是市场化推进成效显著。电机产业大脑中的"舜智云商城""舜智云服务""舜智云融"等组件已推广至省外电机行业中小企业，与上海、常州、禹州、陕西渭南等电机企业达成数字化相关服务协议。织造印染产业大脑中上架的 10 个能力组件已在印染企业（迎风科技、兴明染整等）和大脑平台中较大规模使用，大幅提升织造印染行业的数字化水平。轴承产业大脑中拆解上架的 12 个应用已在普邮轴承、新轴实业等中小企业中使用，较大幅度提升中小企业数字化水平。

三是服务企业降本增效。截至 2022 年末，织造印染产业大脑平台注册企业用户共 2213 家，活跃用户数 1848 家，占比 83.5%，已服务绍兴印染企业 103 家，本区域印染企业共 110 家，数量占到本区域行业的 93.6%，运营公司近两月营收 71 万元。织造印染产业大脑获评数字经济系统产业大脑优秀案例；截至 2022 年 11 月，轴承产业大脑用户数 8800 个，月活跃数达 16970 个，月活跃度达 192%，服务企业数量占比 52.9%，运营公司近两月营收 609 万；电机产业大脑平台用户注册数 11303 家，用户日均 UV20126 次，服务上虞电机企业数量占比达 80%，运营公司近两月营收 1000 万，仅"原材料集采"子场景

的原材料批量统一采购功能，便为中小轴承企业降低了10%以上的生产成本，轴承行业产业大脑在2022年全省数字化改革"最系列"成果评选中位列前十，获评细分行业产业大脑优秀案例。

2. "未来工厂"建设纵深推进，产业现代化水平有效提升

"未来工厂"是现代化新型产业组织单元，随着产业面的拓展，"未来工厂"的定义不断地丰富，范畴也不断地拓宽，"数字农场""未来农场"也在数字经济赋能中产生和成熟，与"未来工厂"共同组成现代化产业体系中的新型组织单元，为进一步建成现代化产业体系提供了基础支撑。2022年，绍兴市持续以"数字生产线—数字化车间—智能工厂—未来工厂"的培育途径，全面推进企业数字化转型和智能化升级。至2022年末，已累计获得省级未来工厂2家〔长电科技（2022年8月新增）〕、卧龙电驱、未来农场1家（陌桑现代茧业人工饲料数字化养蚕未来农场）、智能工厂20家（2022年9月，新增6家）、数字农场（牧场、渔场）13家、数字化车间30个（2022年9月，新增4家）；新增省级数字工厂2家、未来工厂培育企业7家。

3. 政企数融合场景应用深化，数据要素新价值得到激活

数字赋能的重要目标是经济社会各领域的提质增效促发展，以重大应用项目作为数字赋能的重要手段，实现政企数融合，加快构筑实体经济与科技创新、现代金融、人力资源协同发展的现代产业体系。2022年以来，绍兴新承担省级重大应用建设、推广试点25个，获省厅推荐参与地方特色应用路演5个，上线省级数字经济综合应用门户地方特色应用专区的有7个，上线产业大脑能力中心重大应用专区（地方特色应用）4个。其中，"浙里大仪共享在线""一码找订单""纺织品花样数治""天姥管家"4个应用获评全省数字经济系统"最佳应用"。"纺织品花样数治"获中国纺织工业联合会批示肯定，并获浙江省市场监督管理局发文推广使用。"大型科研仪器设备开放共享'一指办'"等4个应用入选全省"一地创新、全省共享""一本账"S_0，数量居全省第一位，在科技创新、外贸洽谈、茶叶种植等领域赋能增效促发展。同时，"浙里绿税""警企云"等6个应用入选全省数字经济系统地方特色应用，数量仍居全省第1位，在节能减排、经济侦查、数字贸易等领域发挥数字赋能优势，推动经济社会各领域的数字化转型升级。

（三）成为智造强市，实现产业创新跃变的攻坚力量

数字经济具有高创新性、强渗透性、广覆盖性，是改造提升传统产业的支点。通过运用数字技术对传统产业进行全方位、全链条改造，可以有效提高全要素生产率，促进传统产业数字化、网络化、智能化发展。作为传统产业改造提升的省级试点城市，绍兴自 2019 年开始，以地区产业特色、转型需求和改造基础，确定在 13 个重点行业实施智能化改造三年行动计划，并在此基础上，全行业、全方位推进新一轮智能制造五年行动，全面提升制造业智能化、绿色化水平。

新一代信息技术与制造业融合发展取得长足进展，与各产业的融合深度和广度不断拓展，融合发展水平迈上新台阶。近年来，绍兴智能化改造已由 13 个传统产业扩展到了集成电路、生物医药等 33 个细分领域，累计完成改造 1574 家，规上覆盖率达到 34.5%；在役机器人累计达 14758 台，机器人密度从 2019 年的 167 台每万人提升至 253 台每万人，企业核心装备数控化率超 70%，机器联网率达 45% 以上。2022 年，柯桥区、嵊州市、新昌县被列入省首批中小企业数字化改造试点县（市、区）创建名单（全省 24 家），上虞区和诸暨市被列入第二批培育名单（全省 19 个），重点围绕中小企业集聚、产业规模超 50 亿元的产业集群，推广"做样学样、牵头总包、标准合同、监理验收"等创新举措，采取分行业推进、轻量级改造、工程化实施、平台化支撑、实操型服务等方式，打造应用样本，系统化、批量化复制推广。绍兴新柴股份有限公司和康立自控科技有限公司入选国家 2022 年新一代信息技术与制造业融合发展试点名单（全省共 11 家）。诸暨市的海亮股份有限公司"精益生产管理"和柯桥区的索尼克汽配件有限公司"产线柔性配置"入围工业和信息化部 2022 年度智能制造优秀场景（全省共 12 家企业合计 17 个场景）。构建新发展格局的重要任务是增强经济发展动能，数字技术可以推动各类资源要素快捷流动、各类市场主体加速融合，帮助市场主体重构组织模式，实现创新发展，是提升产业创新能力的重要力量。

（四）成为引链强链，打造"芯"高地的核心力量

近年来，绍兴主动探索前端新型产业模式，建成以集成电路、生物医药、

高端智造和新能源等核心产业为依托的产业集群。绍兴市制定出台《绍兴市加快推进集成电路产业发展的若干政策（试行）》，编制实施《绍兴市集成电路产业专项人才规划（2021—2025）》，规划 6.38 平方千米，打造集成电路"万亩千亿"新产业平台。2022 年全市集成电路产业链产值规模突破 500 亿元，以绍兴中芯集成电路制造股份有限公司、长电集成电路（绍兴）有限公司等头部企业为引领，形成以集成电路为代表的新一代信息技术产业集群，引导集成电路产业"全链式"发展。坚持以头部企业、引擎项目招引为关键突破口，绍兴豪威微显示技术股份有限公司等一大批产业链链主企业相继落户，截至 2022 年底，累计签约落户重大集成电路产业项目 50 余个，实到总投资超 600 亿元，储备项目超百个。累计引进浙大绍兴微电子研究中心等创新机构（平台）8 家；设立 100 亿元的集成电路产业母基金，专项支持集成电路产业重大项目；盘活空间容量，基于集成电路产业项目用地实际，完成用地性质规划调整，累计盘活存量用地 965 亩，完成出让 567.63 亩。2022 年 6 月，浙江省发改委 2021 年度"万亩千亿"新产业平台建设考评结果揭晓，绍兴滨海新区的"绍兴集成电路产业平台"获浙江省第一名。同时，绍芯实验室、浙江省宽禁带半导体特色工艺产业创新中心、宽禁带半导体国家工程研究中心绍兴分中心在滨海新区正式揭牌授牌。

（五）成为工业强基，建设高质量工业互联网平台的支撑力量

数字基建是数字化技术得以强赋能、广覆盖、多跨应用的硬"底座"。数字经济的发展和网络大城市的构建都将在这个数字"底座"上"垒土成台"，可以说数字新基建是搭台子的支撑。绍兴先行先试数字新基建，超前布局建设 5G 网络，在全省率先出台《5G 建设导则》，创新出台《促进 5G 基础建设和应用发展的若干意见》，推进 5G 基站建设"一件事"集成改革，已累计建成 12652 座基站，居全省前列。全力打造 5G 工业应用之城，实施 5G 赋能千行万业行动，累计创建 5G 融合应用示范项目 30 个，其中"新时代'枫桥经验'5G 红色党校""5G+ 数字政府协同治理""5G+ 平安小镇基层治理"等项目获国家第四届"绽放杯"5G 应用大赛三等奖，"喜临门 5G 弹簧机床车间应用"入选工业和信息化部"5G+ 工业互联网"典型应用案例。按照"一区域一平台、一行业一朵云"创建目标，旨在特色化和高标准建设工业互联网，打造企业级、

行业级、区域级工业互联网平台。已累计培育省级工业互联网平台42家，各级各平台连接工业设备（产品）500万台，开发集成工业App3000余款，服务工业企业5000余家。2022年以来，绍兴已有7家企业新一代信息技术与制造业融合发展项目（平台）入围国字号支持或示范试点，整体入选数量位居全省前列。绍兴环思智慧科技股份有限公司和新昌的浙江陀曼云计算有限公司，入选2022年10月公布的国家第一批财政支持中小企业数字化转型试点平台（全省仅10家）；2022年9月，新昌装备制造、轴承行业工业互联网平台入选国家新型工业化产业示范基地工业互联网赋能数字化转型提升试点（全省3家）。高质量建设工业互联网平台，有效促进了产业链协同创新水平提升。

（六）成为创新业态，引领新消费新生活的加速力量

数字技术的"1+X"功能不断扩大覆盖面，在经济社会的各个领域不断创新业态，进而引导和改变组织行为和人们的生活方式，旨在实现更高质量生产的同时，追求高质量的生活。一是"数字＋治理"，加快城市大脑建设，建成全市城市大脑通用平台，为政务服务、数字交通、古城保护等数十个应用提供综合服务支撑。二是"数字＋贸易"，三大"国字号"平台跨境电商综试区、市场采购贸易方式和综合保税区成功获批，年均实现跨境电商网络零售增长50%以上，增速居全省前列。三是"数字＋金融"，全面推进移动支付（含银联标准）建设，提升移动支付水平，当前全市移动支付活跃用户数已经突破400万人次。四是"数字＋养老"，深化国家智慧养老应用试点建设，完善五大功能服务监管平台，建立老龄人口数据库、服务主体数据库、政府管理数据库等数据库。五是"数字＋出行"，构建交管数据融合汇聚的大数据平台，建立交通一体化分析研判机制，实现三区交管数据的互联互通。六是"数字＋医疗"，实施"互联网＋医疗健康"试点工程、医疗健康数据共享和互联互通提升工程，全面建成医保经办"15分钟服务圈"，落地医保电子凭证。

二、发展中存在的主要问题与短板

（一）产业规模体量仍然偏小

2022年全省各地市数字经济发展势头强劲，从发展规模和GDP占比两个

方面看，各地市梯度明显，绍兴总量偏小，尚有较大发展空间。2022 年，浙江全省数字经济核心产业增加值为 8976.5 亿元，占全国 GDP 比重达 11.1%，绍兴数字经济核心产业增加值为 321.3 亿元，不及全省平均，虽然较 2021 年有较大幅度的增长（20.8%，增幅全省第 4 位），但总量规模较小，排全省第 6 位。同时，绍兴数字经济核心产业增加值占地区 GDP 比重较小、排名靠后（4.4%，全省第 9 位），与 GDP 全省第 4 位的领先优势不匹配。从规上制造业来看，绍兴数字经济核心产业增加值为 321.3 亿元，仅居全省第 6 位（见表 16-2）。

表 16-2　2022 年浙江全省各地数字经济核心产业增加值情况

地区	数字经济核心产业增加值（规上、亿元）	排名	增幅（%）	排名	GDP（亿元）	排名	占地区 GDP 比重（%）
杭州	5076.1	1	3.5	11	18753	1	27.1
宁波	1118.8	2	11.8	8	15704.3	2	7.1
嘉兴	730.9	3	14.8	6	6739	5	10.8
温州	613.4	4	9.5	10	8029.8	3	7.6
金华	414.6	5	21.6	3	5562.5	7	7.5
绍兴	321.3	6	20.8	4	7351	4	4.4
台州	231.7	7	25.2	1	6040.7	6	3.8
湖州	209.9	8	10.9	9	3850	8	5.5
衢州	99.2	9	23.7	2	2003.44	9	5.0
丽水	71.1	10	19.2	5	1830.9	11	3.9
舟山	30.3	11	13.9	7	1951.3	10	1.6

（二）区域之间发展仍然不均衡

从 2022 年 1—12 月的数据和区县分布来看，各地区之间的差距继续拉大。上虞区、新昌县、诸暨市三地占全市总量的近 80%，其中上虞区以 70.48 亿元居全市首位且增幅达 21.6%；柯桥区从体量和增速来看均处末位，数字制造业发展乏力；从增速看，越城区、诸暨市较 2021 年增长放缓，嵊州市增长势头强劲，但由于基础体量较低，因此排名仍然靠后，发展待持续发力（见表 16-3）。

表 16-3　2022 年全市各地数字经济核心产业制造业增加值情况

地区	全市	越城区	柯桥区	上虞区	诸暨市	嵊州市	新昌县
绝对值（亿元）	180.61	22.38	7.15	70.48	34.11	13.9	32.58
增幅（亿元）	13.5	9.6	2.3	21.6	3.9	24.8	12.4
占比（%）	—	12.4	0.04	39	18.9	7.7	21.96

（三）产业发展人才短板仍然凸显

从绍兴数字经济发展目标要求来看，专业层面，缺少创新能力突出的领军人才和掌握特殊工艺的高技术人才；机关层面，干部数字化素养有待提升，专业的数字化人才缺乏；技术层面，本地缺乏高水平的工程服务公司，核心研发能力普遍较弱。尤其是集成电路产业技工人才需求缺口较大。截至 2022 年底，集成电路产业平台已集聚产业链企业超过 120 家，越城区有超过 70 家企业，而相关产业技能工人无论是数量还是结构都无法匹配当前集成电路产业发展的需求。例如，长电集成电路（绍兴）股份有限公司技能工人缺口达到 600 多人，距离 2023 年计划规模达 2000 人还有很大的缺口；绍兴中芯集成电路制造股份有限公司技能人才的缺口更大，距离 2025 年计划规模有近 5000 人的需求。而本地高职院校集成电路相关专业技术人才供给不足，当前开设集成电路相关专业的院校有绍兴文理学院、浙江工业大学之江学院和元培学院等本科院校，在读生仅 200 人左右，这些本科学生毕业后就业岗位为工程师以上职位，缺少大量大中专毕业的操作工生源。

（四）市场主体参与度仍然不高

2022 年，数字化改革进入新阶段，数字经济系统需鼓励和引导更大范围的市场主体参与，虽然广大中小企业参与热情高涨，但实际参与"产业大脑＋未来工厂"建设的仍然以头部企业为主，中小企业仍受限于企业规模和技术实力，具备条件建设"产业大脑 + 未来工厂"的队伍还不够壮大。

三、推进数字经济跨越发展的举措

数字经济与实体经济的深度融合，已经成为新时代中国经济发展的主旋律。党的二十大报告指出，要"坚持把发展经济的着力点放在实体经济上……加快发展数字经济，促进数字经济和实体经济深度融合，打造具有国际竞争力的数字产业集群"。数字经济作为高质量发展的核心支撑和关键力量，是绍兴率先走出"腾笼换鸟、凤凰涅槃"转型升级之路，推进先进制造业强市建设的重要抓手。数字经济系统的发展，一方面依托于核心产业的做大做强；另一方面要充分发挥"1+N"的赋能作用，为传统产业的创新提升注入强劲动能，为经济系统有效治理及各系统协同发展提供关键力量。

（一）集群战略：强基强链，建设特色数字产业集群

一是做强现代化产业集群。在绍兴市"先进制造业强市'4151'计划"[①]框架下，实施先进制造业强基强链发展行动，做强做大集成电路、智能视觉、软件服务等特色产业集群。二是打造"一区两园"主阵地。全面推进海峡两岸（绍兴）数字经济产业合作区建设，重点打造海峡两岸（绍兴）数字经济先进制造产业园和海峡两岸（绍兴）数字经济临空产业园。三是强化创新驱动。加快数字经济平台建设。实施产业关键核心技术攻关计划，在重点领域突破形成一批科技成果。四是优化企业梯次培育。实施数字经济一流企业培育计划、"凤凰行动"计划，加快形成以雄鹰企业、"链主"企业、单项冠军企业为核心，以专精特新"小巨人"企业、隐形冠军企业为后备的企业梯队。

（二）融合战略：协同深化，推进数字技术与实体经济融合发展

一是推进数字经济系统建设。加强分行业产业大脑建设，推动工业、农

---

① 先进制造业强市"4151"计划："4"指全部工业增加值突破4000亿元；第一个"1"指打造形成10个左右具有全国乃至全球竞争力的重点产业集群，数字经济核心产业增加值占GDP比重突破10%；"5"指培育形成500家优质制造业企业；第二个"1"指每年实施100个左右10亿元以上重大项目。到2026年，全面完成"4151"目标，成为全国"腾笼换鸟、凤凰涅槃"实践样板、浙江全球先进制造业基地引领地区，力夺"浙江制造天工鼎"。

业、服务业与信息业深度融合，推进实体经济与科技创新、现代金融、人力资源协同发展。二是深化数字化转型。深入实施智能制造五年提升行动和制造业数字化转型行动，服务业数字赋能工程和现代农业数字化转型工程，全面提升第一、第二、第三产业数字化水平。三是培育"未来"系列现代化新型组织。以行业龙头企业为重点，积极创建未来工厂、未来市场和未来实验室，探索推进数字孪生、5G、大数据、云计算、人工智能、物联网等新一代信息技术在设计、生产、管理、服务等各环节深度融合应用，形成一批新智造模式，探索细分场景技术解决方案。

（三）赋能战略：统筹共享，拓展数字技术应用场景

一是推进共享经济和绿色消费。创新知识技能共享、科研设备共享、分散产能整合共享等共享经济市场盈利模式，促进用户需求配置个性化，打造健康有序的共享经济新业态。二是拓展丰富数字新生活。推动数字技术与民生服务深度融合，增强文化、养老、教育、健康、旅游等领域数字产品供给能力，深入开展数字生活新服务行动，建设一批数字街区、智慧商圈、智慧景区，争创数字生活新服务先行市和高品质消费体验区，培育信息消费新热点。三是优化城乡融合数字服务。统筹数字城乡建设，深化城乡教育共同体、数字医共体建设，推动教育、医疗等资源扩容下沉。加强乡村传统文化资源数字化保护和开发利用，大力推动农文旅体融合发展。积极推进未来社区、未来乡村建设，争创国家、省级数字乡村试点县。

（四）价值战略：探索开发，推动数据资源体系建设和数据仓价值化应用

一是建设数据要素资源体系。结合绍兴区域经济大脑建设，加快推进产业数据资源体系、数字经济数据仓体系构建，进一步深化"一数一源一标准"治理。二是探索数据要素市场化交易，着力培育数据要素市场主体和服务机构，创新技术实现路径和商业模式，推进企业数据标准化治理，促进产业数据高效流通使用。三是推动数据融合开发。积极争取省推进产业数据价值化改革试点，积极举办数据开放创新应用大赛、工业互联网应用大赛等活动，促进政府、经济、社会、文化、法治各领域公共数据有序开放应用，遴选一批数据应

用示范标杆，促进推广复制。

（五）集成战略：引领变革，提升数字化治理和安全保障能力

一是推动政府数字化治理能力提升。推进经济调节、市场监管、社会管理、公共服务、生态保护、政务运行等政府履职核心业务数字化全覆盖，结合地方实际和基层创新，打造一批具有绍兴辨识度的"重大改革＋重大应用""理论＋制度"标志性成果。二是推动城市数字化治理能力提升。加快城市大脑建设，丰富"大脑"智能模块、组件和算法；推进数据集成、知识集成、工具集成、模块集成、生态集成、案例集成，提升城市治理监测评估、预测预警、实时感知和战略目标管理能力，打造"数字城市有机生命体"。三是构建数字经济安全保障体系。依法加强网络安全防护，健全网络安全工作机制，制定完善网络安全应急预案，加快网络安全应急体系建设。

（六）智慧战略：普惠协同，建设智能高效的信息网络基础设施

一是建成高速泛在的网络基础设施。积极创建"双千兆"城市，建成5G基站2万座以上，实现5G和双千兆网络城乡用户全覆盖。二是建成深度覆盖的智能制造基础设施。深化"一行业一平台、一区域一朵云"工业互联网平台体系建设和创新应用。三是打造智能网联车路协同基础设施。部署智能路测设施，力争打造1个"5G＋网联车"试点示范工程。四是部署集约共享的市政应用设施。推进"多杆合一""三站合一"和地下综合管廊智慧化建设。

（七）优化战略：聚力聚才，促进资源要素整合和数字生态优化

一是深化理念，凝聚共识。持续开展各类宣传培训，增强各行业运用数字化技术、数字化思维、数字化认知的能力。二是加强专业人才培养。深化绍兴工业互联网学院建设，持续增加互联网专业人才培育数量；推进集成电路产业人才服务专项计划，力争全年集聚国家和省级领军人才10人以上。三是强化政策资金扶持。持续争取集成电路产业国家大基金反投绍兴集成电路产业，早日落实兑现各项产业扶持政策。四是造浓发展氛围。以数字化改革和产业网络建设为主线，持续开展数字经济相关活动，增进技术对话、资源对接、项目落地，营造全社会聚力推动数字经济发展的良好氛围。

专题十七

绍兴数字社会系统建设年度研究报告

中共绍兴市委党校　　惠佩瑶

　　根据《浙江省数字化改革总体方案》要求，到 2022 年底，全面提升 12 个社会事业领域数字化改革水平，各设区市城市大脑（与数字社会相关的数据、模块及应用）支撑数字社会服务模式基本完善，形成 6 个以上跨部门多业务协同应用，进一步完善数字社会系统理论体系和制度规范体系。其中：未来社区，智慧服务应用功能进一步完善，在覆盖的未来社区中推广更多类型的场景，基本形成数字社会城市基本功能单元系统；乡村服务，依托"浙农码"集成数字生活、数字教育、数字交通等新服务，拓展精准帮扶、乡村治理等行业应用，力争赋码量累计达 100 万次以上。这一建设目标，为全省数字社会系统建设指明了前进方向、提供了根本遵循。绍兴市积极开展数字社会建设，统筹谋划社会领域体系重塑，持续迭代升级前期成果，着力开发建设新应用、新场景，为全省数字社会系统建设作出了绍兴贡献。

一、建设成效

　　2022 年，绍兴市深入贯彻落实省市数字化改革最新要求，认真谋划改革思路，边学边研边干，以管用好用为要求，以实战实效为导向，以数字化改革推动社会领域体系重构、制度重塑，打造了一批标志性成果应用，数字社会系统建设已取得阶段性进展。截至 2022 年 12 月，"浙里办"绍兴数字社会专区总计上架应用 79 个，其中市本级应用 14 个，区、县（市）应用 65 个。

（一）系统集成更具规模

一是架构更清晰。从社会事业 12 个"有"的系统架构 1.0 起步，着眼于共同富裕大目标，围绕打造"城市大脑＋现代城市＋未来社区＋活力城镇＋未来乡村"场景，迭代形成了"四梁八柱"支撑的数字社会系统架构 3.2 版本。按照社会领域"托育、教育、就业、居住、健康、救助、养老、便民"8 条跑道，聚焦群众所需、基层所能、全省能学，梳理特色场景应用，迭代形成思路更清、特色更明的数字社会系统架构。二是应用更丰富。承接贯通浙里民生"关键小事"智能速办、浙里民生基本公共服务"一键达"等应用，按照"五个一批"要求，打造"搬家一件事""越运动""车辆注销"等一批地方创新应用。截至 2022 年 12 月，"浙里办"绍兴数字社会专区总计上架应用较 2021 年底新增 22 个。三是领域更全面。在健全社会保障体系方面，"护 e 天使"关注残障学生开展在线送教活动，"精准助残""退休小管家"进行迭代升级；在提升服务品质方面，"智慧托育云"探索建设全市托育机构在线运营系统，完善 0～3 岁婴幼儿托育综合服务；在完善分配制度方面，发挥慈善事业第 3 次分配作用，继续完善"浙里博爱"爱心积分制度，助力建设共同富裕美好家园。四是数字资源更多元。推广使用"浙里家庭关系查询"组件，探索以家庭为单位办理的高频应用、服务事项以及保障机制，拓展以家庭为单位的公共服务优质共享，累计调用 80 余万次数据。形成一批组件、算法、模型，发布并共享"人像识别""获取人员证件照"等组件。五是公共资源更聚合。依托基本公共服务"一键达"应用，紧盯托育、教育、健康、养老等公共服务，归集全市公共服务设施数据，构建要素全局掌控、资源一体配置的公共服务智治底图，如目前已经完成了《柯桥区 15 分钟公共服务圈指南》编制工作。

（二）省市贯通更为突破

一是省级重大应用贯通更为突破。围绕"全面贯通、集成突破、集中展示"核心目标，积极承接省级重大应用试点工作，紧扣项目节点落实贯通任务。截至 2022 年 12 月，已承担"浙里康养""浙里逝安""浙里健康"等 11 个省级重大应用试点工作，已完成"浙里康养""浙里逝安""学在浙江""浙里健康""浙里基本公共服务'一键达'""浙里民生'关键小事'智能速办"等共计 23 个省级重大应用的省市县三级贯通任务。二是本地应用贯通更为突破。以群众高频需求和关键性需求为突破口和工作发力点，在全面贯通工作上加强谋划、加大力度、加快速度。截至 2022 年 12 月，"越运动""数字家庭医生""退休小管家"等 22 个应用已实现市县两级贯通，较 2021 年底新增 12 个。绍兴特色应用列入省级"关键小事"清单共 4 项，"一照通用""数字家庭医生"已实现全省推广，"车辆注销"已制定全省贯通方案。

（三）应用落地更富实效

一是场景多落地。梳理核心业务、数据指标、基础事项，构建多跨场景，汇集多领域社会资源，打造健康管理、文化教育等一批能落地未来社区（乡村）且实用管用的高频场景应用，形成"应用插座"，推动数字社会重大应用系统化、低成本、快复制落地到全市未来社区（乡村）。二是推广多样化。以"基层联动 + 部门协同 + 媒体矩阵 + 线下直达"方式开展立体式、多样化宣传，协同外部资源，将主题宣传辐射镇街便民服务中心窗口、医院、社区、地铁等场景，主动提醒群众可享服务，扩大数字社会系统应用的影响力、传播力。创新宣传举措，如上虞区举办"关键小事智能速办"专场直播，吸引 3 万余人观看互动；诸暨市主动对接"饿了么""美团"平台，通过骑手上门精准投放宣传。三是质效更显著。截至 2022 年 12 月，"浙里办"平台数字社会"我的家园"栏目完成 24 个未来社区、28 个未来乡村上架，分别接入应用 95 个、105 个，上线运行邻里、健康、教育、治理、养老、交通等场景应用，不断提升访问量、好评率，提升上线应用质效。四是群众共参与。积极发动群众参与基层治理，形成契约共建共享共治格局，提升群众归属感。

（四）理论成果更加彰显

2022 年，全省关于数字化改革定义内涵、思路方法、推进机制的理论体系已有效构建，标准规范、全省统一的话语体系已初步构建。绍兴市在全省数字化改革理论体系之下，形成一系列重要理论成果。一是载于官方媒体的重要理论成果，如《绍兴越城：探索共同富裕新路径》获《人民日报》报道，新昌县"智慧水务"应用获《人民日报》报道，新昌县"一照通用"应用获央视《新闻联播》报道，绍兴市"搬家一件事"应用获人民网、新华网、浙江新闻、浙江之声报道，《诸暨上线"无忧退"，化解退休人员后顾之忧》获《浙江日报》报道等。二是载于政务专报的重要理论成果，如省《数字化改革（工作动态）》刊登新昌县"一照通用"应用、嵊州市"数字家庭医生"应用等；《新昌县构建医保基金全链条安全防控机制》《诸暨市打造"枫桥式"校外培训治理模式多措并举维护良好教育生态》《嵊州市深化"数字家庭医生"改革 构建全面便捷长效健康服务新模式》《绍兴市多维度帮扶促进重点群众群体就业》《新昌县聚焦四类低贫群体 推动"城乡边保户"加快"奔中"》等获得省领导批示肯定。

（五）制度成果更加完善

一是统筹推进制度更完善。持续完善数字化改革例会机制、督办机制、晾晒机制、考核机制、问责机制，以及数字社会系统双月评价、半月例会、对接沟通、应用管理、监测提醒、服务联络、宣传推广7项机制。对照省考核要求，从能力贡献值、市场参与度、信息数据安全等维度出发，建立完善部门、区县协同机制，通过"工作例会＋专题培训""月度清单＋即时飞单"等方式对数字社会系统各业务主管部门进行部署督促，截至2022年12月，已发放交办单24期，形成监测报告17期。二是应用落实制度更完善。如围绕核心应用场景编制的"三张清单"；为构建公共服务优质共享体系而编制的《柯桥区"15分钟公共服务圈"建设指南》；为推进车辆注销事项跨部门协同而编制的《绍兴市车辆注销"一件事"集成改革工作方案》《新昌县"僵尸车"拖移专项实施办法》等；为推进道路交通综合治理而编制的《2022年县级部门城乡交通平安畅通综合治理工程考核实施办法》《2022年乡镇（街道）城乡交通平安畅通综合治理工程考核实施办法》；为进一步健全浙里民生"关键小事"智能速办重大应用监测机制，持续推动便民惠民改革而编制的《关于进一步完善"关键小事"体验员机制的通知》等。

二、存在的问题

2022年绍兴市按照"规定动作接得住、自选动作有创新"要求，在高标准完成省数字社会系统建设各项任务基础上，遵循省总体部署和标准规范，充分发挥绍兴特色优势，进一步细化需求梳理、场景设计、系统建设、服务供给，建设一批"省无市有、省有市优"的数字社会标志性工程，为全省数字社会系统建设作出了绍兴贡献。但目前绍兴数字社会系统建设仍面临着一系列的问题与挑战。

（一）数字资源仍待充实

数字资源体系建设是数字化改革的基石。但从 2022 年绍兴市数字社会系统各应用开发运行的实际进展来看，数字资源体系建设仍存在数据覆盖面不足、数据精确度不高、数据壁垒尚未完全破除等问题。例如：绍兴市上虞区"后事智办"应用，在上线运行阶段，因银行、证券、保险数据获取不全、数据质量不高，严重影响了办事效率和群众满意度；绍兴市"搬家一件事"应用，因回流的房屋中介机构和相关从业人员信息未能实现全量归集，且数据质量不佳，严重影响了用户的使用体验；"浙里畅行"综合集成应用的子场景"农村客运数智服务与监管"在建设过程中也遇到了数字资源共享不足的问题，如在前期建设过程中，因可用数据如车辆违法数据、主动防御系统数据、GPS 平台数据等尚未归集到一体化智能化公共数据平台，导致相关部门不得不进行需求接口改造对接，加大了应用的开发难度，拖慢了应用的开发进度。可见，数字资源数量、质量与共享程度关乎数字社会系统的建设效率、用户满意度，需要持续不断地扩充提升。

（二）多跨协同机制仍待健全

数字化改革强调多跨协同，以解决痛点问题，满足改革需求为最终目的。但在数字社会系统应用开发建设和运行过程中，一些部门缺乏数字化改革的意识和行动，导致跨部门协同机制缺失，影响了改革效果。有些部门甚至把完全属于自己部门的业务进行数字化转型理解为数字化改革，缺乏多跨部门的场景谋划。有些部门的业务工作确实涉及相关部门，需要多跨场景，但实际沟通中并不理想，应用碎片化问题突出，致使公共服务多而不精，基层治理效率不高。例如，绍兴市特色应用"搬家一件事"明确牵头单位 1 家、协同单位 23 家，建设过程中要厘清各部门工作职责，逐步打通国家电网营销系统、

6家供水企业业务系统、12家供气企业业务系统等20套系统，才能形成多元联动、协同推进的工作格局。如在应用开发建设中，部分部门以数据在属地等为由拒绝商品房合同文本的协作共享，导致市民自行提交材料数量未能有效减少。

（三）应用贯通落地仍待加强

一是市县贯通仍待加强。虽然2022年绍兴市省级重大应用省市县三级贯通成效显著，本地应用贯通较2021年亦取得较大突破，但总体来看，本地应用的贯通率仍然较低。截至2022年12月，绍兴市已有22个数字社会系统本地应用实现市县两级贯通，"越回收""乐虞助残"等56个应用仍未贯通。须加快推进贯通工作，尽快实现"一地创新，全市共享"。

二是家园落地仍待加强。截至2022年底，绍兴市已有24个未来社区、98个未来社区应用上架"浙里办"平台数字社会"我的家园"专区；未来乡村上线总数共计28个，未来乡村应用上线数105个。与省内其他地区相比，未来社区的上架应用量，未来乡村的上架数量和上架应用量均还存在较大提升空间。其中，绍兴未来社区应用数比第一名杭州市少119个；未来乡村上线数比第一名湖州市少6个；未来乡村应用数比第一名金华市少94个（见表17-1）。

表 17-1　2022 年全省未来社区及未来乡村情况

单位：个

地区	未来社区上线数	未来社区应用数	未来乡村上线数	未来乡村应用数
杭州市	50	217	19	62
宁波市	46	217	29	128
温州市	18	130	32	154
嘉兴市	17	94	33	150
湖州市	11	78	34	114
绍兴市	24	98	28	105

续表

地区	未来社区上线数	未来社区应用数	未来乡村上线数	未来乡村应用数
金华市	19	97	33	199
衢州市	22	116	30	97
舟山市	13	47	17	120
台州市	14	82	33	145
丽水市	16	50	29	87
全省平均	22.73	111.45	28.82	123.73

资料来源：绍兴市发展和改革委员会。

（四）数字服务均衡水平仍待提升

对 2022 年绍兴上架应用数量的区域分布和领域分布进行分析可知，绍兴数字社会应用成果仍然存在区域分布不均和领域分布不均的问题。首先，从区域分布来看，虽然 2022 年绍兴数字社会系统建设区域均衡度较 2021 年已有明显改善，但公共服务区域分布不均问题仍然存在。2021 年 12 月绍兴各区域上架应用总数中，诸暨市最多共 11 个，嵊州市最少共 5 个；到 2022 年 12 月，绍兴各区域上架应用总数中，柯桥区和诸暨市上架总应用较多，分别为 13 个和 12 个，但越城区上架总应用较少为 9 个，差距显著缩小。进一步对各地区 2022 年 11 月的应用访问量进行分析，柯桥区位列第一，为每万人 208692 次；嵊州市位列第二，为每万人 124320 次；新昌县位列第三，为每万人 60811 次；上虞区位列第四，为每万人 52015 次；诸暨市位列第五，为每万人 31116 次；越城区最少，为 15170 次，仅为柯桥区访问量的 7.3%。这表明，从应用的宣传推广力度、应用的使用率和复用率等角度来看，各区域之间仍存在较大差距（见图 17-1）。其次，从公共服务的领域分布来看，不均衡现象仍然突出。在"浙里办"平台已上架应用中，生活、出行领域应用数量较多，分别为 25 个和 12 个，而救助、体育、育婴、就业等领域的应用数量极少，不超过 2 个（见图 17-2）。

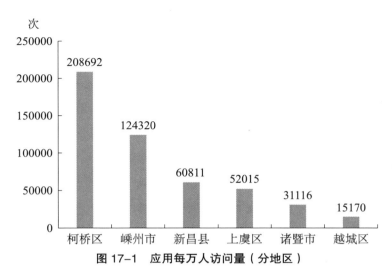

图 17-1 应用每万人访问量（分地区）

资料来源：绍兴市发展和改革委员会。

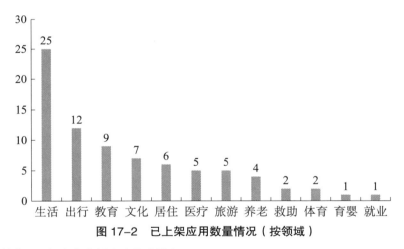

图 17-2 已上架应用数量情况（按领域）

资料来源：绍兴市发展和改革委员会。

（五）基层治理减负提效仍待改善

数字社会系统建设不仅要做优民生服务，还要提升基层治理效能。但目前改革项目多，基层干部工作负担重；应用考核多，基层干部学习、填报负担重，不利于基层治理实战实效。以未来社区和未来乡村建设为例，2022 年共计 203 个未来社区应用和未来乡村应用在短时间内谋划推进、启动实施和迭代升级，需要借助大量基层力量获取数据、开展调研、推广宣传和维持运行。从实际情况看，乡镇（街道）一名干部往往对应多项工作，有时拆迁等紧急任务还牵涉较多精力，村（社区）一般只有 7～8 名干部，但承担了所在区域的大量实际工作。较多数字化项目同时启动应用，有可能拖累基层干部工作精力，也影响他们的数字化改革积极性。长此以往，也不利于数字社会系统的可持续运营。

三、相关建议

按照全省数字化改革"一年出成果、两年大变样、五年新飞跃"的部署安排，下一步绍兴数字社会系统建设的核心目标应该从增量创新聚焦到存量优化上来。绍兴数字社会系统建设必须以人民为中心、以问题为导向，做好调查研究，找准数字社会系统的迭代优化方向，在解决突出问题中持续做强大脑能力、做优协同机制、做精应用场景，形成公共服务均衡化供给的新格局，推动数字社会可持续发展。

（一）夯实数字资源底座，持续做强大脑能力

数字资源指数字应用资源、公共数据资源、智能组件资源、云资源等，统一集成于全省一体化智能化公共数据平台的"一体化数字资源系统"之中，是做强发改大脑、健康大脑、教育大脑、养老大脑等关键能力的核心基础。具体来看，提升对社会运行系统的感知能力，要依靠广泛覆盖的数字资源，以客观呈现取代主观臆断；提升对社会治理的风险预警能力，要依靠精准有效的数字资源，以科学论证取代经验判断；提升对公共资源的统筹调配能力，要依靠共享共用的数字资源，以智能决策破除条块壁垒。

因此，要持续做强大脑能力，提升数字社会治理效能和民生服务水平，必须夯实数字资源底座。一要继续完善数字资源的采集制度，增加智能设备投入数量，明确数字资源的收集范围，规范数字资源的收集流程，从而拓展数字资源覆盖率。二要继续完善数字资源管理制度，规范数字资源整理、储存和使用流程，对数据分类、数据清理、数据去重工作进行明确规定，确保数字资源的质量和准确性。三要继续完善数字资源共享制度，明确规定数字资源的共享范

围、共享标准与共享流程，在确保用户隐私和信息安全的基础上，最大限度实现数字资源的开放共享。四要建立灵活的数字资源调用审批制度，对于急需调用数字资源的重大改革事项，建立绿色通道，直报上级部门审批，在确保信息安全的情况下简化审批流程，降低数字资源调用成本。

（二）聚焦重大改革项目，持续做优协同机制

数字社会系统建设不仅要支撑全领域、全方位的民生服务和社会治理需求，更要实现体制机制、组织架构、方式流程、手段工具全方位、系统性重塑。浙江省数字化改革的经验表明，要使数字化改革真正经得起实战的考验，各部门必须推动系统重塑、高效协同，打破过去各自为政的局面。数字社会系统建设，必须以重大改革项目为牵引，切实提升社会治理多元主体的协同能力。

一要自上而下，做好顶层设计，重点是打破条块壁垒。既要加强统建，又要加强统筹。数字化改革是一项复杂的系统工程，各级各部门必须不断强化格局思维、系统思维，学会运用系统方法来提出问题、分析问题、解决问题，不断完善顶层设计。二要自下而上，做强技术支撑，重点是优化业务流程。要利用"去中心化"理念不断优化应用的业务流程，减少中间环节，打破原有条块机制和数据壁垒，使所有业务无须中转即可直达具体业务经办部门。三要加强对数字化改革的学习研究，不断提升领导干部的数字化改革专业素养，培养领导干部主动运用数字化思维、数字化技术、标准化话语体系，解决实际问题，参与工作协同的能力。

（三）锚定"一老一小"工程，持续做精应用场景

经过两年多的数字社会系统建设，许多涉及常规业务、高频事项的内容已经初步完成数字化改革，形成应用成果、理论成果和制度成果。现如今，数字社会建设的重点不再是应用场景创新，而是应用场景优化。"一老一小"问题是人民群众的"急难愁盼"问题，也是绍兴全力打造新时代共同富裕地的关键事项。绍兴数字社会建设，必须牢牢锚定"一老一小"工程，不断迭代升级，做精应用场景。

一要围绕"一老一小"关键需求，加大公共资源供给力度。不但要满足

其物质生活需要，使医疗养老资源与教育养育资源充分均衡供给，还要满足其精神文化需要，使老年大学与老年文娱活动充分均衡供给。二要针对"一老一小"个性需求，提高公共资源供给精准度。以老年人需求为例，不同地区的老年人群体，若其年龄构成不同、知识层次构成不同、身体状况不同、收入水平不同，则其公共资源需求不同。要加强用户调研与数据分析，针对不同区域不同特点的老年人群体，提供与其需求更加适配的应用场景服务。三要继续做深应用场景的适老化改造工作，包括着力打造字体变大、色彩变强、界面简化的老年人友好应用，持续开发语音搜索、内容朗读、一键操作的老年人友好功能，不断推出视频教学课程、技术辅助联络员制度等老年人辅助服务。四要继续做实"体验员""观察员"制度，加强对应用使用情况的数据监测与分析，根据使用反馈，不断优化应用程序界面、流程和功能，创造更好的用户体验。

（四）全面提升城乡均衡水平，奋力打造共富之城

智慧教育、智慧医疗、智慧养老等模式的兴起，可以让城市服务通过数字化平台向乡村低成本延伸，打破传统公共服务的空间局限。必须充分利用数字技术，进一步打破城乡居民户籍限制，加快布局智慧教育、智慧医疗、智慧社保等应用场景建设，推进城乡教育、医疗、社保等公共服务体系一体化规划、标准化建设、均等化分布、异地化办理，推动城乡基本公共服务均等化，逐步缩小城乡公共服务差距。

一要统筹谋划、夯实基础。坚持把城乡数字化布局作为一个整体统筹谋划，从战略层面精准把握数字化促进城乡融合发展的总体趋势、主攻方向以及重点领域，着眼重塑新型城乡关系，一体规划、同步建设。二要聚焦重点、精准发力。聚焦教育、医疗、社保等全省重点改革领域和重大改革事项，不断完善城乡居民业务在线申报、集中审批、统一结办的跨界集成与流程整合，不断提高城乡公共服务均等化水平。三要应用牵引、厚植生态。数字化改革是一段长期历程，既需要以应用来牵引，也需要以企业、人才等生态为支撑。加强应用场景谋划，加大资金、政策等支持力度，提供精准数字服务帮扶。大力开展信息化人才下乡活动，培养乡村数字化人才，重点提高农村老年人、留守儿童和妇女等农村特殊人群信息化素养和技能。依托数字化改革，通过社会空间数字化，在市域范围构建"15 分钟公共服务圈"，从公共服务的需求管理、供给

方式、供给体制层面，对公共服务资源配置和公共政策供给进行系统性变革和重塑，高水平推进公共服务一体化发展，提升公共服务供给质量，使优质公共服务更加普惠、均等、可及。

（五）积极探索市场化建设机制，着力推动数字社会可持续发展

一要持续完善政府、社会企业主体参与数字社会建设模式，强化大成集智，借力更多的智库和专家参与数字社会理论研究和实践创新，汇聚多方力量，分担公共服务和基层治理重担。二要在市场化开发方面争取更大突破，鼓励各地各部门将可开放的公共数据向社会开放，调动企业和社会组织参与数字社会建设的积极性，形成政企社联动的可持续开发运营模式。三要将数字社会建设的政企合作与绍兴本土企业的数字化转型工作紧密结合，通过激励本土企业参与数字社会建设，促进本土企业数字化转型水平提升。

专题十八

绍兴数字法治系统建设年度研究报告

中共绍兴市委党校　赵海丽

随着第四次工业革命纵深演进，大数据、云计算、人工智能等新兴科技推动了物理空间、人类社会之外的"数字空间"的诞生，并通过数字化改革对政府形态与治理模式产生了颠覆性影响。数字化改革既是工具性改革更是引领性改革，有利于塑造国家治理新形态，提升国家治理体系与治理能力现代化。《中华人民共和国国民经济和社会发展第十四个五年规划和 2035 年远景目标纲要》要求"加快数字化发展，建设数字中国"，以数字化转型整体驱动生产方式、生活方式和治理方式变革。2021 年 2 月，浙江率先全面启动数字化改革，紧接着绍兴市于同年 3 月在全省范围内率先启动数字化改革，数字法治系统建设就是其重点聚焦板块。《法治绍兴建设规划（2021—2025 年）》《绍兴市市域社会治理现代化"十四五"规划》等先后实施，要求将数字技术与法治方式相结合，综合集成科学立法、严格执法、公正司法、全民守法等法治全过程，推动法治建设重要领域体制机制、组织架构、业务流程的系统性重塑。数字法治系统建设就是法治数字化的过程，利用大数据技术改革呈现数字化法治的新形态。数字法治必将为坚持和发展新时代"枫桥经验"，争创市域社会治理现代化标杆城市和优化法治化营商环境发挥重要的引领、撬动和支撑作用。

一、绍兴数字法治系统建设的逻辑起点：数字化改革与法治绍兴建设的有效融合

数字化时代的国家治理必然是由数字科技支撑、数字科技赋能的先进治

理。^①党的二十大报告要求，"完善网格化管理、精细化服务、信息化支撑的基层治理平台"。随着浙江省 2021 年正式启动数字化改革以来，数字赋能越来越强劲，按照《关于支持浙江高质量发展建设共同富裕示范区的意见》提出的强化数字赋能的要求，浙江法治系统建设全面进入数字化时代，数字法治通过制度、数据、技术等要素的融合发力呈现出了新型的法治形态，推动了传统法治形态的变革重构。绍兴率先以数字化改革撬动各领域各方面深化改革，在法治领域一定程度上实现了数字化改革与法治绍兴建设的有效融合。

（一）数字化改革为绍兴法治建设高效赋能

数字化改革是围绕建设数字绍兴目标，统筹运用数字化技术、数字化思维、数字化认知，把数字化、一体化、现代化贯穿到党的领导和经济、政治、文化、社会、生态文明建设全过程各方面，对市域治理的体制机制、组织架构、方式流程、手段工具进行全方位、系统性重塑的过程，从整体上推动市域经济社会发展和治理能力的质量变革、效率变革、动力变革，在根本上实现全市域整体智治、高效协同。数字化改革的意义不仅体现在具体的场景应用上，更在于推动生产方式、生活方式、治理方式发生基础性、全局性改变，是一个质变的过程。绍兴作为市域治理现代化试点城市，推进市域治理体系和治理能力现代化是数字化改革的重要目的，也是绍兴法治建设的追求目标。数字化改革直接带动制度重建，优化法治化营商环境，推动绍兴法治建设高质量发展，把改革发展纳入法治轨道，促进绍兴市域高水平构建网络大城市。数字化改革为绍兴法治建设高效赋能，法治保障绍兴现代化建设的成效凸显。

（二）法治绍兴建设为数字化改革提供数字空间

自 2006 年绍兴市委作出"法治绍兴"建设相关工作部署以来，法治建设的成效明显，法治政府率先突破，严格规范公正文明执法成为常态，"大综合一体化"执法改革深入推进，依法行政、依法办事成为惯例，行政调解、行政复议、行政诉讼在实质性化解行政争议方面发挥着主渠道作用，行政败诉率降低至 2.5% 左右。出台了 10 余部法规，引领着绍兴经济社会的高质量发展。特

---

① 张文显：《中国式国家治理新形态》，《治理研究》2023 年第 1 期。

别是2022年颁布施行的《绍兴市"枫桥经验"传承发展条例》，对法治社会建设而言具有里程碑意义，以预防化解基层矛盾为重点的社会治理体制机制越来越完善。随着"八五"普法工作的深化推进，公民的法治意识明显增强。

数字化改革背景下"法治绍兴"建设已经步入了新时代新征程，法治如何适应好数字化时代，利用好数字化工具从而更好地发挥保障作用是必须面对和思考的问题。法治绍兴建设是绍兴现代化建设的重要保障，这一重要地位决定了法治绍兴建设必然是数字化改革的重要内容，是数字化改革成效的重要实践场域。数字化改革与法治绍兴建设正在有效融合，数字法治已成为法治新形态，法治数字空间成为新领域，为数字化改革提供了新的空间，为治理模式转型提供了基础，从而在传统法治的基础上实现更现代、更有效的治理。在《法治绍兴建设规划（2021—2025年）》《绍兴市市域社会治理现代化"十四五"规划》的建设框架下，以数字化改革撬动法治建设领域各方面改革，在政法一体化办案体系、综合行政执法体系、社会矛盾纠纷调处化解体系建设中率先突破，全力创新推进数字法治系统建设，为法治绍兴建设提供了智能支持。数字法治系统综合运用数字化认知、数字化思维、数字化技术和法治思维、法治方式，对平安建设、法治建设全领域各方面进行数字赋能、流程再造、制度重塑，构建一体化法治绍兴、平安绍兴工作体系，全面提升法治建设智慧化水平，法治数字空间形成，促进了数字与法治的有效融合。

二、数字法治系统建设的实践进路：应用场景开发利用与市域治理现代化的良性互动

（一）数字法治应用场景开发利用概况

绍兴的数字法治系统建设既有全省层面一体推进的项目，也有市县层面分类创新推进的项目。通过省市的统一谋划和分头推进，目前已经取得了一系列硬核成果。按照省数字法治系统建设总体框架，对"优化提升风险闭环管控大平安体系""拓展完善政法一体化办案体系""完善综合行政执法体系"等各场景应用的核心环节进行精准再梳理，推动法治建设核心业务全方位协同、系统性重塑。按照"数字化转向实战化"的指示精神和"实现平台、功能、体制机制全面贯通"的具体要求，遵循数字化改革规律，不断推动重大应用落地、推

进核心指标改善、凸显数字法治改革成效,使绍兴市数字法治重大应用贯通推广工作走在全省前列,更多成熟应用得到全省推广,为全省数字化应用贯通推广工作创造经验(见表18-1)。

表 18-1　2022 年浙江省数字法治系统第一批重点贯通推广项目

省级项目	市级项目
浙里"民转刑"案件防控应用	平安共富村居平安法治实战平台
浙里"执行一件事"应用	府院(越联)智破应用
检察大数据法律监督应用	司法救助"束光"应用
"苍穹"禁毒应用	亚运场馆监管服务一件事应用
浙里社区矫正应用	"民情智访"应用
浙里预防青少年新型违法犯罪应用	"律动·浙里"应用
矛盾纠纷调处化解应用	浙里严重精神障碍患者管理服务应用
浙里"反电诈"涉网新型犯罪预防应用	—
大型交通枢纽协同智治应用	—
"减假暂"案件管理应用	—

在工作机制体系上重点抓好工作机制健全、迭代场景应用、确定评价标准"三本账"。一是强化整体推进,健全工作机制"一本账"。二是强化清单管理,迭代场景应用"一本账"。三是强化实战标准,确定评价标准"一本账"。2022 年全市数字法治领域 9 个应用得到省部级以上表彰肯定,2 个应用得到国家部委试点推广,6 个应用得到省领导批示肯定,13 个应用得到省厅试点推广,1 个应用入选省数字化最佳应用,5 个应用入选省数字法治好应用,"安心码"警银协作和"阅卷精灵"应用分别获评全国公安基层技术革新奖一等奖、二等奖。

在引领示范一批标志性成果的带动下,启动实施一批重大应用以及加快7 个应用(模块)建设,推动在服务保障经济稳进提质、深化除险保安中发挥更大作用。如重大决策社会风险评估应用,已纳入省"除险保安"晾晒重大应用并全省推广。"一网察警"应用,搭建政法督察、干警总览、执法监督、问题纠治4个场景框架,实现政法队伍教育整顿常态化。谋划推进一批重大应用,从一体推进平安法治建设，服务保障共同富裕示范区建设出发，谋划推进"越安行"等 8 个应用（模块）建设，推动在更大场景深化数字法治改革。

（二）重要领域数字法治应用场景与市域治理现代化建设的良性互动具体实践

1. "全域数字法院"为深化司法体制改革攻坚克难

2022 年绍兴市法院系统围绕"全域数字法院"重大改革总体目标和重点任务，全力推动质效提升、制度变革、管理再造、行为重塑，借助数字化换"芯"助力审判质效和审判管理现代化"破圈"，改革建设成果"多点开花"，7 个重点项目分别被列为国家级、省级试点。在实现了 24 小时自助法院市域全覆盖的基础上，同时整合线上微法院、浙江解纷码、浙江法院网，实现了与线下矛调中心的紧密呼应。全市实现 1036 家"共享法庭"全市域覆盖，利用"一屏、一线、一终端"主动融入"四治融合"的基层治理体系，承担起调解指导、网上立案、在线诉讼、普法宣传、基层治理等多项功能。

绍兴市法院系统从堵点、难点和痛点入手，找准"全域数字法院"改革的落脚点、着力点和突破点，找准问题，厘清症结，让改革在正确的跑道上跑得更快更好。例如，绍兴市中级人民法院以数字赋能为手段，在省高院立案庭的指导下，以一站式多元解纷和诉讼服务体系建设为基础，坚持发展新时代"枫桥经验"，持续推动诉讼服务理念更新、机制变革，搭建"诉讼服务一体化"平台，实现案件管辖权智能匹配，为群众提供无差别的诉讼服务。自平台运行以来，全市法院新收一审民商事案件 13667 件，处理退回申请 7396 件，诉前化解纠纷 8905 件，为当事人提供了普惠均等、便捷高效、智能精准的诉讼服务。又如，"企业破产一件事"护航共富。"企业破产一件事"应用场景建成了风险预警、企业接管、协同救治、要素释放、履职监管 5 个子场景。企业破产风险隐患多、周期长、重整率低，若因破产案件的办理而激发社会矛盾，引起群体性事件则会极大地破坏社会的稳定和谐，共同富裕也将难以实现。通过数字化改革提高破产效率，挽救陷入困境的企业，最大限度确保破产企业生产不停、职工不散，为共同富裕的实现提供物质基础，前端化处置矛盾和风险点，为共同富裕的实现维持和谐稳定的社会环境是开展数字化改革的现实需求。虚假诉讼协同智治、破产一件事改革集成应用、版权 AI 智审、综合治理执行难

"一件事"集成改革应用、诉讼服务一体化共 5 个应用获评 2022 年"浙江全域数字法院"改革"好系列"成果。

绍兴"全域数字法院"改革在早期数字赋能的基础上全面流程再造、架构重塑，围绕"改革"破题，发挥出了更大的效能。可以说，法院的数字化改革，着力打破组织边界，融入了社会治理的大格局，努力实现了数字化协同的"最大公约数"。

2. "数字检察"开创检察监督新范式

近年来，绍兴检察院系统紧抓数字化改革机遇，瞄准虚假诉讼领域，率先探索数字检察建设，走上"数字赋能监督、监督促进治理"的法律监督模式，重塑变革之路，办理了一批案件，推广了一批应用，打造了一批成果，取得了实实在在的法律监督成效。自 2018 年以来，绍兴市检察院自主研发了智慧检察监督平台、民事裁判智慧监督系统、刑事财产刑执行一体化系统、社区矫正智慧监督软件等一系列数字检察应用，涵盖虚假诉讼、保险诈骗等领域 20 多种法律监督模式，走出了一条检察数字化转型的新路子，开创了一片法律监督的新天地。

依托数字检察应用，绍兴检察机关法律监督数据呈翻倍式上升。例如，绍兴市人民检察院研发了民事裁判文书智慧监督系统和智慧检察监督系统等软件，不仅为绍兴市检察机关筛查出大量本地的监督线索，使业务部门监督案件数量爆发式增长，还为浙江省其他地市以及全国各地检察机关提供了上万余条案件线索。又如，绍兴检察院通过智慧检察监督平台检索涉交通事故的车损保险理赔诉讼民事裁判文书，运用数据对比分析发现，多件案件由同一个原告起诉，不符合常理，最终查实为通过虚假诉讼骗取保险赔偿，上百余起案件移送公安机关立案侦查。数字检察应用场景在推广使用中彰显实践、制度、理论"三大成果"，如多跨场景应用依法严打诈骗团伙非法套取医保基金等经验成果获省委领导批示。预防青少年新型违法犯罪应用，获评全省数字化改革"最佳应用"，6 个子场景持续迭代升级，已实现全市贯通推广，同步陆续在杭州、台州、湖州等地落地使用。绍兴市人民检察院"刑罚交付执行监督系统"应用聚焦打通刑事执行工作"最后一公里"，充分履行刑事执行检察监督职能，严防"纸面服刑"，不断推进刑罚交付执行和监督机制规范化进行，入选全省"一地创新、全省共享""一本账"S_3，获评浙江省第六批"数字法治好应用"。

3."公安大脑"撑起中国式现代警务新模式

一是坚持数字化驱动,构建整体现代智治体系。依托市级公安情报指挥中心,建立情指行合成作战中心("1"中心),内设侦查、反诈、维稳防控、反恐、网络舆情、督察(民意感知)("6"中心),配套设立"6"个县级公安分中心,按需设立交管中心("X"中心),搭建情指行"1+6+6+X"合成作战体系,集成打击、治理、服务等 5 大版块 41 个场景应用,功能模块不断优化,现日均活跃用户达 1500 余人、日均应用量超 5.5 万次。通过数据驱动打造数字化"最强大脑",建立健全"情报、指挥、行动"一体化和市县公安机关扁平化、实战化、合成化运行机制,形成情指行一体化牵引的现代警务体系。二是"公安大脑"建设向基层延伸。相继推出"枫桥指数"评估、"枫桥式"协同治理、"枫桥式"派出所工作平台等一大批实用管用的场景应用,赋能基层实战。深化"枫桥式"政务服务,构建市、县网办中心,派出所窗口,村级代办点四级服务体系,112 个公安服务窗口 100% 覆盖"一窗通办",创新"云帮办"服务模式;聚焦 3 个"一号工程",创新"枫桥式"优商护企模式,956 个建设项目落实项目警官制,设立警企联络室 268 个、市外越商联络室 23 个。

得益于数字化赋能中国式现代"枫桥警务"模式创新,绍兴连续 14 年成功创建省级"平安市",被命名为"平安中国建设示范市",群众安全感、满意度始终保持在 98% 以上。绍兴公安实现了警务工作由联动向联体、被动向主动、传统向智慧转变,走出了一条具有时代特征、绍兴特色的基层警务现代化先行之路,数字化改革助推"枫桥警务"模式成为全国公安机关基层社会治理的典范。

4."数字执法"赋能管理精准化

深入推进"大综合一体化"执法体制改革,加快形成全覆盖的整体政府监管体系和全闭环的行政执法体系。推进省统一行政执法处罚办案与市自建"综管服"系统深度融合,与省征信平台充分对接,实现"管理 + 执法 + 信用"全链条闭环。以"一件事"集成改革为牵引,探索高频执法事项、自由裁量基准、执行情况评估"一键成"数字模块,打造集成式数字执法平台,实现信访投诉、信息共享、案件移送、配合协作等衔接机制互联互通。围绕"县乡一体、条抓块统",全面推进基层综合行政执法改革,统筹县乡资源,强化县乡协同,大力推进场景式应用,主动擦亮"枫桥式"执法中队"金名片",破除信息壁垒,确保数据共享,努力实现综合行政执法与刑事司法、司法强制执行、检察公益诉讼线上有机衔接，全面提升执法效能。

5.探索"枫桥经验"数字化综合集成应用的智治路径

数字化改革是创新发展的科技支撑，要提高"枫桥经验"创新发展中的数字化技术成果的运用水平，聚焦社会矛盾预防化解层面的数字化改革，从而撬动市域社会治理领域改革和转型，丰富新时代"枫桥经验"新意义和新内涵，为重要窗口建设贡献绍兴智慧。2022年，绍兴市政法系统紧紧抓住浙江省数字法治体系架构迭代契机，以"枫桥经验"数字化为主线，将基础社会治理领域作为数字化应用的赛场，结合治理现状和群众需求，创新打造了一批体现新时代"枫桥经验"内涵和数字化改革要求的基层社会整体智治的实战工具，培育43个全市"五个一批"重点应用。其中，浙里人口全息管服平台等3个应用入选全省"一地创新、全省共享""一本账"S_0，数量居浙江省第一位；另有2个应用得到国家部委试点推广，12个应用分别在全国以及浙江省推广；警银协作"安心支付"等2个应用分获全国公安技术革新奖一等奖、二等奖，全民反诈平台获浙江省改革突破铜奖。

目前，必须在标志性成果上重抓"枫桥经验"数字化提升。以数智"枫桥经验"综合集成改革为总抓手，分层级提升数字法治领域场景应用的数据贯通度和业务融合度。一是市级探索综合集成。在即将迎来"枫桥经验"60周年之际，谋划推动数智"枫桥经验"综合集成应用。以基层社会治理为核心业务，以迭代平安法治平台为重要支撑，以系统集成贯通为基本方法，探索"枫桥经验"数字化应用在平安法治平台的实战化集成贯通，初步构建了三大场景、三级平台、一体贯通的整体架构。二是县镇迭代平安法治平台。全面贯彻落实市委关于深化基层党建"三张金名片"统领网格智治的意见要求，迭代完善乡镇（街道）"基层治理四平台"平安法治平台，研究制定《绍兴市网格划分管理办法16条》，依托标准地址库完成网格落图工作。综合集成镇街矛盾化解和风险管控的相关业务，分别在上虞区、诸暨市两地开展重点场所网格化管理和矛调"枫桥经验"应用的试用推广工作。三是村社推动实战延伸。以"一舱一体系三模块N场景"为构架，在柯桥区试点建设"枫桥经验·平安共富"应用，打通与"浙里兴村治社（村社减负增效）"应用的数据流、业务流、事件流，作为平安法治平台在村社一级的综合集成和实体延伸，探索形成党建统领、上下贯通、条块一体、整体智治的基层治理新范式。

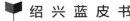
三、数字法治系统建设的风险、挑战及对策思考

在浙江省数字法治系统 2022 年度综合考评中，绍兴市凭借入选应用数量最多、多跨场景应用全省领先，勇夺五星最高荣誉，位列浙江省第一方阵。诸暨市、柯桥区、上虞区获评区、县（市）五星荣誉，其中诸暨市综合排名居浙江省第一。要在取得数字化改革初步成效的基础上，持续深化数字化改革，继续以问题为导向，以群众需求倒逼改革，用数字法治建设提升群众安全感、幸福感和满意度，就需要我们直面数字法治系统建设中存在的问题，分析其中的风险与挑战，迎难而上不断优化数字化改革理念思路和举措。

由于数字化改革启动时间不长，对标浙江省高要求，绍兴数字法治系统建设还存在一些短板和不足。除了数字化最基础的数据共享、数据安全和权益保护等问题需要着力解决，还存在以下四个问题。一是对数字化改革的认识还不够深。数字化法治的理念还不够牢固。有些部门公务人员对数字化改革的重要性和迫切性认识不到位，导致改革的主动性不足，举措力度不够，进而影响到数字化改革的成效。二是市县推进的协同性和平衡性还不够高。数字化改革是自上而下的改革，容易产生热度层层减缩的情形，再加上各区、县（市）数字化的基础和条件都有差别，导致市县对数字化改革统筹和贯彻落实不统一不协调不均衡。三是应用推广速度和广度还不够强。数字化改革的成果主要是场景的运用，但目前多数还处于试点开发运用的阶段，优化完善到推广至全域还需要过程，也存在一些主客观障碍。因此，需要进一步在转变理念、完善细化制度、探索创新场景应用、提升数字法治能力等方面深化改革。四是数字法治制度重塑还相对滞后。目前，针对数字法治系统建设总体方案设计和落实举措相关的制度只是初步配套出台，但数字化法治改革深入后将对各领域各职能部门的工作机制产生重大影响，还需要系统的、深层次的制度重塑来适应和引领数字时代的法治工作。

因此，本文对上述问题提出以下几点思考和建议。

（一）制度重塑：数字化法治新形态形成和发展的重要保障

随着数字化法治改革的全面推进，法治面临立足数字社会秩序的法律规制和数字化法治本身的规制不足的问题。技术的进步扩大了制度变迁的需求，刺激着制度不断变革和完善，使治理行为因为效率准则而得到控制。[①]《2022 联合国电子政务调查报告》显示，我国电子政务发展指数（EGDI）得分 0.8119，全球排名第 43 位，属于"非常高"水平，但仍与美国（0.9151）、英国（0.9138）、韩国（0.9529）等数字政府建设先行者有所差距。[②]因此，一方面，需要以全面深化数字化改革为契机，彻底破除数据壁垒，不断通过制度重塑引领数字法治系统建设；另一方面，为了适应高水平数字化态势，需要加大法治理念的更新、法治方式的转变、法治运行机制的重构、法治流程及安全保障的优化和体制资源的整合。通过制度重塑，既引领数字化法治改革的深化，又让法治方式更加适应数字化时代，通过良性规制互动，保障数字化法治新形态的形成和发展。

目前，绍兴深化数字化法治改革应以保护数字权利、维护数字程序、弘扬数字正义为核心，抑制数字鸿沟、算法歧视和数字控制等问题和风险；特别是不能忽视促进数字发展红利的普惠共享，通过数字法治系统建设将新型关系、机制和功能重新建构，推动传统法治迈向数字现代法治迭代升级，积极营造数字化法治的文明生态。具体方向包括：一是在纵向上打通市县镇村几级数据平台，强化数据治理闭环管理与数据共享，破除影响跨层级流程与业务协同的体制机制壁垒；二是在横向上每个职能部门立足自身业务，面向政务大局，完善流程、技术、组织架构等，调整好相应的体制机制；三是立足数字社会秩序新变化完善各职能部门的职责制度。

（二）理念先行：树立数字理念，统筹数字法治系统建设

数字化改革是一项系统性、标准化工程，涉及流程再造、软硬件建设、制度重塑等。数字化所体现的不仅是一场技术革命，更是一场思维革命。在"数字空间"不断延展的时代，新的社会治理形态与治理模式需要政府从"物理空间"的思维定式中突破，在积极利用数据、信息及技术中形成价值取向层面的认识论、价值论和方法论。

---

① 沈费伟：《智慧治理："互联网+"时代的政府治理变革新模式》，《中共福建省委党校学报》2019 年第 4 期。
② 马忠法、吴璇：《论数字政府建设中的法治问题》，《贵州省委党校学报》2023 年第 1 期。

首先，数字化法治改革离不开数据共享理念，由于数据流通具有跨地域、跨行业等特性，不同行政区域、不同政府部门之间的协作机制不完全畅通，使整个政府数据体系仍存在"中梗阻"和数据鸿沟。随着数字化改革的深入，数据共享的技术和体制需要有所突破，才能让数字化改革有真实全面数据的支撑。其次，数字化法治改革离不开数据安全意识。数据技术是一把"双刃剑"，存在着泄密风险，也可能被不正当利用，从而危害个人、社会和国家的权益和安全。技术从来就是好坏参半，它既赋予我们创造性，也潜伏着毁灭性。数字化法治改革中，要按照党的二十大报告提出的对安全体系现代化建设的要求，努力在改革中重视安全，通过安全理念的强化与安全体制的健全，尽可能消除数字安全隐患。最后，数字化法治改革需要有数字统筹理念，让数字理念贯穿到治理全过程，从顶层设计到基层实践，每个环节都需要凸显数字理念。

绍兴市的领导干部是否具有数字化思维和理念，决定着绍兴数字法治改革的进展与成效。绍兴与周边大城市相比，数字化水平有差距，因此需要积极组织学习和培训，大力引进专业人才，加大宣传力度，营造改革氛围，将数字化改革的新理念注入公职人员及群众的头脑，让人们认识到数字化改革是数字法治系统建设的路径，是实现市域治理现代化的必需。数字化改革理念是统筹推进数字法治系统建设的关键。正确的理念之下才能做好顶层设计，才能开展基层探索创新，从问题导向和效果导向出发，创新有需求的应用场景，带动基层法治工作主动融入改革创新的数字空间，实现"整体智治"的共建共治共享。

（三）应用迭代：聚焦数字法治改革应用场景优化

以实效检验应用，防止权力数字化和数字权力化，数字法治系统建设的优化思路包括：要以群众的需求为导向，进行迭代升级，准确预测和研判决策的潜在风险与预期影响的应用要加强，从而提高对风险因素的感知、预测、防范能力。要着力推动数字化改革"1612"体系与"141"两大体系衔接贯通，以数智"枫桥经验"综合集成改革为中间通道，实现省市重大应用集成后接入基层智治综合应用，同时支持县乡探索符合当地实际的创新应用，强化适配性共享性，健全基层重大应用推广机制。要聚焦体系化规范化，按照"全市一盘棋、市级抓统筹、县级负主责、基层强执行"的思路，进一步细化梳理重大业务需求，既加快推动成熟场景应用推广复用，又有效激发基层积极性创造性，以数字化改革新成果一体推进法治绍兴、平安绍兴建设。要聚焦难点重点，坚持急用先行、成熟先行，加快推进多跨场景上线应用、功能测试、迭代升级，努力实现功能优化、结构优化、系统优化。要聚焦重大改革，不断提升专班攻坚的能力水平，进一步加强技术与业务的深度融合，总结提炼最佳应用，努力打造一批具有标识度的高质量场景应用、平台型成果。要聚焦实战实效，更加突出用户导向、需求导向、效果导向，创新完善成效评估机制，不断提升应用场景解决实际问题、推动制度重塑的能力，切实推进绍兴法治工作高质量发展。在加快重大应用的落地贯通、加快培育应用的开发建设、加快特色应用的整合集成上下功夫。从市域社会治理现代化试点要求来看，特别需要加快智治"枫桥经验"相关应用的开发利用。

专题十九
绍兴数字文化系统建设年度研究报告

中共绍兴市委党校　赵诗莹　李　萍

　　全力推进公共文化的数字化建设，既是社会主义文化强国建设的内在要求，也是更好满足人民群众日益增长的精神文化需求的重要途径。习近平总书记在党的二十大报告中指出，要"实施国家文化数字化战略，健全现代公共文化服务体系，创新实施文化惠民工程"，为推进数字文化系统建设指明了前进方向。2022年2月，浙江省委在全省数字化改革推进大会中对数字化改革体系架构进行迭代升级作出了重要部署，最大亮点就在于增加了"数字文化"系统，使原来的数字化改革体系由"1512"丰富成为"1612"，实现了改革三位一体统筹推进。可见，数字文化作为2022年度浙江全省数字化改革体系的新增领域，是宣传文化战线的重大任务。

　　2022年，数字文化系统建设总体推进有力。绍兴市认真学习贯彻习近平总书记关于数字化改革和文化强国、网络强国等重要论述，按照浙江省系列会议精神，聚力聚焦"五个率先"，紧紧围绕市党代会提出的"建设高水平网络大城市、打造新时代共同富裕地"目标，从制定数字文化改革体系架构、推进重大应用上下贯通、构建数字文化理论制度体系三大要点入手，系统谋划数字文化改革的建设蓝图，有力推动了文化领域实现体系重塑、体制重构和高效协同，打造出了一批具有绍兴特色的数字文化应用成果，使文化领域整体智治水平得到总体提升，以更加可感的方式不断满足群众精神文化新期待。

一、绍兴推进数字文化系统建设的主要做法

绍兴牢牢抓住数字文化系统要以"大兵团"方式行动这一作战思路，坚持问题导向、需求导向和创新导向，统筹各方力量，迅速行动、互融互通，以体系化全域化理论化的要求持续推进数字文化建设新体系。

（一）坚持系统性谋划，加快数字文化系统架构更新

一是全面强化组织领导机构。成立市级数字文化改革的实体化运作专班，以统揽全局、协调各方的领导体制高效推进全市数字文化改革工作。以"一把手"挂帅的方式强化牵头抓总，并按照周小结、月汇报、季度评比的模式全面调动宣传文化系统内各类主体参与改革的积极性，各个区、县（市）均成立了数字文化系统建设专班。市文广旅游局更是依据浙江省文化和旅游厅数字化改革"1+1+1"工作机制和绍兴市委宣传部"数字文化"管理制度，制定发布了《绍兴市文化广电旅游局关于调整数字化改革工作领导小组及运行机制的通知》等文件，通过重新划分工作组等形式明确了文化广电各条线的工作职责与具体分工。

二是重点抓好场景建设统筹。绍兴一方面不断加强对各区、县（市）的建设指导，从源头上有效避免场景设计开发中低水平重复建设的问题；另一方面积极做好特色场景的建设和推广工作。针对全市已建、再建、拟建重大应用项目的摸排状况，出台 2022 年全市数字文化改革重大应用"一本账"S_0，在梳理 45 个应用的基础上制定重大推进项目作战图，明确每条跑道一个"牵一发动全身"的重大应用，创新打造出如绍兴网络安全协调指挥平台等场景，具有很强的可复制可推广的价值。同时，保持同省专班和市委改革办的日常对接，主动推荐重大应用当示范、上例会，2022 年共计 14 个应用场景被列为省级应用试点。

三是建立健全晾晒考核机制。在全市范围内将数字文化系统建设工作纳入目标责任制考核，使其成为对市级单位和对区、县（市）年度岗位考核的重要内容，树立起了考核机制鲜明的导向性。开展重大任务落实推进情况的"一对一"督促检查，加强绩效评估与监督考核，确保每个项目都有专人跟踪负责，

并实行清单化管理，定时定期进行公开的晾晒评比，有效推进各部门关于数字文化系统建设质量考核机制的规范化标准化建设。

（二）坚持全局性视角，推进数字文化系统三级贯通

一是注重应用贯通，纵向一体。绍兴坚持以集成化方法制订省市县应用协同贯通工作计划，主动加强同省专班和市委改革办的对接联系，积极融入全省数字文化系统创新共建大格局。对涉及承接贯通任务的区、县（市）及部门单位开展专题指导，明确"考评指数排名""应用覆盖率""应用活跃度"等相关要求；同时依托"两文融合"（文化礼堂与文明实践）体系，鼓励区、县（市）结合实际拟定对镇、村级的评价标准，全方位铺开"志愿浙江""礼堂家""智慧文化云"等省级重点应用贯通落地。截至 2022 年底，绍兴已全部完成落实旅游通、品质文化智达惠享、非遗在线等数字文化系统领域中省级重大应用的相关贯通事宜（24 个）。其中，"舆论引导在线应用""礼堂家应用"在 2022 年浙江省的贯通排名中得分较为靠前。

二是聚焦数据贯通，公开共享。聚焦建设更高水平的数字文化系统，绍兴积极谋划数字文化地市门户的开发建设，已获得立项申请并开展招投标前期工作。在已有应用的建设基础上，绍兴进一步深化各使用单位与大数据局的运行对接，将所有上线应用统筹部署至"政务云"，并使相关数据统一归集于浙江一体化数字资源系统（IRS 平台），既有效提升了应用建设的高水平和高效能开发，也保障了应用数据跨部门、跨层级的公开共享，在系统层面实现了应用、组件和数据三位一体的共享集成。以市文广局为例，数据归集系统就极大推进了文旅数据采集的工作效率。2022 年，市文广局共通过上级部门智慧文化系统云回流数据总量 55359 条，其中活动信息共 26804 条，从业人员信息共 4436 条，场馆、场地等信息共 24119 条；依托区、县（市）数据归集通报机制汇聚景区数据共 613620 条，场馆数据共 113923 条。

三是坚持全市贯通，统筹联动。绍兴积极统筹推动数字文化系统改革跑道向乡镇及以下延伸，以"统分结合"的方式做好应用输出，谋求场景应用在基层的实战性和实效性。主要通过创先争优、市级统建和县级提升三个维度同步推进 13 个重点应用的优化建设，其中创先争优 3 个、市级统建 5 个、县级提升 5 个，从而能在条块上形成工作合力，全面营造出全市数字文化应用建设

"共建创新"的良好氛围。

（三）强化创新型认知，构建数字文化理论制度体系

一是深入学习，提升数字文化领域变革能力。绍兴坚持从提升"政治三力"的战略高度来认识数字文化系统改革，从满足人民群众不断增长的美好文化生活需要出发，不断激发创造性张力，提高本领、推动工作。每季度绍兴都会组织赴各区、县（市）开展数字文化建设专题学习调研，破解数字文化改革的重点难点问题，找准全方位纵深推进数字化改革的思路和路径。运用数字赋能、多跨协同的手段，提高发现问题与解决问题的能力。同时，注重及时更新同步发生在文化领域的前沿信息，强化数字理念并提高运用以互联网思维破解实践难题的能力。

二是基于实践，丰富数字文化领域制度规范。绍兴针对当前的重点工作目标和急需完成的任务，组织了各区域各部门的专门力量，以研究确定数字文化领域改革的制度体系构建，通过制度重塑不断将改革引向深入。在全市范围内形成了一批早期成果并不断迭代发展。例如：由市委宣传部牵头针对绍兴数智礼堂应用专门制定的《数智礼堂使用管理机制》；针对越城区"文物智慧管家"应用印发的《关于全面推进考古前置工作的实施意见》《关于建立越城区省级以上重点文物保护单位"宝长制"的实施意见》；针对上虞区"孝德志愿在线"应用制定的《新时代孝德志愿一码通相关机制文件和业务使用手册》；针对诸暨市"网络安全智治"应用印发的《政府网络安全体系化治理白皮书》；针对嵊州市"数智文明创建"应用印发的《数智文明创建实施方案》和针对新昌县"艺万家"应用出台的《文艺家积分制管理办法》等。

三是做好梳理，提炼数字文化领域改革成果。习近平总书记强调，要推进改革成果系统集成，做好成果梳理对接，从整体上推动各项制度更加成熟更加定型。[1]绍兴注重将数字文化系统建设方面的好理念、好思路、好做法进行凝练总结，形成了一系列的理论文章、调研报告等理论成果。例如："历史文化名城保护传承"相关做法被《住房和城乡建设部信息专报》《国内动态清样》《浙江政务信息》等刊发；"古城数字化保护场景"荣膺国家级地理信息产业优秀

---

① 《习近平谈治国理政》第三卷，外文出版社 2020 年版，第 108 页。

工程银奖、科技进步奖二等奖；"政务网络安全智治"的经验、制度成果在中央网信办《网络安全工作》发表，并在浙江省委改革办《领跑者》刊发，为数字文化体系改革话语体系贡献了绍兴力量。

二、绍兴推进数字文化系统建设的主要成效

自浙江省"数字文化"系统建设推进会召开以来，绍兴以"文艺惠民、文创发展、文脉传承、文明创建、融媒传播"5 条跑道为依托，数字文化系统推动工作实现"开门红"，重点筹谋建设出了一批具有绍兴味、改革味的"硬核"成果，进展十分良好。全年共获得中央部委和省领导批示 2 次，在省数字化改革推进会上汇报演示 1 次，在市例会上汇报演示 3 次，在市亮晒平台刊发 3 次，在中央电视台、《人民日报》等国家级媒体报道 4 次。

（一）全市域加快文艺惠民载体迭代升级

绍兴通过不断加快文艺惠民活动的基础设施创新，使数字文化服务能在全社会范围内实现深度共享，积极助力扶贫攻坚、乡村振兴。其中，数智"云服务"深入人心，全年开展线上服务约 4000 场，服务近 5900 万人次，数字文化惠民成效显著。

一是普及数智形式的全民艺术。绍兴以市委宣传部牵头开发的"绍兴数智礼堂"为主要支撑，上传各类艺术课堂和文化产品资源，并推动农村文化礼堂功能由单一的"看、演、娱"向全程参与和互动的"点、学、互"转变，使农村文化礼堂能切实发挥出基层文化宣传的主阵地作用，极大提升了品质文化的可达性，丰富了农村群众的文化生活。应用自 2022 年 6 月上线以来，已在全市 1535 个礼堂落地推广，注册人数达到 13.8 万，累计访问量 91.5 万人次，实现行政村覆盖率 100%，礼堂日活跃率达 100%，90% 的礼堂实现天天有活动，被纳入首批全省宣传文化系统重点应用场景目录，同时获评省数字文化系统第三批优秀应用，"绍兴数智礼堂"的相关做法和改革成果已被《人民日报》、新华社、中新社、《中国青年报》等各类媒体宣传报道 30 余次，并在"浙江宣传"公众号进行专门刊登推广。

二是打造越地特色的数智文化品牌。既为满足全市百姓的精神文化需求，

又为发展传承本地越文化作出贡献，绍兴积极探索文化数字化新路径。以中国越剧戏迷网为依托的"数字＋越剧（爱越剧）"应用就是一大亮点，其被纳入浙江省文旅厅数字化改革第一批试点项目。当前，"爱越剧"应用1.0版本已经完成浙江省首批文化基因解码成果转化利用示范项目评审，成功在"浙里办"上线，共打造"越演绎""越展示""越乐园""越传承""越产业"5个子场景，发动各地爱越小站进行推广试用。嵊州市《培优育强"越基因"扮靓群众共富路》获浙江省委领导批示肯定。

三是优化长效文化惠民的数智管理平台。比如，可创新提供"场馆预约""信阅服务"等文化服务的浙江智慧文化云绍兴站，总计已提升全市30家乡村图书馆和2343个公共文化设施。又如，新昌县通过数字手段建立的"艺万家"应用提升了文艺志愿服务队伍的日常管理效能。该应用梳理了文艺惠民活动的四大重要需求，创新谋划了五大应用场景，完成了重塑文艺队伍管理机制、文艺资源流转机制、文艺交流互动模式、文艺服务共享机制等改革，对文化惠民活动的常态化、长效化起着极大的积极作用，已列入浙江省文联特色应用。

（二）全市域推进"数字＋文旅"深度融合

2022年，绍兴全力推进文化和旅游数字化改革，取得的阶段性成果得到了诸多肯定。例如："不可移动文物智慧管理服务系统"在省数字化改革全省会议中作为典型进行路演；"文物智慧管家"入选省文化和旅游数字化改革最佳应用，"浙里登山—移步诸暨数字化"等来自各区、县（市）的多项应用项目入选浙江省文化和旅游厅第二批数字化改革试点，数量居全省前列。越城区历史文化名城保护传承应用创新"古城守护官"机制，形成资源汇聚、决策服务、风险监测、安全处置、治理评价全过程闭环体系；"古城数字化保护场景"则荣膺国家级地理信息产业优秀工程银奖、科技进步奖二等奖。总的来看，该项工作在重大应用场景建设上取得新进展，文化和旅游数字化基础建设取得新提升，为打造全省数字文化和旅游"重要窗口"探索出了一条行之有效的融合路径。具体措施如下。

一是完善文旅发展数字监测分析新平台。2022年，绍兴以智慧文旅2.0项目为抓手升级建设文旅领导、诗路文化、文物保护、文旅产业监测等多个驾驶舱，成立绍兴文旅大数据实验室，使全域旅游、文化场馆、文保单位、项目开发、重点工作等核心数据得以全景呈现。其中，填报系统驾驶舱指标内容已更新40项，基础资源数据共上传4986条；在视频汇聚平台方面，绍兴通过专线、雪亮平台等方式，协调区、县（市）汇集到超5000条视频，经调研确认保留高质量线路3699条。在总体上初步实现了文化和旅游统计数据在能力、分析、展示等方面的扩展升级，为文旅要素配置效率最优化提供了有力保障。

二是构建文旅服务数智化供给新模式。绍兴以多元化和一体化为目标打造线上线下游客沉浸式游览体验和服务。重点搭建完成包含14个功能点的绍兴全域手绘地图web语音导览系统，该系统已被列为数字赋能亚运重要项目之一。同时，绍兴借助"浙里好玩"场景，结合当地文旅资源及特色应用集结形成"研学绍兴"，以美景、美食、美宿、美购、线路、主题、资讯等多维度全方位地服务游客。2022年已完成省、市到区、县（市）贯通，同步上架"浙里办"。面向不同群体的个性化文旅服务场景如越城区研发的"越安游·团队出行一件事"、柯桥区"e路畅游"、上虞区"非遗有戏"等应用也陆续上线，持续推进公共文化和旅游服务供给创新。

三是建设文旅产业"科技+"发展新体系。绍兴通过"文化+科技"的深度融合，拓展了数字技术在旅游产品和服务供给等重点场景上的应用边界，更好地创新了文旅产业数字化的涉及领域和实现形式，如"古城信息展示系统""诗E柯桥数字化体验馆"等多个全市文旅数字化特色项目。同时，培育数字文化和旅游产业新主体，联合企业建立技术和设计应用场景，推动文旅产品服务和业务流程升级。柯桥区开发的"古榧保护和利用集成应用"就联合省、市、区14个部门打造古榧管理"大平台"和"监测网"，系统囊括百年以上古榧信息2.89万棵，监测覆盖3个千年古榧林核心区域，使用对象包括5个香榧主产镇街、16家品牌企业、29个示范基地、3400余户榧农家庭等。该应用场景自2022年9月正式启用以来，点击量已超过10万人次，提升古榧价格30%以上，有力赋能当地文旅业。

（三）全市域提升文明创建工作整体效能

绍兴聚焦文明创建常态长效、市民参与广泛发动、市民素养全面提升等文明创建中的重点难点，探索建设数字文化系统中的数智文明创建应用。其中，嵊州市开发的"数智文明创建"应用2.0版本上线运行后获评第二批全省宣传文化系统重点应用，应用整体被舟山市岱山县复用，相关做法还登上了《新华每日电讯》。正是通过数据整合共享和业务在线协同等形式，绍兴实现了文明创建工作一体化，系统性提升了市域文明创建的效能。

一是强化闭环处置"统筹建"。绍兴市精准分析数字文化改革需求，重点厘清了文明创建工作中存在的多跨协同关系，并以此为突破口打造了多个场景应用和相关子场景，从而更好地倒逼文明创建中"动态监测难、闭环处理难、部门协同难"等问题的切实解决。以嵊州市"数智文明创建"2.0版本为例，该应用升级打造了"文明督查、网上申报、全员参与、知识普及、文明实践"五大子场景，推动"线上线下融合、战时平时结合、干部群众联动"。同时，借助该应用，构建网上申报"发布—申报—审核—反馈—修改—提交"闭环工作机制，形成了从单一问题到同类问题、从点到面的问题解决模式。应用自 2021 年上线以来，已累计解决问题 3.5 万余个，问题整改效率提高 56.9%，资料收集效率提高 53.5%，群众对文明创建常态长效的知晓率从 63.2% 提高到91.7%。

二是集中群众力量"一起建"。绍兴市以发动群众参与为导向，统筹推进各个文明单位的数字化创建，并创新性地将其接入多个子场景，力求让群众成为文明创建的主角。如新昌县借助已全部贯通"志愿浙江"数字系统的 108 个新时代文明实践点，登记入驻志愿队伍 1332 支、志愿者 6 万多人，开展活动3.5 万场次，全年累计参与活动的志愿者达 19 万人次。柯桥区在"文明轻骑兵"应用的基础上深化落实了"骑行码"项目，根据骑手资料、行业记录、交通行为等多项信息，动态赋予骑手 3 色"骑行码"，方便物业监管其骑行与配送行为，2022 年已建立完善骑手"一人一档一码一标识"信息库，创建线下实践交流区超 300 个，轻骑驿站、爱心小屋、职工驿站等 86 个。"骑行码"有效强化了市民的文明主体意识，提升了柯桥区整体文明行车程度，高峰时段路口非机动车礼让行人率达到了 100%，闯红灯现象被基本消灭，非机动车逆向行驶率也降至 0.04%。

三是协同多方部门"创新建"。绍兴坚持以数字化手段创新文明创建工作中跨部门、跨区域、跨业务的协同管理，推动数据融合与业务融合。其中，诸暨市"文明实践关爱 e+"的相关做法获得省委、省政府主要领导批示肯定，"网络安全智治应用"则列入浙江首批"一地创新、全省共享""一本账"S_0，相关做法获浙江省主要领导批示肯定。同时，绍兴也积极探索，整合现有城市交通、智慧城管、基层治理平台等应用数据进行领域创新，涌现出"崇仁村建筑群消防安全数字化应用平台""安心印刷应用"等深化文明创建的新事物。

三、绍兴推进数字文化系统建设面临的短板与挑战

自数字文化系统上线以来，绍兴在文化数字化领域交出了高分答卷，为加快建成与共同富裕示范区市域范例相适应的文化高地打下了坚实基础。然而，相对于快速发展的社会形势和人民群众对于文化生活的新需求，绍兴数字文化系统较其他数字改革系统起步较晚，仍存在不少差距和短板，亟待加强。

（一）主体层面：深层职能转换缺乏且社会参与度不足

当前，数字文化系统建设仍侧重信息基础设施的建设和场景搭建方面的投入，过于强调"建"，但相对忽略了数字创新是为了深化公共文化服务方式这一出发点。一方面，相关建设单位和人员数字素养有待提升。其对改革的认知度、参与度不够均衡，应用开发推进力度不一。在具体建设过程中，数字文化应用系统主要围绕着"管控为先、服务为辅"的文化治理逻辑，导致数字技术和平台建设多为提升自身对城市文化旅游资源的管控能力，如集中于厘清辖区内文保单位、旅游信息集成、志愿力量等。另一方面，绍兴数字文化系统建设仍以完成绩效考核任务为牵引，在文化服务精准供给的实践上自发动力不足。既缺乏广泛的向市民征集文化需求、意见反馈的渠道，未达成开放式的主体互动；又由于当前的数字文化系统建设是以政府为主导，缺少企业、社会组织力量的参与和深度合作，总体导致基于用户需求的数字文化治理逻辑难以有效施行。这些均折射出数字文化系统建设理念和职能履行相对滞后于数字时代城市文化治理变革趋势的现状。

（二）建设层面：组织管理协同缺乏且改革深度不足

当前数字文化系统建设的一大障碍在于数字化的治理行动结构尚未高效建立，部分省级应用在区、县（市）的贯通指标相对靠后，尤其反映在部分乡镇、村的线上政务落地难、线上平台稳定性待提升、兼容性不够等方面，因此贯通

力度仍需加大。同时，数字文化系统建设还面临着公共数字文化网络下个人隐私的安全保障、数字文化资源的产权归属以及数字文化服务的最终标准等问题，为组织管理工作的精确度提出了较大挑战。

在建设数字文化系统的改革统筹上也存在问题。一方面是纵向深挖不够。由于文化服务的供给以阵地模式为主，数字文化服务起步较晚，虽然绍兴通过各类应用，在旅游数字化等方面逐步形成了标准规范和集成实践，但其他文化服务领域和机构在数字化的过程中涉及的数据内容形式不一，又缺少整体规划和全面的综合评价指标体系，整合利用的难度较大。另一方面是横向联动不强。数字文化改革需要与全面深化改革、共同富裕示范区建设的重大改革任务整体贯通、一体推进，但当前文化系统的数字化框架体系和机制还不够成熟，为共同富裕赋能增效加码力度不足。

（三）服务层面：品牌运营能力缺乏且群众使用度不足

打造运营成熟、形象鲜明的特色文化服务品牌，提升群众知晓度和获得感，是数字文化系统建设的重要任务之一，但仍面临一些问题。一是数字文化系统着力打造的服务品牌定位不明确。各项数字文化应用目前大多是单兵作战，未形成宣传推广的整体合力，致使数字文化系统提供的服务难以被群众知晓，在一定程度上限制了数字文化系统作用的发挥。二是数字文化资源不够丰富。虽然绍兴正不断推进文化资源数据库建设以丰富线上文化资源，但文化资源自身的多样性和群众文化需求的多元化决定了精准对接的难度较大，暂时还未能有效解决。以绍兴数智礼堂中的视频点播栏目为例，现有资源总体较少、时效性较低、吸引力相对有所欠缺。三是数字文化系统内的服务类平台轻运营。大多数基层工作者对于数字文化系统的认识还存在误区，即只是一次性完成各个大平台功能开发，并以行政方式摊派至社区和农村，虽然在短时间内提升了注册用户数量，但未能依靠服务运营提升用户黏性和活跃度，使数字文化平台的实际使用频次走向下降。

四、进一步加强数字文化系统建设的对策建议

数字文化系统将为打造新时代文化绍兴建设，打造文化新高峰提供基础

性、支撑性作用。绍兴要继续谋划推进数字文化改革的大场景，进一步强化系统内各单位的统筹协作，推动重大改革取得纵深突破、落地见效，打造出更多数字文化标志性成果，努力为"建设高水平网络大城市、打造新时代共同富裕地"贡献文化智慧和文化力量。

（一）坚持统筹到底，数字文化治理更精准

一是要提升建设主体的数字素养。应加大打造学习型组织力度，提升数字文化改革涉及部门和基层对数字技术和数字文化治理的认知水平，逐步养成用户、数据、流量、跨界等新互联网思维，从而能更好地厘清如何在数字文化系统建设过程中，达成精细化管理和精准化服务的统一。同时，要把握好短期突破与长期规划、政府有为和市场有效、信息共享和数据安全的关系，强化其数字治理责任意识。

二是要构建长效管理机制。要加大对数字文化建设的统筹力度，进一步突出制度重塑，加快形成"纵向到底、横向到边"、从上到下能统一协调管理的数字文化矩阵，打造可直接量化的闭环管理模式。聚焦总体设计、本质特征等环节，以管理重构为抓手，构建解决问题的多跨协同模式。

三是深化数字文化的应用建设。要建立健全对不同数字文化资源的评价指标体系，注重整合不同区域的文化资源和机构数据库，以此提升数字文化应用的实用性和时效性。狠抓特色场景建设扩面提质增效，加大对重要核心应用的储备、上线和提升力度，增量开发建设一批务实管用的多跨场景应用，大力推动"历史文化名城保护传承""绍兴数智礼堂"等已上线的重大应用迭代升级。

（二）坚持共建共享，数字文化惠民更高效

一是要建立健全以人民需求为核心的发展架构。应坚持人民本位和数字用户需求导向价值的统一，把推进满足人民群众的文化需求作为数字文化系统建设的评价标准。坚持将优质资源和服务"融"起来，利用数字化手段推动从"事""经验"向"制度""智治"转变，以精准施策为群众享受到高质量的公共文化产品提供根本保障。探索基于市场的多元主体共建运营模式，引入企业和社会组织力量以激发数字文化发展活力。

二是提升数字文化服务的均等共享。要努力消弭城乡数字文化鸿沟，扩大

公共数字文化的覆盖面，探索打通市区两级服务通道，并推动数字文化改革跑道向乡镇以下延伸，使优质文化产品和服务能够实现下乡入户。做好乡镇地区公共数字文化的发展规划，促进培育新型文化业态和文化消费模式，让数字文化发展成果能够惠及全体人民。

三是扩大数字文化体系的联动范围。加强部门之间的协同合作关系，以便捷高效的互联互通机制探索推进数字文化改革提质扩面，谋划各行业务领域在文化改革方面的需求，找准改革的切入点和突破口，谋划和推进有绍兴特色的优势项目。

（三）坚持用户至上，数字文化运营更优质

一是用好绍兴历史文化资源。2020 年 5 月，习近平总书记在山西考察时强调，要"充分挖掘和利用丰富多彩的历史文化、红色文化资源加强文化建设"。绍兴市要注重发掘丰富的历史文化资源，并将越文化作为绍兴数字文化特色品牌，全面梳理文化旅游、广播电视、新闻出版等领域已存在的文化成果，为公共数字文化建设健康发展提供丰富的素材来源，不断夯实数字文化运营的物料基础。

二是提高数字文化平台的服务知晓度。组建专业专门的运营团队维护各大数字文化平台的日常运营，牢牢抓住提升用户黏性这一目标，通过打卡抽奖等形式吸引新用户、留住老用户，并通过加大对资源的整合力度来提升用户对平台的使用频率，培养用户的使用习惯，从而增强公众对已有数字文化服务和资源的知晓度，提高公共数字文化供给的使用效率。

三是保证数字文化内容质量。积极挖掘深受群众喜爱欢迎的数字文化资源，在严格甄别的基础上定时定量发布至公共数字文化云平台。推动体验升级，充分利用好公共数字文化平台，通过其中的意见反馈和问卷发布渠道公开透明采集人民对于文化生活的个性化需求，精准分类、精准匹配。

专题二十

绍兴高质量发展建设共同富裕示范区第一批试点工作年度研究报告

中共绍兴市委党校　罗振军　李明月　刘林艳

　　当前浙江乃至全国都面临着区域经济发展不平衡、城乡收入差距鸿沟、"中等收入陷阱"等现实问题，如何破解成为当下中国亟须研究解决的问题。共同富裕是走中国式现代化道路和建设现代化强国的必然要求，是避免陷入"中等收入陷阱"的迫切需要。绍兴作为高质量建设共同富裕示范区的市域范例，近年来在首批共同富裕试点的探索中取得较好成效，但也遇到很多困难。为寻求突破，本文以绍兴高质量发展建设共同富裕示范区第一批试点：未来乡村建设、诸暨市精神文明高地打造和新昌县缩小收入差距试点为样本，系统梳理了共同富裕示范区第一批试点的基础现状，归纳总结了当前取得的成效，分析提炼了共同富裕示范区第一批试点中存在的问题，从收入分配制度、高质量创业就业、未来产业体系、市场运营机制、理论宣传、办好实事等方面提出完善的对策建议。

一、第一批试点的实践探索

（一）未来乡村建设的现状与进展

　　未来乡村作为共同富裕的基本单元，绍兴在推进未来乡村建设过程中，注重党建引领，加强城乡统筹协调发展，引入市场机制，创新运营模式，激活内部资源，建项目兴业态，聚焦文化 IP，打响核心品牌。总体来讲，取得了不错成效。

1. 坚持产业兴旺，打造特色产业

一是突出特色产业建设。在主导产业的加工和品牌营销上下功夫，拓展农业功能，提升特色农产品精加工，加快产业链建设，培育新产业新业态，打造农旅融合的精品路线，将乡村旅游、休闲农业和农产品电商有机结合起来。如诸暨市山下湖镇枫江村打造珍珠特色产业，将珍珠的产学研游购等相结合，成立珍珠直播间，实现年销售额约8000万元。二是推进农业现代化建设。通过打造现代农业产业园推动农业现代化发展。以产业联合体为纽带，以龙头企业为主导，以家庭农场和农户为基础，发挥产业融合、技术集成、核心辐射和创业创新的功能作用。如柯桥区漓渚镇棠棣村兰花数字工厂，在兰花产业基础上，重视三产融合，引入棠棣驿站，打造农业旅游基地，建成集兰花培育、观光、科普于一体的综合体，有效推动了兰花特色产业发展。

2. 提升村容村貌，改善人居环境

一是注重污水处理和垃圾分类。加快农村厕所改造，实施农村污水治理，完善生活污水处理设施建设，加快乡镇污水处理设施配套管网建设，鼓励农村生活污水资源化利用。如越城区坡塘云松村购买垃圾分类摄像头，能有效识别垃圾和投放人群，对于垃圾分类管理起到至关重要的作用。二是改善村容村貌。以未来乡村建设为契机，在保留基础乡村风貌基础上，加快危房改造步伐，提升农村住房水平，完善基础设施改造。诸暨市山下湖镇枫江村"现代版六尺巷子"，通过拓宽乡村道路缓解道路过窄的弊端；新昌县镜岭镇外婆坑村通过拓宽道路，有效缓解了每逢节假日游客过于拥挤的现象。

3. 加强乡村治理，提升治理效能

一是完善乡村基层治理体制。不断优化县、乡、村三方治理责任定位，理顺各自在治理中的关系，赋予乡镇更多权能，探索建立村级事项合理分担机制。如上虞区丁宅乡创新成立"丁赞"民生服务大队，切实以服务民生促进丁宅片区基层科学有效治理。二是构建多方参与的治理体系。加强社会组织群体的党建组织参与乡村基层治理（如残联、妇联、团委等），推进农村群众自治组织、农村经济组织参与乡村治理，通过发挥互助性、服务型、公益性组织的作用，提升乡村治理的效能。如新昌县澄潭街道梅渚村抓牢抓实村里的党员群体，开展党建联建，以认领项目清单方式，加强未来乡村项目推进和政策保

障。三是合理运用现代化治理手段。有效利用大数据、信息化、物联网等现代技术手段，积极探索"互联网+"的乡村治理新模式，整合数据信息，推进信息资源共享，提高乡村治理效果。如柯桥区漓渚镇棠棣村较早应用乡村数字大脑，建立集乡村政务、乡村治理等于一体的数字一体化平台，也给老百姓带来实实在在的帮助。

4. 加强党建引领，加快乡村建设速度

绍兴市未来乡村按照党政主导、农民主体、社会参与、机制创新等要求，加大创建资源的整合，强化组织领导和创新体制机制。建立不同层级未来乡村建设工作领导小组或专班。由党政主要负责人任组长，相关单位为成员，形成党政齐抓共管、部门协调配合、一级抓一级、层层抓落实的工作机制，以专班化推进"任务清单化、清单责任化、实践节点化"管理。如越城区在未来乡村建设过程中，优化配备强村两委领头雁，健全完善班子分责分工，既充分调动两委班子的工作积极性，又有力稳定村干部队伍，还使未来乡村建设的各项决策更符合农村发展规律和长远目标；将"民情日记""驻村指导员"与未来乡村建设有机结合，引导党员干部下基层、访民生，充分听取群众的意见，完善党领导下的基层群众自治制度。

5. 建项目兴业态，提升创业就业空间

一是引入市场机制，创新运营模式。以市场为引导，紧紧围绕未来乡村建设项目，积极开展市场化运营，面向社会公开招募乡村运营公司，以效益共享、风险共担、联合共赢等方式激发运营效能。其中，"村+运营公司+数字公司""村+运营师+数字公司""村+国有企业（旅发集体）+数字公司"创新的运营模式极好地适应了市场需求、社会发展，极大地推进了未来乡村建设进程。如新昌县澄潭街道梅渚村采用"村+国有企业（旅发集体）+数字公司"的运营模式，极大促进未来乡村发展，带动村民致富。二是激活内部资源，促进就业和创业。绍兴市未来乡村创建过程中，非常重视乡村闲置资源的开发和利用，有效开发自然资源，深挖人文资源，盘活闲置资源，充分挖掘传统的村落文化、名人文化、非遗传承、艺术等文化基因，坚持"精提升、微改造"原则，建立多元的乡村新产业新业态。如柯桥区漓渚镇棠棣村采用"村+运营公司+数字公司"的应用方式，很好地盘活村中的闲置资源，依托兰花特色产业，整合农村中剩余闲置劳动力，有效促进村民就业创业。

6. 加强数字赋能，助力乡村发展

绍兴市未来乡村建设过程中，非常注重数字赋能乡村发展。通过完善数字基础设施建设，加强数字化改革，打造乡村数字政务平台，强化乡村数字整体智治，构建数字远程医疗，创建乡村数字直播间等措施，助推未来乡村建设，助力未来乡村集体经济发展。如越城区鉴湖街道坡塘云松村将数字化应用与"浙里兴村治社（村社减负增效）"应用相结合，有效解决村民急难愁盼问题200 多件，建立农村三资数据库，实现集体资产登记、使用、处置的公开检查，实现空气质量、农田作物长势、农田土壤、温度湿度等远程监测，完成"微农场主"招募，创造营业收入 21 万元。

（二）诸暨精神文明高地打造的现状与进展

作为全国文明城市、全国新时代文明实践"先行试验区"、省共同富裕示范区打造精神文明高地首批试点，诸暨市以党的二十大精神为引领，坚持和发展新时代"枫桥经验"，突出"思想驱动、合力联动、服务主动、示范带动、高位推动"，探索走出了一条城乡精神文明融合发展的特色之路。

1. 坚持思想驱动，实现文明风尚常态传播

一是常态开展理论宣讲。组织开展"板凳课堂""8090 年轻干部回乡上一课""草根名嘴说"等面对面宣讲，发动退休老教师、老党员、老干部等亲历者"身边人讲身边事"，让党的创新理论"飞入寻常百姓家"。二是常态践行"枫桥经验"。坚持以习近平总书记坚持和发展"枫桥经验"的重要指示精神为引领，把传统治理智慧和现代治理理念相结合，大力推广"浙里兴村治社（村社减负增效）"应用、"支部建在小区上"等品牌做法，积极探索党建统领、协同共治、数智赋能的基层治理新路径。三是常态涵育传统文化。坚持以文立城、以文化人，以传统文化提振人民精气神、孕育社会好风尚。四是深入践行"浙江有礼·'枫'尚诸暨"文明新实践，打造"一礼一课""一礼一队""一礼一品"，百余名专家学者、志愿骨干、乡风文明理事会成员"送课"300 余场次，20 处红色遗迹、窗口单位、文明村社等"有礼地标"成为"有礼单元"。

2. 坚持合力联动，实现文明力量多元融合

一是推动阵地融享。采取财政拨款与各级自筹相结合的方式，标准化建设"文明实践中心—文明实践所—村文化礼堂或社区文化家园"，高品质打

造"四馆一院"、城市书房、特色文化场馆，全面构建"15 分钟文明实践圈"。二是推动队伍融汇。集聚多跨资源，凝聚民心民力，大力推进"全城志愿"，市级层面汇聚部门单位、群团组织等 110 余支队伍，镇级层面组建 10 个镇街志愿联盟、53 支村社"志愿轻骑兵"，村级层面构建"5+X"志愿服务体系，全市 24.8 万志愿者常态化开展"走亲式""菜单式"惠民服务。三是推动数智融通。持续深化数字化改革，开发上线"关爱 e+"和"礼享诸暨"应用场景，全量集成文明阵地、公益组织等基础数据，构建关爱指数活力赛马、移风易俗一事一档等业务模块，实现文明项目一网统管、有礼服务一网通享。

3. 坚持服务主动，实现文明实践精准触达

一是创设"爱心食堂"。将精神文明建设与农村居家养老有机结合，积极探索"个人出一点、基金捐一点、政府补一点、志愿帮一点、经营筹一点"的筹资方式，打造居家养老共享模式。二是实施"暖心八件事"。实施"我为环卫工人送早餐、我为幸福留光影、我为百姓送健康"等志愿服务，已经实现全市 2200 余名环卫工人每周享受两次免费早餐，5000 余名农村金婚老人、老党员收到幸福笑脸照，每个行政村两个月开展一轮义诊服务。三是推行"移风易俗"。针对宴席大操大办的陈规陋习，"一村一策"建立婚丧事操办标准，创新"办酒不铺张"引导机制，建立流程规约制、干部报备制、节约承诺制等 7 项制度。

4. 坚持示范带动，实现文明单元全域覆盖

一是深化文明城市创建。深入实施文明创建"示范区域靓化"工程，大力推进"公益广告美化行动""交通秩序集中整治行动"等七大专项行动，扎实开展礼让斑马线慢直播、餐饮店"红黑榜"亮晒等创新举措。二是抓实文明细胞创建。统筹推进文明村镇、文明校园、文明单位、文明家庭等创建工作，以点带面、由表及里，厚植文明基底。截至 2022 年底，已建成全国文明村镇 4 个、文明单位 4 家，引领社会各行业学有榜样、行有示范。三是加强文明榜样选树。建立健全道德模范、身边好人评选表彰、宣传礼遇等工作制度。截至 2022 年底，共获评"全国道德模范提名奖"1 人、"中国好人"11 人、"全国五一劳动奖章"1 人、"浙江省道德模范"2 人、"浙江好人"48 人。

5. 坚持高位推动，实现文明机制高效协同

一是建立"一竿到底"的推进机制。全市坚持"一盘棋"谋划、"一张网"

布局，将精神文明建设纳入经济社会发展"总盘子"，纳入年度目标责任制考核、意识形态工作检查。二是建立"两级协同"的筹资机制。在市级财政每年加大投入的基础上，探索建立"两级基金"，充分激发全社会参与文明建设积极性，村级层面采取多元化建、规范化管、常态化用的模式设立关爱基金。截至2022年底，基金总规模达到2.19亿元，已使用1.11亿元，惠及群众30万余人次。三是建立"两约共促"的激励机制。探索建立"道德银行"，以户为单位，对尊老爱幼、扶危济困、见义勇为、垃圾分类、互帮互助等文明行为进行赋分，积分与本地义务教育伙食费减免、有线电视收费优惠、医保费用补助等公共服务挂钩。

（三）新昌缩小收入差距的现状与进展

作为共同富裕"缩小收入差距"领域的省级试点，绍兴市新昌县打响了一场强根筑基的攻坚战。为了构建缩小收入差距机制框架，新昌县迅速建立"1+1+1"的组织架构，制订"三年行动计划"，构建起共同富裕示范区建设的"四梁八柱"，聚焦"扩中""提低""消薄"三大主攻方向，打出了一套改革创新的"组合拳"，成绩显著。

1. 经济实力稳中有进

2022年，新昌县通过全力发展和振兴实体经济，取得了不错成绩。规上工业总产值高达680.16亿元，同比增长13.24%；制造业投资额为47.3亿元，同比增长35.2%；工业投资额56.2亿元，同比增长37.7%。

2. 民生品质逐步提升

2022年，新建公园和体育项目3个、百姓健身房9个、社会足球场1个、健身步道50千米，提升改造再生资源回收站点41个，完善30个村级站点的农村饮用水供水设施，创建6家老年友善医疗机构，极大提升了人民群众的幸福感和获得感。

3. 创新活力持续迸发

2022年，新昌县成功创建国家首批创新型县市，研发经费连续8年保持在4%以上，继续蝉联全省"科技创新鼎"；设立国产替代、"卡脖子"等科技攻关专项资金，实施10项"专精特新"重大科技攻关；获得省技术发明一等奖1项，二等奖和三等奖各2项；创新建立由政府、专家团队、行业龙头企业三方组成的新型研发机构等。

4. 发展质量逐步提高

2022 年，新昌县在"全国县域综合实力百强县"排名跃升至第 54 位，地区生产总值成功突破 564.8 亿元，按不变价格计算，同比增长 5.0%，增速居全市第一位；一般公共预算收入 41.65 亿元，为调整后预算 42.7 亿元的 97.5%，比上年同口径增长 8.1%；政府性基金预算收入 62.92 亿元，为调整后预算 62.5 亿元的 100.7%；国有资本经营预算收入 1562 万元，为调整后预算的 100%。

5. 城乡收入更加均衡

2022 年，新昌县城乡居民收入倍差 1.83，同比缩小 0.06。全县居民人均可支配收入为 58265 元，同步增长 4.9%。其中，城镇居民人均可支配收入为 71438 元，农村居民人均可支配收入为 39127 元，同比分别增加了 4.0% 和 7.9%。全县居民人均消费支出 34453 元，同比增长 7.1%。其中，城镇居民人均消费支出 40754 元，农村居民人均消费支出为 25298 元，同比分别增加了 6.7% 和 8.4%。

二、第一批试点中存在的问题

（一）未来乡村建设的问题与短板

经过一段时间的培育，未来乡村在基础设施建设、乡村辨识度、社会影响力、推动村集体经济增收、带动村民致富、场景打造等方面取得不错成效，但问题和短板仍然突出。

1. 农业产业体系不够健全，产业场景打造不够清晰

产业是未来乡村建设和发展的重要引擎。从调研的绍兴市 28 个未来乡村的产业情况来看，多以本地特色产品种植、加工为主，主导产业不显著。近年来，随着乡村新场景、新业态开发，乡村旅游、餐饮、民宿、露营经济成为主流，劳动力流向低门槛的服务业，原本农业种植、养殖及加工产业逐渐弱化。同时，农业现代化水平较低。现有茶叶、香榧和水果种植等主要采用村民零散耕种和引进农业综合体的经营方式。村民以传统耕种为主，不具规

模性，机械化水平低；引进大型农业综合体又存在产业基础和土地指标不匹配的问题。

2. 集体经济发展存在路径依赖，资金转化能力有待提升

集体经济是未来乡村建设的重要基础。绍兴自改革开放以来，乡镇工业经济因块状经济发展而兴，因此厂房租赁是村级集体经济的重要来源，尤其是柯桥区、上虞区、诸暨市等制造业产业集群较为发达，厂房需求量大，周边村庄的发展也受此影响形成路径依赖。随着 2022 年一系列乡村改革落地以来，淘汰落后零散产能促使乡镇工业经济产能重构。从未来乡村创建的调研情况来看，房屋租赁仍然是集体经济的主要来源。有超过一半未来乡村开发经营农文旅项目，但第一、二、三产业融合不够，产业可持续发展后劲不足，村级集体经济亟待破除路径依赖。

3. 村庄运营有待完善，品牌打造不够鲜明

村庄运营和品牌打造是未来乡村建设的重要环节，但绍兴市未来乡村建设存在乡村规划建设和品牌运营"两张皮"的现象。规划建设初期目标导向不够清晰准确，使后期配套偏离市场需求，到运营阶段更是难以补救。主要表现为缺乏专业人才和运营团队；数据运营管理尚处于起步阶段，数字应用场景使用频率低、接受度不高；品牌运营"无米之炊"，村集体资产、资源缺乏或激活困难；品牌运维市场营利性弱，已建成项目经营效益不佳。

4. 资源要素急需补强，人口老龄化较为突出

绍兴市 28 个未来乡村创建中不同程度存在资源要素短缺问题，急需大力支持。特别是未来乡村建设中青壮年人口较少，老龄化较为严重。其中 24 个村 60 周岁老年人比例在 30% 以上，高于绍兴全市老龄化水平。近年来，通过引进新业态、建设大学生实践基地、开拓研学游线路等是目前青壮年人口外生增长的主要来源，但存在稳定性低、流动性大的问题。青年回乡创业就业比例低，外部流入引进稳定性不高。

（二）诸暨市精神文明高地打造的问题与短板

自 2022 年 7 月成为全省共同富裕示范区建设打造精神文明高地首批试点以来，诸暨市在"风尚共育、服务共享、社会共治"方面取得了不俗成绩，但也存在一些难点和堵点。

1. 文明风尚不够立深见远

虽然自全面开展"浙江有礼·'枫'尚诸暨"行动以来，社会文明风尚渐趋向好，但是文明风尚的培育是一项长期工程，"德润越地"文明实践尚未全域深化，"有礼"氛围仍需久久为功，常态化制度化的移风易俗、文明宣传等仍不可懈怠。同时，文明城市常态化创建水平也有待提升，创建工作还未完全摆脱突击应付检查的惯性思维，须进一步健全组织机构，提高部门联动质效，真正形成常态长效机制。

2. 文明力量不够融汇活跃

一是志愿力量还须继续发展壮大。"全城志愿"品牌虽已建成，但是各界社会资源、公益力量的积极性主动性未能充分调动。例如，爱心食堂的送餐服务队伍需要进一步扩充，以更多辐射更好服务周边老年群体。二是多元主体共建共治协同配合能力有待进一步强化。政府内部多元主体涉文明创建各相关部门的资金、资源缺乏系统性整合，民间社团、协会组织、志愿团队等队伍缺乏高效沟通协作，导致文明建设中重复建设浪费和无人顾及盲区仍然存在。三是文明建设干部队伍综合素养有待进一步提高。一些干部关于建设"典范城市"的干事创业的热情干劲尚未完全激发，不能事事对标一流争先创优。

3. 公共服务不够优质优享

教育医疗、养老托幼等优质公共服务供给未能完全满足群众需求，爱心食堂等文明实践的覆盖率及辐射面有待进一步扩大，多跨服务有待进一步开发。文明实践中心建设还要进一步拓展提升，部分文明实践站、所存在"重建设、轻运营"思想，运行服务力量不足、水平不高，文明实践未能精准触达不同群体的精细化需求。部分基层文化阵地利用率不高，高品质文化供给不够丰富，部分服务资源及文化常态化下乡机制需要进一步完善优化。

（三）新昌缩小收入差距的问题与短板

新昌县虽然在科技创新支撑共同富裕、绿色共富低效林改造、企业助富"造血"、消薄增收攻坚中取得较好的成绩，但仍有不少问题亟待解决。

1. 经济基础相对薄弱，总量有待提升

2022年，新昌县生产总值达到564.8亿元，但与柯桥区1901.4亿元、诸暨

市 1658.8 亿元、越城区 1271 亿元、上虞区 1241.8 亿元、嵊州市 711.1 亿元的生产总值相比差距仍然比较明显，位列全市最后一位。总体来看，新昌经济基础还不够牢固，产业平台能级还不够强大，新旧动能转化仍显不足，高质量发展推动共同富裕的后劲有待提升。

2. 城乡收入差距相对较大，整体有待补强

2022 年，新昌县城乡居民收入倍差为 1.83，相比绍兴的 1.67 差距较大。收入结构亟待深化改革。从 6 个区、县（市）城乡居民人均可支配收入来看，柯桥区城乡居民人均可支配收入分别为 8.25 万元和 5.16 万元，诸暨市为 8.09 万元和 4.97 万元，上虞区为 7.93 万元和 4.53 万元，嵊州市为 7.29 万元和 4.05 万元，新昌县为 7.2 万元和 3.92 万元，越城区为 7.05 万元和 4.55 万元，新昌县城镇居民人均可支配收入位列全市倒数第 2，农村居民人均可支配收入位列全市倒数第 1，说明新昌县城乡居民可支配收入与全市其他县区差距加大，有待提升。

3. 收入分配体制机制构建有待完善

中央财经委员会第十次会议提出，"构建初次分配、再分配、三次分配协调配套的基础性制度安排"。实际中，新昌县要素流转市场仍然存在垄断、分割、扭曲等现象，很大程度上阻碍不同要素平等地参与并合理分配，导致收入分配的不合理，进而导致收入分配差距的产生。同时，在收入再分配方面，新昌县依然存在个税调节机制较弱、企业所得税调节能力不足、社保基金隐患过多等问题，致使收入再分配引发的收入不合理和差距仍然存在。在三次分配方面，新昌县的慈善事业还缺乏好的政策条件和孵化环境，相关政策和制度尚不健全，短板仍然比较显著。

4. 资本要素城乡流转渠道有待畅通

当前新昌县城乡发展不平衡，乡村发展不充分，公共服务相对薄弱。尤其是教育、医疗、社会保障等公共服务方面更为突出。同时，新昌县受区域条件限制和自身体制机制不完善等因素影响，致使城乡要素市场出现分割，城乡间的土地、劳动力、资本等要素流动不够畅通，要素集聚能力相对不强，要素配置机制有待改善。此外，农村土地流转市场化不够健全，乡村振兴中资金、土地、人才等重要要素瓶颈凸显，农村公共服务相对落后，农民的幸福感、获得感不强。

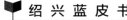
三、第一批试点的完善对策

（一）未来乡村建设的对策建议

1. 构建健全的未来产业体系

一是做好未来产业规划。在加强党建引领基础上，统筹未来乡村的资源禀赋、村庄分布、历史文化、发展现状等因素，充分挖掘全市各个乡村特色和比较优势，重点扶持优势农业产业和特色农产品，加强产村融合、产城融合及三产融合。二是打造优质生产链。大力发展农业绿色产业和生态高值的农业产业，推动生态农业和循环农业发展；依托生物技术，重点培育优质高效的果、茶及富硒稻等功能性新品种；提高农产品商品化程度，提高农业机械化水平；大力培育和扶持具有规模效应、领导力强、理念先进的新型职业农民。三是引领高效价值链。以农产品深加工转化为重点，依托重点优势产业，大力盘活各类农业产业园区，发展农产品精深加工；围绕绍兴农业产业中的茶叶、香榧、竹木、水果、珍珠等特色优势产业，打造一批三产融合先导区、特色强村和农旅示范基地。四是拓展全程服务链。尊重市场规律，引入市场化手段，探索共建共享、多方参与的特色产业服务链体制机制；大力激活各类主体参与特色产业发展的主观性和能动性，构建市场性服务有效益、公益性服务有保障，全流程、全覆盖的高效农业社会化服务体系。

2. 创新长效的市场运营机制

一是明确运营主体。未来乡村市场运营主体可以多元化，视基本情况而定：对于具有较强专业人才储备的未来乡村，条件成熟，可探索将村作为市场运营主体；对于不具备上述条件的未来乡村，应引入运营公司（强村公司），作为乡村发展的运营主体。二是创新运营模式。未来乡村运营模式可多样化创新性发展，应与乡村的主导、特色产业和应用场景相结合，根据乡村现有的实际情况，推进"村＋运营公司＋数字公司""村＋运营师＋数字公司""村＋国企＋数字公司"等模式发展；还可探索村企联办、跨村联办的联合发展模式。三是加强运营管理。建立科学合理的管理体系，加强日常考核、管理及奖惩机制，实施动态管理和监督，制定岗位责任制度，明确岗位管理人员。

3. 打造极具辨识度的文化 IP 和核心品牌

一是挖掘文化 IP。结合未来乡村的基本情况、产业特征、文化基础及艺术特点，塑造独特文化 IP，打造乡村文化主题。同时，要避免雷同和重复，大力挖掘文化 IP 的经济价值，形成具有区域影响力和乡村特色的文化名片。二是打造核心品牌。结合未来乡村的产业特色、资源禀赋及文化基础，按照排他性、独特性和唯一性原则，制定乡村品牌发展规划和战略蓝图，以此明确乡村品牌的核心价值，以乡村人文、产业、历史、资源及环境等确定乡村品牌本质；以信誉和质量为基础，构建乡村旅游品、节庆品和农产品等品牌，打响一批知名度广、乡村特色清晰、易记善懂的乡村品牌，扩大农产品和乡村的市场知名度和影响力。三是完善后续工作。聘请专业人士并借助视觉识别系统，确定乡村品牌名称，设计品牌标志；加强乡村品牌的营销和推广，设立专门机构进行品牌的指导和监管，通过新媒体、专业网站进行推介和宣传。

4. 深化可持续的"两进两回"行动

一是引导资金援乡。加大财政对未来乡村建设的支持力度，建立未来乡村建设和乡村产业发展专项基金，明确支持对象、支持内容、支持方式和支持重点；不断拓宽金融支持未来乡村建设的渠道，创新农村金融服务、产品和制度，提供便捷简单高效的金融服务。二是加快科技下乡。加强科技赋能，提升乡村建设和发展的科技含量；探索以农技专家为核心的科技服务方式；成立未来乡村科技人才帮扶队伍，实施包干式、地毯式和菜单式服务。三是鼓励青年回乡。大力宣传、落实和运用好人才新政，实现技能型、基础性和高层次农村人才支持全覆盖；建立农村引才联络点和服务站；建立返乡创业"绿色通道"，在办理项目申报、土地使用、注册登记等方面给予政策支持。四是激励乡贤返乡。建立并完善乡贤信息库，打好"亲情牌"和"乡愁牌"，并依托各乡镇（街道）的乡贤联谊会平台，积极开展乡贤联谊会以增进感情；完善政策体制机制，打造良好的营商环境，吸引乡贤投资目光，促进乡贤异地返乡和就地回乡；充分挖掘并发挥好乡贤在资金、项目、技术和人才等方面的潜在优势。

（二）诸暨市打造精神文明高地的对策建议

1. 在理论宣讲、主流引领中入手破题

新时代文明实践工作的核心在于加强理论武装，巩固壮大主流思想阵地，

深化习近平新时代中国特色社会主义思想学习实践。要广泛开展"六学六进六争先"学习实践活动，形成良好的学习宣传贯彻氛围，通过网红引流、云端互动、全媒体发力，推动党的创新理论飞入掌上指尖、走进千家万户。进一步加大宣讲新秀选拔力度，充分利用"青年说""党校宣讲团"等队伍的力量，把理论宣讲与说唱曲艺、民俗文化、脱口秀表演等结合起来，借助"乡音""文艺"传党音，真正让理论宣讲鲜起来、暖起来、活起来，让老百姓愿意看、愿意听，在潜移默化中得到思想洗礼，收获共情共鸣，使信仰之基更加坚固。

2. 在办好实事、吸引群众中落地落实

新时代文明实践工作的关键在于以人民为中心，做好群众工作。要精准务实、突出特色、回应群众关切，坚持小切口解决大问题、小载体带动大转变，在解决实际问题中传播新思想、引领新风尚。找准群众关切的痛点和堵点，继续深化拓展关爱基金、爱心食堂、全城志愿、移风易俗"四大场景"，帮助群众减轻经济负担和精神负担，让文明实践迅速深入人心。聚焦群众急难愁盼的关键小事、民生实事，有效运用密切联系群众、放手发动群众、相信依靠群众的工作方法，让文明实践在群众中扎根。

3. 在服务大局、全面覆盖中提质增效

新时代文明实践工作的实现路径在于主动融入党委、政府中心工作。要通过文明创建、文明实践撬动资金、科技、人才等要素在城乡之间流动发展，带动城乡公共服务水平和居民生活品质有效提升。将新时代文明创建工作作为市、镇、村"一把手工程"纳入市委和市政府重点工作、专项行动，坚持创建为民、创建惠民，扎实推进城市基础设施建设，办好民生实事，进一步提升群众"幸福指数"和城市"文明指数"。

4. 在大力推进、有效治理中久久为功

新时代文明实践工作要以"枫桥经验"为抓手，推动"枫桥经验"向精神文明建设各领域覆盖、各环节延伸。要高标准推动网络综合治理体系建设向纵深发展，构建网上"枫桥经验"综合治理体系，推动网络空间治理和线下社会治理同频共振。成立村级乡风文明理事自治组织，将文明网格与社会治理网格实现"二合一""一网两用"，全力打开治身向治心跃迁的通道，不断提升基层治理水平，促进社会文明程度达到新高度。

（三）新昌县缩小收入差距的对策建议

1. 扩大中等收入群体规模

一是要充分认识劳动和慈善在缩小收入差距中的重要性。劳动是创造财富和改变民生的根本路径，因此要鼓励年轻人创业、农村剩余劳动力就业。慈善作为完善收入差距的重要补充，对于社会收入的调节具有积极意义，因此需要引导企业家和富人，充分认识慈善的意义和价值，鼓励他们积极参与社会慈善事业，为缩小全社会的收入差距作出积极贡献。二是提高初次分配比重对缩小收入差距至关重要。全社会中各行各业的收入水平千差万别，甚至劳动时间投入不与劳动直接收入成正比。然而，初次分配是中小收入群体的重要收入来源，因此必须提高中小收入群体的初次收入的比重，需要政府引导企业转变经济发展战略，同时企业要提高自主研发和创新能力，此外，还要想方设法提高劳动者自身人力资本水平。

2. 实施常态化激励的财税制度

一是完善个税起征点。近年来，中低收入群体的物价成本和生活成本逐年增加，被扣除税金和各种保险费后，他们的净收入严重缩水，因此，就要对全社会的个税起征点进行完善和适当上调，缩减中低收入征税的比重，提高中高收入和高收入人群税收基点。再者，完善企业所得税与个人所得税的税率落差方面的制度，避免一些企业主将个人收入转为企业收入出现逃税的现象。与此同时，加强对社会高收入人群的税务监察，避免出现偷税漏税的问题，发挥好个税、增值税在调节社会收入分配中的平衡作用。二是设立"信用式＋关联性"的财政引导资金。依托财政转移支付、引导扶持基金等，对企业和个人的慈善捐赠行为及其累积进行扶持引导，试点推行第三方测算的"慈善捐助信用积分制"，关联财政资金划拨，激励第三次分配参与主体。三是设立三次分配储备金。参照无偿献血优先权思路，由财政部主管抽取一定比例的年度慈善捐赠设立三次分配储备金，定向面对慈善捐赠主体提供临时纾困解难资金，形成基于捐赠历史和慈善信用为基础的常态化财政转移支付制度，产生正向激励。

3. 完善三次分配治理体系

一是完善三次分配组织体系。强化顶层设计，设立三次分配监督委员会，以促进共同富裕政策蓝图的发展得到政策保障，还应加快专业人才培育和组织机构的建设，实行注册准入制，由三次分配监督委员会指导管辖，同时加强慈善机构的党组织建设，强化党领导下第三次分配促进共同富裕的最终目的得以实现。二是加快第三次分配的法治建设，尽早出台和启动税法、慈善法等相关法律法规的配套修订工作，明确第三次分配的权责利以及其他准则，为第三次分配提供红线保障。三是健全人民群众和政府的三次分配的基层网络，提高全民重视三次分配、参与三次分配的思想意识，同时加大媒体宣传力度，营造正能量氛围，构建三次分配与共同富裕互促循环的良好生态体系。

专题二十一

绍兴高质量发展建设共同富裕示范区第二批试点工作年度研究报告

中共绍兴市委党校　罗新阳

2022 年以来，绍兴市柯桥区深入贯彻落实浙江省绍兴市高质量发展建设共同富裕示范区各项决策部署，坚持"领跑全市、竞跑全省"的主基调，紧扣缩小城乡收入差距这一共富的最大难点，创新提出打造共富星村建设的重要示范，在全省首创由十条标准构成的星标体系，激发先行示范星火效应，首批创建8 个共富星村，构建74 个共富星村储备梯队。"共同富裕基本单元——共富星村"项目已列入全省高质量发展建设共同富裕示范区第二批试点改革探索类名单。

一、实践探索

绍兴市柯桥区共富星村建设的核心内容是创新提出共富星村十大标准，着力探索打造经济发达地区共同富裕未来乡村新形态，按照"一年有突破、两年大提升、三年展新貌"的目标，系统打造共同富裕乡村的展示之窗和实践范例。2022 年突出顶层设计，集中力量率先建设 8 个共富星村，迭代完善形成共富星村建设十大标准体系；2023 年突出示范引领，发挥首批共富星村示范带动作用，再创建 7 个共富星村；2024 年突出制度成熟，累计建设共富星村达标村60 个左右，实现全区村（居、社）创建达标覆盖面达到 30% 以上，将更多有基础、有条件的村（社）发展为具有柯桥辨识度、有引领带动作用的共富星村。最终形成在浙江可复制可推广的共同富裕村级发展模式。

（一）坚持组织制度引领

一是强化组织领导。柯桥区正式成立省级共富试点工作领导小组，组建六大工作专班，2022 年 9 月正式成立共富指导中心，以"一组一办一团一中心六专班"组织体系系统推进共同富裕示范先行区建设，高质量完成顶层设计。二是全面强化督查考评。全面构建试点建设考核评价体系，加强对试点建设的指标目标完成情况、标志性成果打造情况、重点工作推进情况的督查和考核，并将考核结果纳入相关工作目标责任制考核。三是实现部门多跨联动。各部门多跨联动、协同推进，强化试点工作保障，切实做到组织到位、人员到位、责任到位、措施到位、保障到位，实现工作责任链的全覆盖。四是坚持制度引领。制定了《绍兴市柯桥区人民政府关于印发柯桥区构建乡村建设标准体系全力打造共富星村试点实施方案》，具体包括指标目标清单、重点工作清单、重点改革清单、预期成果清单。五是创新出台专项政策。先后印发《关于全面推进共富星村建设的七项政策》《关于建立共富星村创建工作推进机制的通知》等文件，完成共富星村十大标准 2.0 版迭代升级；出台《2022 年共富星村创建星级评定办法》，明确建设十条标准（2.0 版）、评分细则及实体场景创建标准；下发《2022 年度柯桥区共富星村创建验收评定方案》，明确了创建验收、运营奖励、用地政策、资源要素保障等政策，建立了区领导挂联、镇（街）主要领导包村、区镇专班推进、部门对口联系等制度。六是开好现场会。在兰亭街道谢家坞村高规格召开了全区共富星村建设现场推进会，现场参观实践案例，实地感知共同富裕乡村形态的全新探索；共富星村创建村中的王化村成为省农业农村厅强村富民集成改革联系点。七是用好专题会议制度。先后召开"话共富、促创建"村社党组织书记座谈会、区政协主席会议、第一次共同富裕顾问团集中调研咨询、共富星村（未来乡村、先行村）建设例会、"学精神、话共富、促创建"驻村指导员座谈会等专题会议，在全区上下形成共议共富星村、共建共富星村、共享共富星村的浓厚氛围。

（二）健全党建联建机制

探索建立形式丰富，动态开放的全域党建联建，将基层组织优势转化为乡村共富发展胜势。先行先试"王化模式"破题柯桥南部三镇水源保护区发展之难，在平水镇王化片开展共富党建联建，引进"金秋家园·长塘头"共富项目，有效促进了村集体经济发展、农民增收一年来已带动村民就业80人，惠及王化片老人210余人，村集体增收超50万元。总结提炼王化片党建联建促共富试点经验，出台《抓党建促共富八条举措》，通过村村抱团、村企结对、部门帮促、服务下沉等形式，打造"发展共同体""富裕共同体"，2022年共引进绿色产业项目19个，引流资金超3.5亿元。

（三）推进"红色根脉强基工程"

深入实施"红色根脉强基工程"，建好指导员队伍，建强村书记领头雁。截至2022年底，柯桥区已下派专职共富指导员260名、金融指导员132名，帮助引进富农产业12个、农村现代化项目132个；建强头雁，高规格举办共富先行村社书记领头雁擂台赛，召开全区村社书记季度例会，推动村社干部"实绩赛比"；建成组团，推动党建联建扩面成形，形成97个"共富·先行"案例，成功探索30余个各类形态的党建联建模式。

（四）建立人才引流工程

健全"两进两回"①长效机制，完善乡贤回乡激励机制。促乡贤回流，如平水镇王化金秋强村农业发展有限公司、漓渚镇花满棠研学文旅有限公司等都是乡贤回流后创办的，从而克服了外来运营团队水土不服的问题，促进了强村公司的发展壮大。推进人才引流，实施乡村"领雁人才""头雁"培育工程，启动运营全市首个乡村人才创业园，已有5个乡创团队入驻创业。借智囊导流，组织顾问团开展共富星村课题调研7次、圆满召开顾问团调研咨询活动暨第一次工作例会，借智借力为柯桥共富星村建设提真言、谋良策。

（五）探索农村集成改革

深化全国宅基地制度改革试点区工作。一是完成全国首例农村宅基地资格权市域跨县有效选位。"闲置农房激活"改革全省领先，累计吸收社会资本18.55亿元，激活闲置农房60.66万平方米。二是先行探索农房（宅基地使用

---

① "两进两回"：科技进乡村、资金进乡村，青年回农村、乡贤回农村。

权）抵押登记，为农村宅基地制度改革试水探路。根据《绍兴市农民住房财产权（含宅基地使用权）抵押贷款业务操作指引》的具体做法，合理简化农户贷款条件及提交资料，率先全市定制农村宅基地抵押登记"云通道"专属服务，持续推进抵押便捷直通登记。第一笔农房（宅基地使用权）抵押登记业务已通过浙江省金融综合服务平台受理审批，确保在防范风险、权属清晰和保证农民有稳定住所的前提下，探索赋予农民住房财产权（含宅基地使用权）抵押融资功能，为全面推进农村住房释放产权价值打造柯桥样板贡献"柯桥经验"。联合瑞丰银行，于 2022 年 10 月 27 日在福全街道峡山村全国农村宅基地改革试点项目第二期有偿选位竞价会上，首次推出农村宅基地"三权分置"全链条贷款产品体系，向现场竞拍成功拥有宅基地资格权的农户代表发放 50 万"农宅贷"授信，进一步丰富了服务乡村振兴的金融产品体系，更好地推动了农村、农民实现共同富裕。三是组建"强村公司"。做强运营主体，在浙江省率先打造党建统领"区级引领、镇街主抓、村级主体"三级强村公司共富矩阵，梳理总结出投资收益型、资产盘活型等 9 种有效模式，截至 2022 年底，共组建三级强村公司 50 家，实现全区 16 个镇（街道）全覆盖；拓宽增收渠道，融合运用参股经营分红、村级物业建购等"强村十法"①推动促农增收，如筹资 5.128 亿元筹建成立"绍兴市柯桥区抱团物业管理有限公司"投资飞地抱团项目，投运后每村年分成 32 万元以上。扎实推进"共富工坊"建设，2022 年底已建成"共富工坊"109 家，吸收农户 5700 余人次，人均月增收入 2000 余元，带动村级增收 1800 余万元。四是实施"柯桥农匠"工程。通过就业技能培训平台开设育婴师、养老护理员、保育员、评茶员等 10 余个技能培训项目，已经累计开展各类技能培训 13 期，参训人数 671 人次，直接帮助 500 余人实现就业，培养一批产业发展急需的领军型农艺人才，新增各类农村就业岗位 2000 个以上。五是培育特色产业。培育"平水日铸""稽东香榧"等区域公共产品和农产品地理标识。启动了受二级水源地保护政策限制的南部三镇 25 万平方米的闲置工业厂房光伏整体开发建设，为山区增收再辟新路。

---

① "强村十法"：开发特色资源、推进土地流转、提供有偿服务、发展乡村旅游、培育新型业态、参股保底分红、开发物业用房、盘活低效用地、盘活闲置农房、盘活沉淀资金。

（六）培育共富发展品牌

深化共富星村公共服务标准建设，持续打响"学在柯桥""健康柯桥""颐养柯桥""安居柯桥"等特色品牌，带动优质公共服务在共富星村综合集成；推动农业品种向农业品牌发展，创建村开发出至少1种具有本地特色的拳头产品；做好省级未来乡村创建工作，提高农村公共服务饱和度，有效补齐乡村公共服务短板；进一步缩小城乡数字鸿沟，做好"浙里未来乡村在线"应用落地贯通工作；以共富星村省级试点为突破口，强村富民集成改革促农增收成效有效凸显。

二、成效亮点

绍兴市柯桥区成功入选2022年国家乡村振兴示范县创建名单；农村发展"柯桥路径"获评全国乡村振兴示范案例，入选省农业"双强"行动"赛马"激励地区。"传承发扬驻村指导员制度、打造推进共富'硬核'队伍"做法入选全省第一批共同富裕示范区最佳实践，平水镇王化村以农村集体经济为核心的强村富民乡村集成改革列入省级试点。绍兴市柯桥区在2021年全面消除年经营性收入50万元以下经济薄弱村基础上，2022年全面消除年经营收入100万元以下的相对薄弱村。2022年，全区农村集体经济总收入18.84亿元，其中经营性收入11.68亿元，同比增长13.27%，全区328个村集体经济组织平均经营性收入为356万元。农村居民收入连跨五个万元台阶，2022年农村居民人均可支配收入实现51605元，增长7.4%，跃居全省第1。城乡居民收入比大幅缩小至1.599。共富星村创建村中的王化村成为浙江省农业农村厅强村富民集成改革联系点。

绍兴市柯桥区已基本形成了以"一条路径、一套标准、一项规范、一个机制"为内容的"四个一"标识性成果。

一条路径：强村富民乡村集成改革推动农民农村共同富裕的实现路径。全面推进以农村集体经济为核心的强村富民乡村集成改革，打好"市场化改革＋集体经济""标（准）地改革＋农业'双强'""宅（基）地改革＋乡村建设""数字化改革＋强村富民"四套组合拳，打造具有内生造血功能的组团式集体经济共同体，走出兴业富民、活权富民、强村富民的农民农村共同富裕新路径。

一套标准：共富星村建设十大标准。注重标准化引领作用，积极探索未来乡村标准，围绕"富裕乡村、众创乡村、学悦乡村、健康乡村、优享乡村、和睦乡村、畅通乡村、诗画乡村、平安乡村、党建乡村"十个方面，提炼形成定性与定量相结合的共富星村标准体系。

一项规范：共富指导员工作规范。深化驻村指导员制度建设，推动驻村指导员向共富指导员迭代升级，系统梳理共富指导员的主要工作内容、服务形式、工作成效和经验做法，明确共富指导员的选派要求和工作职权，形成一整套可复制可推广的驻村指导员工作规范，打造乡村共同富裕"硬核"队伍。

一个机制：党建联建引领共同富裕长效机制。强化党建引领核心，以建立党建联建扩面为突破口，做深做实"5 带 16 片"党建示范[1]，形成组团式片区化发展合力。坚持以基层党组织为纽带，以组织联建为基本方法，聚焦全面覆盖、管用实用，构建了"1+2+X"党建联建体系[2]。

三、对策路径

2022 年，柯桥区共富星村建设探索取得了明显成效，并积累了诸多的经验，在肯定成绩的同时，仍有不少的问题和短板，主要体现在三个方面：一是区域差距不够平衡，339 个村（居、社区）发展水平差距很大，资源禀赋也千差万别，南部山区特别是水源地保护地发展较慢；二是体制机制需要磨合，部门在机制体制的运转、工作的衔接上存在落差，部门沟通对接仍不顺畅；三是方式方法需要完善，争取在试点推进中发掘更多最佳实践案例，改进方式方法，形成"试点—实践—模式"创新，真正实现"一地创新、全省推广"。

为此，绍兴市柯桥区需要继续为全省全市先行探路、输出经验，进一步更

---

① 柯桥区创建"会稽诗路、山阴兰桂、鉴湖渔歌、水乡记忆、钱杨印象"5 条党建示范带，在全区范围组建全域片区党建联建，按相邻相近原则划分 16 个片区，每个片区确定 2 个核心村，以核心村带动片区内其他村共同发展，实现全区域覆盖。

② "1+2+X"："1"是柯桥区级层面组建党建大联建，负责全区党建联建总牵头、总协调，具体由柯桥区委党建工作领导小组成员单位组成；"2"是全域片区党建联建和功能型党建联建；"X"是探索建立经济发达镇（街道）与南部山区的"帮促共富"党建联建、现代城乡社区"共建共治"党建联建、强村公司"强村共富"党建联建等各种形态的特色党建联建。

新迭代共富星村创建标准和评定办法，高效推进"共富星村"基本单元建设，实现以星村试点激发星火效应的"正向反馈"，进一步全域激发共富星村建设的活力。

（一）升级共富星村建设标准

迭代完善共富星村十大建设标准 3.0 版本，明确村集体经营性收入、村民收入、低收入农户收入、农村基本公共服务饱和度等为"共富"核心关键性指标。设置三星、四星、五星分级达标、分类评定，优化创建村社体系化标准设置，实现一个标准全覆盖、一套体系全贯通。在十大标准的基础上，以"专精尖"特色为标准先导，建立村社特色培育分值模块，设定"资源禀赋挖掘""生态效益开发""两进两回引导""公共服务提升""后发快进赶超" 5 条特色创建跑道，丰富多领域差异化的"星村"风采。将特色"致富"模式总结提炼作为建分立值、评分评星、绩效考核的重要量化依据，力争形成一幅特色星村的"标准化图景"。

（二）实现共富星村全域覆盖

根据共富星村的十大建设标准，全面开展共富星村建设基础摸排工作，建立共富星村建设储备库，梯队化推进全域共富星村建设。在 2022 年高质量推进 8 个首批共富星村建设的基础上，继续抓好后续创建村满星达标，推动共富星村从"个案试点"到"面上推广"，将更多基础条件较好的乡村纳入共富星村建设梯队。同时，推进共富星村建设大比武，打造共富星村建设头雁方阵，凝聚共富星村建设共识与合力。

（三）打造共富星村产业强村

推进强村公司、飞地抱团、片区组团和集成帮扶机制改革，持续推动村级集体经济发展壮大，做强乡村运营主体，强化村庄品牌化运营。加快推进"富裕乡村"建设，扩大产业增收渠道，提高主导产业产值，创建统一的农耕品牌，增加产业效益。全面推广强村公司发展模式，构建区镇村三级协同强村公司矩阵。推进兰花、梅花、荷花、桂花、菊花"五朵金花"，茶树、香榧树、红豆杉、杨梅树、苗木"五棵摇钱树"特色优势产业提质增效，聚力打造茶叶集聚区、兰花集聚区、菊花集聚区、水产养殖集聚区、畜禽产业集聚区五大特色农业产业集聚区。

（四）推动共富星村富民增收

完善富农惠农政策，整合资源要素，打造"共富工坊"[1]，政府、企业、村集体与农户联动建立有效协作关系，发挥联动效应，进行资源共享、优势互补、助农就业增收，切实增加农民工资性和经营性收入。盘活闲置宅基地、房屋等资产资源，促进资源变资产、资金变股金、农民变股东，提高农民财产性收入。加快培育一批农创客，打造"众创乡村"建设标杆。完善促进低收入农户稳定增收的长效机制，多形式开展创业就业培训，实现有劳动能力低收入农户培训全覆盖。确保农民人均收入继续走在全省前列。

（五）深化共富星村集成改革

全面推进以农村集体经济为核心的强村富民乡村集成改革，深化平水镇王化村省级联系点建设。按照"共富星村"建设进度，向新增建设用地计划指标倾斜，存量土地盘活和批而未供土地优先落实农村发展用地，同时，每年用于"共富星村"建设项目的新增建设用地指标不少于用地指标的 10%。深化国家农村宅基地制度改革试点、农村集体产权制度改革，强化农村集体"三资"管理，加强"强村消薄"基金运营管理，成立南部山区产业发展扶持基金，为各类新型农业主体提供产前、产中、产后服务。

（六）强化共富星村公共服务优享

按照"一村一厅"要求，高标准建设国际未来社区乡村会客厅，打造邻里团结、守望相助、生活融洽的睦邻家园。聚焦人的全生命周期需求普遍得到更高水平满足，建立"一村一品"的特色公共服务体系，强化"一老一小"服务保障，深化共富星村的公共服务标准建设，带动优质公共服务在共富星村综合

---

① "共富工坊"：浙江省探索的由村（社区）、企业等党组织结对共建，利用农村党群服务阵地、闲置房屋土地等创办而成，通过送项目到村、送就业到户、送技能到人，引导企业将适合的生产加工环节布局到农村，在有效吸纳农村剩余劳动力、低收入农户"家门口"就业的同时，降低企业生产用工用地成本，拓展乡村产业增值增效空间，推动形成"人人有事做、家家有收入"的新机制、新气象。

集成。高质量推进乡村养老和托育设施建设，每个共富星村建有 1 家星级居家养老服务（照料）中心和 1 家照护驿站。积极培育"柯桥有礼"品牌，打造"学悦乡村"标杆，构建农村"5 分钟生活服务圈""10 分钟公共交通圈""15 分钟健身圈""20 分钟医疗圈"。

（七）推动共富星村空间形态优化

持续深化"千万工程"[①]，推动美丽乡村向未来乡村整体跃迁，持续推进农村人居环境整治全域提升，实现农村人居环境整治"三大革命"[②]高水平全覆盖。争创省级 AAA 景区村，推进美丽田园、美丽茶园、美丽菜园、美丽果园、美丽花园、美丽牧场和美丽庭院等建设。坚持城乡风貌提升与功能完善、治理优化一体推进，全力推动城乡风貌整治提升，打造整体大美、柯桥气质的城乡风貌新时代"富春山居图"示范区。

---

① "千万工程"："千村示范、万村整治"工程，是浙江"绿水青山就是金山银山"理念在基层农村的成功实践。
② 农村人居环境整治"三大革命"：厕所革命、垃圾革命、污水革命。

专题二十二

绍兴农村宅基地制度改革整市推进
试点工作年度研究报告

中共绍兴市委党校　孙小峰　陈　静

　　宅基地作为在保障农民生产生活和农村社会稳定等方面最为重要的农村建设用地，关乎农民权益保障、土地资源盘活、城乡融合发展三者的协调均衡，牵一发而动全身，是我国当前土地问题中的现实矛盾集中点、改革攻坚挑战点、要素配置问题点、理论创新突破点，与乡村振兴、城乡融合、共同富裕、国家治理体系与治理能力现代化，乃至中国式现代化密不可分、息息相关。这些因素对宅基地制度改革试点工作，特别是当前试点范围最广、改革力度最大、推广意义最深的整市推进试点提出了更高要求和严峻挑战。

　　2020年9月，绍兴被中央农村工作领导小组办公室、农业农村部列为全国新一轮农村宅基地制度改革3个整市推进试点之一，系浙江省唯一试点市，使命光荣、责任重大。对此，绍兴市委、市政府高度重视，从市域角度整体谋划部署，统筹市县乡各级各部门力量，高标准、高质量推进改革试点。经过2年多探索，绍兴在宅基地制度改革整市推进中已经形成一套整体性、系统性、循环性制度体系，多项开创性经验领跑全国。

一、绍兴农村宅基地制度改革整市推进的实践与成效

　　绍兴农村宅基地管理基础得到有效夯实，制度体系基本构建，宅基地财产属性进一步释放，有力推动和美乡村建设和农民农村共同富裕，初步形成"三

大突破""四个构建""五项破解"①，在宅基地管理、权能释放、农民利益保障等方面取得了较好成效。2022年，绍兴农村常住居民人均可支配收入45709元，同比增长7.2%；经营性收入50万元以上行政村占比100%，经营性收入80万元以上行政村占比51.7%，年经营性收入100万元以上行政村占比33.9%；"闲置农房激活""三权三票""资格权跨县实现"等相关经验做法多次得到农业农村部和浙江省委、省政府领导批示肯定，具体做法如下。

（一）统分结合、以统为主，以制度创新推动宅基地制度改革整市推进

绍兴宅基地制度改革在制度创新中的特色在于"市统筹—县区创新—经验提炼—政策验证—制度形成"的"市—县—市"循环论证制度体系。

1. 聚焦"六统一"，系统谋划重塑整市体系

坚持把制度创新作为本次改革试点的重中之重，市级层面聚焦"六统一"②，构建"1+20+X"③制度体系。截至2022年底，已经出台《关于加强农村宅基地管理工作的若干意见》《关于农村宅基地整合、退出和利用的指导意见（试行）》《绍兴市农村宅基地资格权人认定办法（试行）》等15个制度文件，《关于深化"闲置农房激活"改革的若干意见》《农村集体经济组织宅基地管理章程（范本）》等剩余5个制度文件或已提请市委常委会审议或已起草。

2. 聚焦基层首创，因地施策打造县区特色

县级层面在细化完善市级制度文件基础上，因地制宜、各有侧重地开展创新探索，已出台制度43项，正在研究起草和谋划推进47项，形成一批特色制度和措施创新。如诸暨市"三权三票"、柯桥区"资格权跨村有偿选位"、嵊州市"一庭园三基地"、上虞区"闲置农房激活"2.0、新昌县"生态共富大搬迁"、越城区"农户资格权保障"等。

---

① "三大突破"指破解宅基地资格权实现村域限制、使用权转让村域限制、农民住房财产权（含宅基地使用权）抵押限制，"四个构建"指率先构建宅基地管理体系、宅基地改革制度体系、宅基地信息支撑体系、宅基地流转体系，"五项破解"指有效破解农村住房保障难、空心村整治难、宅基地退出难、宅基地定价难、资金落实难的问题。

② "六统一"：统一农村宅基地的基本政策、统一宅基地审批程序、统一城乡一体的住房产权体系、统一宅基地流转交易机制、统一宅基地信息管理系统建设、统一宅基地工作管理体系。

③ "1+20+X"：把实施方案＋市级统一制度＋县级创新制度上升为全市推广应用制度。

（二）聚焦机制、效能为先，以治理基石推动宅基地制度改革攻坚克难

绍兴市在宅基地这一公共事务治理①上尽最大可能建构工作体系，为宅基地制度改革保驾护航，其特色在于治理队伍、治理基础、治理载体三个方面。

1. 坚持高位统筹，建章立制抓体系，切实健全治理队伍

一是建立领导机制，市、县两级成立由党委、政府主要领导担任双组长的改革领导小组，建立由党委副书记牵头抓、政府分管领导联动抓的工作格局。二是建立专班机制，组建市、县实体化工作专班，由专班负责工作调度、督查通报、考核评价等工作；每周召开市专班工作例会，每月召开市县工作例会。三是建立督考机制，建立区、县（市）和试点先行镇工作进度半月报制度，建立全市改革试点工作考核评价体系，开展半年度、年度考核评价，并将试点工作列入市对区、县（市）岗位目标责任制考核和市委、市政府督查内容。

2. 坚持力求实效，挂图作战促落实，稳慎夯实治理基础

根据试点总体安排，每年制定年度工作任务书，定期"亮晒"进展情况，督促各项工作有序推进。一是制定《关于加强农村宅基地管理工作的若干意见》，厘清"宅基地供地—权利人管理—申请审批—批后监管—登记发证"等全链条管理要求，市县两级在全国率先增设独立的宅基地管理处（科）室；建立健全宅基地全链条管理体系和执法机制，"大综合一体化"行政执法改革全面推行，探索建立农村宅基地"五个一"②，柯桥区、上虞区、诸暨市、嵊州市、新昌县已将宅基地执法权限赋权乡镇（街道）。二是大力推进宅基地基础信息调查，开展以"人、地、户、房"为主要内容的基础信息调查，截至2022年底，全市已完成 1515 个村、106.77 万户农户的基础信息调查，正进一步推进数据建库和检查验收工作。三是扎实推进"多规合一"的村庄规划编制工作，根据"按需编制、应编尽编"原则有序开展编制工作，截至 2022 年底已完成编制（含续用）1389 个，完成率 87.5%。四是稳步推进宅基地确权登记

---

① 联合国全球治理委员会（CGG）对治理的概念进行了界定，认为"治理"是指"各种公共的或私人的个人和机构管理其共同事务的诸多方法的总和，是使相互冲突的或不同利益得以调和，并采取联合行动的持续过程"。

② "五个一"："一件事"建房审批、"一套图"风貌管控、"一张网"批后监管、"一颗星"工匠管理、"一支队伍"监督执法。

颁证，全面完成宅基地权籍调查，截至 2022 年底，已颁发"房地一体"宅基地不动产权证 44.39 万宗，占应颁宗数的 59%。五是创新开展宅基地基准地价体系构建，编制发布《绍兴市区集体建设用地基准地价、农用地基准地价和城镇标定地价成果》《绍兴市区农民住房财产权（含宅基地使用权）基准价格评估研究成果》，为宅基地（农房）退出、流转交易提供价格指导，评估建立绍兴市区 233 个农村宅基地片区基准地价。

3. 坚持科技引领，数治融合提效能，持续增强治理载体

一是开发建设和推广应用绍兴市农村宅基地数字化管理服务系统"越宅通"，归集农业农村、自然资源和规划等部门（单位）20 类 600 余项数据，畅通部门间多跨协同。二是以"一宅一码"贯通宅基地全链条管理闭环，实现"码上服务""码上监管"。三是打造"一件事办理""一本账管理""一体化决策""一条链交易"4 大应用场景，构建宅基地申请、建设、颁证、抵押、流转、退出全流程业务办理平台，高效可靠的线上交易平台、方便快捷的金融服务平台，有效提升宅基地管理、服务和盘活利用水平。

（三）要素适配、激活为要，以"三权分置"实现形式推动宅基地制度改革资源交互

绍兴市宅基地制度改革的要素激活特色在于以宅基地"三权分置"实现平衡农民利益保障和农村资源要素激活。主要是宅基地所有权中村集体经济组织承担的宅基地分配、调整、收回、监督等职能以及宅基地流转机制。

1. 探索所有权行使机制，铸宅基地制度改革之"魂"

制定《关于农村宅基地集体所有权行使的指导意见（试行）》《关于农村宅基地整合、退出和利用的指导意见》，主要是明确农村集体经济组织承担的宅基地分配、调整、布局、收回、监督等管理职能，重点是以实用性村庄规划、宅基地优先保障机制、宅基地整合所需土地收储机制、矛盾纠纷调处机制、农村土地管理议事决策机制、民主监督机制等保障农民集体经济组织对宅基地所有权行使机制的落实，从而保障宅基地资格权、宅基地使用权的有效实现，并完善"以宅换钱""以宅换房""以宅换宅""以宅换权"4 种退出模式，允许在宅基地整合过程中，对非资格权人继承取得的宅基地和涉及历史上形成的"一户多宅"，给予宅基地移位或公寓式安置，截至 2022 年底，全市累计退出农户

1178户，盘活闲置宅基地及低效建设用地27.93万平方米。

2. 探索资格权和使用权实现形式，赋宅基地制度改革之"能"

制定出台《关于宅基地农户资格权跨村实现的实施意见》《关于农村宅基地使用权流转的指导意见》《绍兴市农民住房财产权（含宅基地使用权）抵押贷款业务操作指引（试行）》《绍兴市农民住房财产权（含宅基地使用权）抵押贷款风险补偿办法（试行）》，探索宅基地资格权保障、使用权转让跨村、跨镇甚至跨县实现，鼓励实施宅基地整合利用，在传统"一户一宅"基础上，探索跨村建房、农民公寓、保障权票等方式，构建包含兜底型保障、基本型保障、改善型保障、发展型保障、乡愁型保障等多主体供给、多层次保障的农村住房保障制度，并开展农民住房财产权（含宅基地使用权）抵押贷款，率先推出宅基地"三权"全链条贷款体系[①]。截至2022年底，全市共发放抵押贷款170笔、1.42亿元。

3. 探索改革支撑资金来源新模式，聚宅基地制度改革之"气"

除以"三权分置"带动人、户、地、房资源要素外，绍兴还探索了国有资本、社会资本参与宅基地改革的"项目"与"资金"两种资源要素的参与模式，打破了依靠财政投入的传统路径依赖。如诸暨市建设集团有限公司注资2亿元成立未来乡村开发建设有限公司，为宅基地基础信息调查、改革项目推进、乡村产业招引等提供启动和周转资金，截至2022年底，已累计获得省农发行、诸暨农商银行等金融机构授信15.78亿元，实际放贷8799万元；嵊州市石璜镇白雁坑村油罗山"一庭园三基地"项目，嵊州市城投集团出资配套基础设施等开发建设活动，实现政府、村集体、农户、公司四方共赢；新昌县城投集团提供共富生态搬迁项目资金保障并参与安置房建设。

（四）基层首创、敢为人先，以一地创新、全市立制推动宅基地制度改革勇立潮头

绍兴宅基地制度改革的县区特色做法主要有"闲置农房激活"2.0、"三权三票"、"跨村有偿选位"等，重点是强化集体所有权行使、保障农户资格权和

---

① 宅基地"三权"全链条贷款体系：针对宅基地所有权的"美丽乡村贷"、针对宅基地资格权的"农宅共富贷"、针对宅基地使用权（含农房租赁使用权）的"农房抵押贷"。

放活宅基地使用权。区、县（市）创新做法为市级统筹制定"六统一"提供了坚实的实践基础。

1. "闲置农房激活"2.0

绍兴市从"闲置农房激活"改革"1.0 版"率先破题，开展农房使用权的流转和农房租赁使用权的抵押；到"2.0 版"延伸扩展，横向联动农村其他闲置资源全域激活；再到"3.0 版"全面变革，纵向打通闲置宅基地整合利用和农民住房财产权（含宅基地使用权）的流转抵押，以市场化理念吸引科技、资金进农村和青年、乡贤回农村，招引城市工商资本投资激活农村闲置农房、改造"空心村"，拓宽村集体和农户增收渠道，改善农村人居环境，进一步吸引城市消费群体和投资者，为城乡科技、资金与人才等要素流通打通渠道，走出一条"以城带乡、以工补农、城乡互补、协调发展"的共同富裕新路子。如王化村按照乡村集成改革的思路，以全国农村宅基地制度改革试点为突破，率先实施"强村富民"工程，统筹推进五星达标村、AAA 示范村、乡村振兴先行村和未来乡村试点村建设进程，统筹推进农村土地、山林、劳动力、生态、人文等闲置资源要素整体激活，鼓励跨区域、规模化激活，着力拓展农业农村产业链，打造"金秋家园·长塘头"共富项目，延伸"养老 +"产业链，探索农村和城市老人农村居家养老模式，形成了"王化模式"这一强村富民乡村集成改革标志性成果。诸如"王化模式"全域激活典型还有新昌县东茗乡"六看东茗"、上虞区岭南乡三村联盟等。

2. 诸暨市"三权三票"整体运动式激活模式

诸暨市在全国首创宅基地"三权三票"制度体系[①]。一是"三权"权属界定，由村集体统一回收的农户闲置宅基地和集体非住宅建设用地，按照复垦竣工总面积的 50%，由诸暨市宅基地制度改革领导小组办公室对村集体核发"集体权票"，其余 50% 总面积归诸暨市政府统筹使用；对涉及退出宅基地使用权（含地上房屋所有权）的农户，由镇政府核发退出宅基地使用权面积的"保留权票"（置换安置权益）；对人均占用宅基地面积小于 15 平方米或人均建筑面积小于 30 平方米的住房困难户核发宅基地"保障权票"。二是"三权"权能实

---

① "三权三票"制度体系："集体权票""保障权票""保留权票"，分别对应宅基地集体所有权、农户资格权、宅基地使用权。

现，"集体权票"允许在诸暨市农村集体经济组织成员之间整体或分割交易流通，农村集体经济组织成员可用"集体权票"置换建房指标。村集体初始获得的"集体权票"既可以通过公开拍卖方式流转交易，也可以申请政府保底价回购，还可以向银行机构申请质押贷款，用于发展村集体经济、实施宅基地整合和退出利用项目等；农户可凭"保留权票"向村集体按申请回购，符合建房条件的农户（宅基地资格权人）也可凭"保留权票"提出等面积的建房申请；在确保"户有所居"前提下，"保留权票"允许在特定区域内流转调剂；住房困难户可凭"保障权票"向村集体申请建房，也可向属地镇政府申请其他住房保障方式。另外，农户可凭"保留权票""保障权票"向银行机构申请质押贷款，用于个人生产经营等。

3. 柯桥区"跨村有偿选位"

柯桥区在全国率先探索农村宅基地资格权市域跨县实现，制定《柯桥区宅基地农户资格权跨村实现的实施办法（试行）》《柯桥区农村宅基地民主管理暂行办法（试行）》等相关政策，在满足本村无房户、住房困难户建房审批要求的前提下，通过对宅基地农户资格权跨区域实现项目的申报、审批、公告、报名、竞争、办理、办证等流程进行明确和规范，在充分尊重农民意愿、充分保护农民和村集体利益基础上，形成规范的宅基地流转市场，所获收益归村集体所有，从而增强村集体经济的"造血"能力，同时也保障了部分有资格但在本村很难落地的农民居住权。如福全街道峡山村分别于 2022 年 6 月 2 日、10 月27 日举办两期农村宅基地有偿选位竞价会，有效、公平实现农村宅基地资格权市域跨县实现，共有 36 宗宅基地成功拍出，颁发全国首张市内跨县宅基地批准书；同时，村集体利用这笔收入投资再开发村级物业用房等项目，形成了"低效资产—可用资金—高效资产—持续增收"的自我"造血""活血"滚动循环发展模式，有力促进了农民农村共同富裕。

4. 嵊州市"一庭园三基地"

嵊州市通过有偿退出、统筹规划、整合利用闲置和公寓安置等方法破解农房退出后安置难点，引入乡贤、工商资本，改农房为"庭园"，打造创业、创新和创富"三基地"，联通共富全链条，推进村集体、退出农户、入驻企业三方共赢。如石璜镇白雁坑村的自然村落油罗山，充分利用当地古香榧林、天然火山崩塌遗迹、古色农房等村落风貌，引入乡贤资本实施整村置换，打造具有可推广价值的小区域精品民宿典范，促进本地区"精品民宿运营＋村庄乡旅活动＋特色农产品营销"一体化发展，投资主体一次性支付村集体 800 万元宅基地有偿使用费，同时成立 700 万元共富基金，每年致富村集体 35 万元共富收益，涉及 30 户农户，可选择永久退出补偿、宅基地安置、公寓安置等多种方式，有效保障农民权益。

二、宅基地制度改革深水区所遇难点与挑战

随着宅基地制度改革逐步迈入深水区，改革路径日趋明晰，改革焦点重点愈加突出，所遇难点主要是宅基地"有效流动性"的基础性、根本性、深层性问题，既包括历史性遗留问题，也包括现实性治理与利用难题，更包括持续性挑战。

（一）历史性遗留问题亟须聚力破解

历史性遗留问题是以"一户多宅"为主的清退不易问题。早在 1987 年《中华人民共和国土地管理法》作出"农村村民一户只能拥有一处宅基地"规定之前，我国并没有相关的法律规定农民不能建多少房子以及不能建多大的房子，所以导致农村"一户多宅"的现象比较普遍。由于各类历史原因，不仅在绍兴市，在全国各宅基地制度改革试点中，也存在权属不清、不符合土地管理条例相关规定的房屋，如农户继承得到但未办理相关手续的农房，老台门堂中的公共区域等，房证不符、房屋买卖等问题也较为普遍。而当农房无法确权时，再面对各类危旧房改造、有偿退出等宅基地改革激励政策，农户就会因担心核算面积偏少导致利益受损而不愿退出宅基地。因此，摸清底数，加快房地一体宅基地确权登记颁证，同时加强规范管理，妥善化解以"一户多宅"为主的历史遗留问题成为绍兴宅基地制度改革试点进一步推进亟须解决的基础性难题。

（二）现实性治理与利用难题尚需系统解决

现实性治理与利用难题主要是由宅基地使用权和资格权"二权""流动性"问题可能引发或关联的宅基地退出复垦细碎化、连片利用率，产业"推－拉"

基础性双力，用地统筹布局等系统性管理问题。由于农户宅基地"三权分置"观望心态、动员工作繁杂、用地规划实现和统筹方式存在制度性瓶颈、现实性约束，由宅基地流转而出的土地存在插花式分布、细碎化问题，在用地指标上量较大，在用地布局上欠优，可能影响保障性安置住房、产业资本入驻的空间需求和实际落地，一定程度上阻碍了宅基地流转价值显化，"人－户－地－房－产－治"六元资源要素整合统筹难度较大。因此，贯通乡村规划、农民权益保障与产业项目落地，以治理能力现代化带动全域要素联动激活成为阻碍绍兴宅基地制度改革试点进一步推进的现实性难题。

（三）持续性挑战有待妥善应对

持续性挑战主要是由历史与现实问题延伸而出的要素市场化支撑、农民预期和响应、社会统一认知"三大挑战"组成的。绍兴作为宅基地制度改革整市推进的试点，是大型、系统的政策试验场域，也是更大范围试点、更好服务顶层设计的关键基点。历史性遗留问题、现实性治理与利用难题既是绍兴要解决的问题，也蕴含全国宅基地制度改革试点所面临的共性问题，而三大持续性挑战是对绍兴宅基地制度改革整市推进所赋予的重大历史使命和重要时代担当。目前，要素市场化支撑、农民预期和响应、社会统一认知"三大挑战"互相关联、互为依存、互为嵌套、互相作用，乡村内生力和外联力尚待加强。从外联力的产业带动角度出发，资本下乡、项目进村等面临现实性治理与利用难题，乡村发展对农民权益保障机制、农民对"三权分置"实现形式高预期和观望心态，导致宅基地制度改革的社会统一认知支撑力尚有不足；从乡村内生力的"三权分置"角度出发，"三权"面临历史遗留问题和现实性治理难题，农村集体经济组织承担宅基地分配、调整、收回、监督等权能职能，以及宅基地重大事项决定和矛盾纠纷调解等治理职能，若宅基地所有权权能有效落实受阻，由所有权派生的使用权流转、资格权保障等权能受限，治理效能难以体现，产业项目难以介入，影响农民政策信心和社会统一认知。因此，妥善应对"三大挑战"，在解决历史性遗留问题、现实性治理与利用难题基础上，以农民信心和响应为撬动点，以要素市场化配置为主攻点，以社会统一认知为续航点，提升乡村内生力和外联力，成为绍兴市宅基地制度改革试点向长远推进、向深层推进有待妥善应对的持续性挑战。

三、宅基地制度改革路向与对策建议

以"三权分置"为核心的农村宅基地制度改革不仅是保障农民根本利益、尊重农民的房屋财产权等回应城乡关系变动的顶层设计，而且是更好地盘活农村"沉睡"的资源要素，使农村走上发展快车道，使农民共享发展硕果，与乡村振兴、城乡融合、共同富裕、基层治理同步并进的具有里程碑意义的历史性宏略，宅基地制度改革过程及其理念、路径等各方面就是中国式现代化中农村发展与进步的鲜明而生动的写照。

绍兴宅基地制度改革整市推进的一大试点创新经验是"市—县—市"循环论证制度体系，以县区创新为突破力，以市级统筹为推动力，以县区推广为验证力，以立制为最终改革力，对试点经验在现实实践中的向度、维度、效度、限度具有十分重要的推广、复制价值。

建议绍兴紧抓宅基地制度改革顺应"稳中求变、稳中求进、盘活利用"总趋势、总方向，以绍兴宅基地制度改革整市推进这一"绍兴特色"创新，形成以试点循证实现宅基地"三权分置"与利益分配相协调的宅基地制度改革机制，突出小试点（村）样板示范、中试点（县、区）创新互证，大试点（市）统筹立制，从基础性成果、突破性探索两个方面进一步推深、推新、推实宅基地制度改革。

（一）夯实基础性成果，奠定改革坚强基石

1. 全面完成基础工作，为试点工作进一步推进提供有效支撑

加快推进宅基地基础信息调查后续工作，开展验收和数据库建设；全面完成村庄规划编制工作；加快"房地一体"确权登记发证和历史遗留问题处置工作；推进宅基地执法事项赋权乡镇（街道）；进一步深化农村宅基地数字化系统建设，做好全面贯通应用，提升实战实效；探索农村宅基地片区基准地价和标定地价动态监测系统。

2. 全面巩固改革成果，为制度体系进一步完善提供重要保障

推进农村宅基地管理、"闲置农房激活"、农村集体经济组织宅基地管理和宅基地流转中的确权登记等体制机制改革，构建完善"1+20+X"的制度体系；

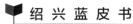
着力推进宅基地"三权三票"等试点创新工作深度研究，总结形成一批制度经验并在全市复制推广，为全国农村宅基地制度改革提供更多"绍兴方案"。

（二）谋划突破性探索，承载改革前行使命

1. 聚焦"以大兼小抓重点"，探索宅基地要素市场化激活与配置机制

围绕以资源带资源、以要素活要素的思路，探索"人－产－治"三元链条带动"人－户－地－房－产－治"六要素盘活机制，搭建宅基地资源要素交流、交互、组合、分配的市场化配置平台，以产业项目为抓手激励流转，以增值收益为核心协调关系，以治理效能为保障促进实现，撬动激活各类资源要素，促进城市人才、资金、技术和理念等发展要素和各类服务更多向乡村转移，挖掘培育乡村发展潜力因素，采取"适农产业＋""人文＋""养老＋""山水＋""田园＋""教辅＋""远程办公＋"等多样化城市互动途径发展农村"三生"空间（生产、生活、生态）。

2. 聚焦"以小带大促整体"，打造宅基地制度改革"认知响应"示范样板

宅基地既是农民最根本栖身之所，也是最根本利益所在，宅基地制度改革本质意义上是处理好人人关系（以农民为主，涵盖村集体、市县区政府、企业、社会资本等利益主体的关系、行为与协调）、人地关系（围绕"三权分置"土地权属的公共产品性质保障、经济效益用地盘活、城乡土地指标置换等方面的地利实现），特别是解决好农民"命根子"问题，进而促使宅基地从"三权分置"走向"三权激活"，实现乡村振兴、城乡融合等多元目标。因此，建议以杠杆撬动思路，打造一批吸引农民、保障农民、统一认知、赋予农户一定选择权的基点式示范样板，以城乡资源置换农民宅基地使用权，允许农民可以用宅基地使用权置换一次性或组合式资源（异地选购宅基地、房票与城市户籍、农村产业股份、集体红利、就业岗位等），打造"留村农民"和"离村农民"的长期价值分配闭环机制；同时优化落实宅基地资格权对农民最基本的居住保障，按照农民自愿原则，既可选集中居住、邻近城市的地理优越性宅基地（地上住房），也可选邻近乡村生态景观、便于农耕或就业的景观式宅基地（地上住房）。

专题二十三

绍兴建设国家知识产权强市试点工作年度研究报告

中共绍兴市委党校　郭春杰

　　2022 年 8 月 4 日，在国家知识产权局发布的《关于确定国家知识产权强市建设试点示范城市的通知》中，绍兴成功入选首批试点城市。绍兴市按照《知识产权强国建设纲要（2021—2035 年）》《"十四五"国家知识产权保护和运用规划》的任务部署，以国家知识产权强市建设试点城市为契机，补足短板，发挥优势，坚持数字化引领、法治化保障、体系化重塑、市场化运作、项目化考核，以知识产权为"动力源"，努力为形成"重要窗口"标志性成果、知识产权强国建设先行省市域范例贡献"绍兴经验"。

一、绍兴建设国家知识产权强市的现状

（一）绍兴建设国家知识产权强市的整体情况

　　近年来，绍兴市以知识产权强市建设为目标，以提高知识产权创造、保护、运用、管理和服务为核心，坚持"一地一特色"工作思路，因地制宜，大胆创新，多项工作取得积极成效。

　　1. 知识产权创造水平显著提高

　　近五年，累计获评中国专利金奖 2 个，银奖 3 个，优秀奖 13 个。全市授权国内专利 33181 件，其中发明专利 3500 件，实用新型专利 24706 件，外观

设计专利 4975 件。全市有效发明专利 20151 件，同比增长 20.24%，实现连续三年增长 20% 以上。全市新增高价值发明专利 2506 件，同比增长 57%，增幅位居全省第二。其中，新增战略性新兴产业类高价值发明专利 636 件，同比增长 25%，连续两年保持较好增长态势。全市现有战略性新兴产业类高价值发明专利达 3182 件，占高价值发明专利总数的 46.1%。2022 年，全市商标申请量 24927 件，商标注册量 21245 件，累计有效注册商标量达 182810 件，同比增长 9.6%，连续三年保持稳中有升态势。2022 年，全市作品自愿登记量 9192 件，占全省总登记量的 19.2%，位列全省第二。每百万人作品自愿登记量达 1722.32 件，连续三年位居全省第一。绍兴市柯桥区知识产权保护中心提交版权登记 8770 件，提交登记量在全省 16 家版权服务工作站中位列第二。2022 年度全市新认定的国家级知识产权示范、优势企业共 12 个（见表 23-1），2022 年度全市新认定的省级知识产权示范企业共 41 个（见表 23-2），2022 年度全市企事业单位专利授权量 50 件及以上共 41 个（见表 23-3）。

表 23-1　2022 年度全市新认定的国家级知识产权示范、优势企业名单

序号	企业名称	所属区	类型
1	振德医疗用品股份有限公司	越城区	示范
2	浙江京新药业股份有限公司	新昌县	示范
3	浙江绍兴苏泊尔生活电器有限公司	越城区	示范
4	浙江皇马科技股份有限公司	上虞区	示范
5	三力士股份有限公司	柯桥区	优势
6	绍兴永通印花有限公司	柯桥区	优势
7	浙江万丰奥威汽轮股份有限公司	新昌县	优势
8	浙江万丰摩轮有限公司	新昌县	优势
9	浙江陀曼智能科技股份有限公司	新昌县	优势
10	浙江迪艾智控科技股份有限公司	诸暨市	优势
11	浙江绿筑集成科技有限公司	柯桥区	优势
12	墙煌新材料股份有限公司	柯桥区	优势

表 23-2　2022 年度全市新认定的省级知识产权示范企业名单

序号	企业名称	所属区
1	浙江绍兴苏泊尔生活电器有限公司	越城区
2	浙江佳人新材料有限公司	越城区
3	绍兴中科通信设备有限公司	越城区
4	卧龙电气集团浙江灯塔电源有限公司	越城区
5	墙煌新材料股份有限公司	柯桥区
6	浙江精工钢结构集团有限公司	柯桥区
7	精工工业建筑系统集团有限公司	柯桥区
8	浙江东进新材料有限公司	柯桥区
9	三力士股份有限公司	柯桥区
10	浙江绿筑集成科技有限公司	柯桥区
11	绍兴永通印花有限公司	柯桥区
12	浙江爱漫时智能家居有限公司	柯桥区
13	浙江雅琪诺装饰材料有限公司	柯桥区
14	浙江凯利新材料股份有限公司	柯桥区
15	浙江皇马科技股份有限公司	上虞区
16	上虞新和成生物化工有限公司	上虞区
17	浙江闰土股份有限公司	上虞区
18	浙江龙盛集团股份有限公司	上虞区
19	浙江亚厦幕墙有限公司	上虞区
20	浙江上风高科专风实业股份有限公司	上虞区
21	浙江盾安人工环境股份有限公司	诸暨市
22	浙江迪艾智控科技股份有限公司	诸暨市
23	浙江上峰包装新材料有限公司	诸暨市
24	浙江申发轴瓦股份有限公司	诸暨市
25	浙江创格科技股份有限公司	诸暨市
26	浙江凯强轻纺机械有限公司	诸暨市

续表

序号	企业名称	所属区
27	浙江宁巍机械科技有限公司	诸暨市
28	浙江金旗新材料科技有限公司	诸暨市
29	浙江菲达环保科技股份有限公司	诸暨市
30	浙江帅丰电器股份有限公司	嵊州市
31	浙江万丰科技开发股份有限公司	嵊州市
32	浙江新和成股份有限公司	新昌县
33	浙江医药股份有限公司新昌制药厂	新昌县
34	浙江京新药业股份有限公司	新昌县
35	浙江中柴机器有限公司	新昌县
36	浙江五洲新春集团股份有限公司	新昌县
37	浙江万丰奥威汽轮股份有限公司	新昌县
38	浙江中财管道科技股份有限公司	新昌县
39	浙江三新科技有限公司	新昌县
40	浙江中集铸锻有限公司	新昌县
41	浙江万丰摩轮有限公司	新昌县

表 23-3　2022 年度全市企事业单位专利授权量 50 件及以上名单

单位：件

排名	申请人	申请人类型	所属区	授权量
1	浙江绍兴苏泊尔生活电器有限公司	企业	越城区	1878
2	浙江亚厦装饰股份有限公司	企业	上虞区	1546
3	浙江工业大学之江学院	大专院校	柯桥区	535
4	浙江工业职业技术学院	大专院校	越城区	309
5	喜临门家具股份有限公司	企业	越城区	228
6	浙江苏泊尔厨卫电器有限公司	企业	柯桥区	219
7	浙江盾安人工环境股份有限公司	企业	诸暨市	191

续表

排名	申请人	申请人类型	所属区	授权量
8	晨辉光宝科技股份有限公司	企业	上虞区	152
9	绍兴市人民医院	机关团体	越城区	135
10	嵊州陌桑高科股份有限公司	企业	嵊州市	127
11	浙江亿田智能厨电股份有限公司	企业	嵊州市	126
12	浙江朗世家居科技有限公司	企业	越城区	123
13	绍兴文理学院	大专院校	越城区	117
14	浙江盾安禾田金属有限公司	企业	诸暨市	114
15	卧龙电气驱动集团股份有限公司	企业	上虞区	111
16	绍兴上虞日星五金制品有限公司	企业	上虞区	98
17	浙江帅丰电器股份有限公司	企业	嵊州市	97
18	振德医疗用品股份有限公司	企业	越城区	90
19	浙江捷昌线性驱动科技股份有限公司	企业	新昌县	86
20	绍兴中芯集成电路制造股份有限公司	企业	越城区	85
21	浙江中财管道科技股份有限公司	企业	新昌县	81
22	浙江三花智能控制股份有限公司	企业	新昌县	78
23	盾安汽车热管理科技有限公司	企业	诸暨市	75
24	浙江海亮股份有限公司	企业	诸暨市	65
25	浙江蓝炬星电器有限公司	企业	嵊州市	62
26	浙江森歌电器有限公司	企业	嵊州市	61
27	浙江万安科技股份有限公司	企业	诸暨市	61
28	浙江农林大学暨阳学院	大专院校	诸暨市	60
29	浙江晶盛机电股份有限公司	企业	上虞区	59
30	浙江盾安机械有限公司	企业	诸暨市	58
31	浙江盾安热工科技有限公司	企业	诸暨市	58
32	浙江树人学院（浙江树人大学）	大专院校	柯桥区	58
33	浙江万事兴电器有限公司	企业	嵊州市	57

排名	申请人	申请人类型	所属区	授权量
34	绍兴文理学院元培学院	大专院校	越城区	56
35	浙江菲达环保科技股份有限公司	企业	诸暨市	56
36	浙江美固科技有限公司	企业	诸暨市	56
37	浙江信胜科技股份有限公司	企业	诸暨市	56
38	浙江盾安机电科技有限公司	企业	诸暨市	54
39	国网浙江省电力有限公司绍兴供电公司	企业	越城区	53
40	绍兴文理学院附属医院	大专院校	越城区	53
41	浙江亚厦幕墙有限公司	企业	上虞区	50

2. 知识产权运用成效显著

绍兴市加强知识产权运用，推进知识产权与金融、投资、贸易等领域的深度融合。2022 年，全市知识产权质押融资额在连续两年保持翻番的基础上突破两百亿元大关，达 240 亿元，同比增长 105%，总额居全省第三，惠及企业 937家，兑现知识产权贴息 1013 万元，有效降低企业融资成本。同时，绍兴市率先突破以专利权、商标权为标的物的传统质押模式，落地全省首笔集成电路布图设计质押融资，入选全省十大知识产权金融创新典型案例。

3. 知识产权保护力度不断加大

一是推进知识产权执法力度。2022 年，全市共办理知识产权案件 117 件，罚款 605.19 万元，移送公安机关 19 件，处理电商领域专利案件 1258 件，处置网络直播营销中各类侵犯知识产权违法线索 6 条，立案调查 5 起，有效震慑了违法行为。二是优化知识产权纠纷治理。全市 7 个知识产权纠纷人民调解委员会共调解知识产权侵权纠纷 107 起，涉案金额 445 万元，经司法确认 11起。绍兴市柯桥区知识产权保护中心成功入围第一批国家知识产权纠纷快速处理试点〔全国仅 3 个区、县（市）入选〕。三是强化知识产权司法护权。2022年，全市审结专利、商标、著作权等一审各类知识产权案件 1064 件，同比增长 21.6%。依法审结"绍兴黄酒"商标侵权案，惩治"傍名牌""搭便车"等不正当竞争行为，彰显品牌价值。完善知识产权案件管辖制度，探索枫桥式"法护知产"协同保护模式，总结推广柯桥"版权 AI 智审"市场端应用，健全落实惩罚性赔偿机制，着力破解知识产权维权"举证难、周期长、赔偿低、成本高"等难题。

（二）绍兴各区、县（市）知识产权建设情况

2022 年绍兴市各区、县（市）商标有效注册统计情况、专利授权、有效发明专利情况如图 23-1 至图 23-3 所示。整体来看，各区、县（市）的知识产权建设情况存在差异，但整体趋势良好。未来，随着绍兴市知识产权保护和发展的不断加强，各区、县（市）的知识产权建设也将得到进一步加强和提升。越城区是绍兴市的中心城区，也是绍兴市知识产权创新和转化的主要地区。该区域的知识产权建设水平较高，拥有一大批知名企业和知识产权服务机构，如绍兴市知识产权服务中心等。柯桥区是绍兴市的制造业基地，拥有许多知名的轻工制造企业和品牌。该区域的知识产权建设情况较好，许多企业已经意识到了知识产权对企业的重要性，积极申请专利和商标等知识产权。近 3 年来，柯桥区累计获评 1 个中国专利银奖，4 个优秀奖。上虞区是绍兴市的经济发展区之一，以工业、农业和旅游业为主要产业。该区域的知识产权建设水平相对较好。随着经济的逐步转型和升级，许多企业也开始重视知识产权管理和创新。新昌县是绍兴市的知识产权强县，以科技强县为战略目标。除此之外，在一些特色农产品上，如新昌毛尖茶等方面，新昌县也拥有一定的知识产权优势。嵊

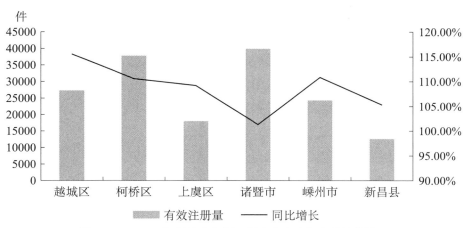

图 23-1　2022 年绍兴市各区、县（市）商标有效注册情况

州市是绍兴市的旅游城市,以文化旅游和休闲度假为主要产业。该区域的知识产权建设水平较低,但在文化创意和旅游服务方面也有一些优势与潜力。诸暨市作为"枫桥经验"的起源地,袜业、珍珠产业发展基础较好。近年来,通过建设珍珠行业知识产权保护中心和袜业产业知识产权联盟,设立袜业产业知识产权专项信贷资金等,诸暨市知识产权支撑产业转型升级的作用日益明显。

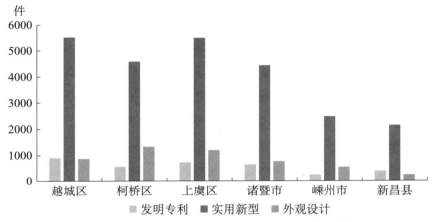

图 23-2　2022 年绍兴市各区、县(市)专利授权情况

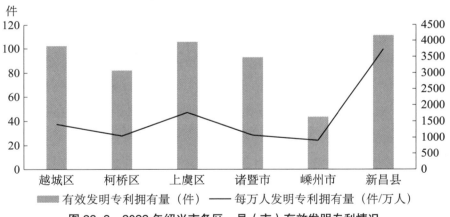

图 23-3　2022 年绍兴市各区、县(市)有效发明专利情况

二、绍兴建设国家知识产权强市的成功经验

在国家知识产权局印发的《关于确定国家知识产权强市建设试点示范城市

的通知》中，浙江 3 地入选国家知识产权强市建设示范城市名单、5 地入选试点城市名单。与浙江省其他市相比，绍兴市在知识产权强建设方面取得了显著成果，知识产权保护体系建设较为完善，知识产权保护意识不断加强，知识产权保护水平不断提高，知识产权保护效能不断提升，知识产权保护产业发展迅速（见表 23-4、图 23-4 和图 23-5），这与绍兴市政府在知识产权方面的努力是分不开的。

表 23-4　2015—2022 年浙江省各市获得国家发明专利情况

单位：件

年份	杭州市	宁波市	台州市	温州市	绍兴市	嘉兴市	金华市	湖州市	舟山市	衢州市	丽水市
2022	20100	9624	2941	3835	3500	3932	2782	2232	743	962	632
2021	22971	7817	5279	5216	4130	3183	3261	2039	956	773	541
2020	17344	5343	4391	7187	3573	4372	3992	1353	863	773	541
2019	2019	2019	2019	2019	2019	2019	2019	2019	2019	2019	2019
2018	10294	5303	2763	3421	3239	2505	1649	1832	508	662	381
2017	9883	5384	1842	2755	2115	1854	1283	2192	501	613	331
2016	8631	5697	1491	2447	1786	1635	1072	2940	466	397	332
2015	7689	5054	1307	1654	1381	1061	959	1493	372	354	260
增长率（％）	32	46	20	−27	16	−19	−18	51	11	14	27

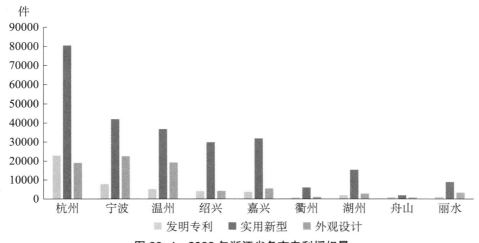

图 23-4　2022 年浙江省各市专利授权量

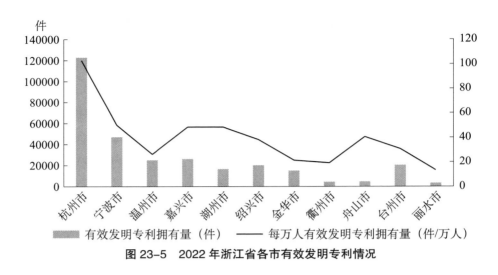

图 23-5　2022 年浙江省各市有效发明专利情况

（一）做优创造服务

围绕集成电路、高端生物医药、先进高分子新材料等战略性新兴产业和特色优势产业，依托知识产权出版社专利数据库，建立专利质量预评估机制，上线专利申请预评估系统，通过对发明专利申请前的预评估，有效提高专利申请质量和授权率。已免费为重点企业、高校、科研院所和知识产权服务机构提供1 万余次专利评估服务。同时，畅通浙江省知识产权保护中心和浙江省知识产权研究与服务中心优先审查、快速预审通道，推动发明专利授权周期由近 20个月压缩到 3 个月，自开通绿色通道以来，全市通过绿色通道授权发明专利1000 余件。

（二）规范服务机构

深入开展知识产权"蓝天"专项整治行动。组织辖区内专利代理机构、代理师开展告知承诺、自查自纠。结合知识产权代理机构"双随机、一公开"检查，加大对"黑代理""挂证""代理非正常申请""以不正当手段招揽业务"等违法行为的集中整治。

（三）重视人才培养

建成浙江工业职业技术学院知识产权学院、浙江工业大学之江学院知识产权学院,在校学生逾 300 人。建强知识产权人才培训基地,依托其教育资源和人才优势,以基本实现全市创新企业至少 1 名知识产权明白人为目标。2022 年,面向各基层所,在绍高校、科技型企业以及中介服务机构等开展各类培训 50 余场,实现黄酒、纺织、化工、金属加工、珍珠五大传统产业在 6 个区全覆盖,惠及企事业单位 500 余家,学员 2000 人次以上。

(四)加强公共服务

2022 年,绍兴市依托国家知识产权局商标业务绍兴受理窗口、浙江省知识产权质押登记服务窗口(绍兴)、浙江省知识产权信息公共服务网点、绍兴市知识产权人民调解委员会、绍兴市中级人民法院共享法庭、宁波知识产权法庭绍兴巡回审判点、绍兴市知识产权纠纷调解中心、绍兴市知识产权纠纷仲裁调解中心等知识产权公共服务载体,进一步构建和完善全市知识产权公共服务体系,推动实现知识产权维权援助服务网络 6 个区、县(市)全覆盖。

(五)做好宣传服务

组织开展"4·26"知识产权宣传周活动。多种形式推动知识产权"进校园、进社区、进机关、进企业、进商场",发放公益海报 3000 份,向 55 所中小学校赠送科普读物 1 万册。面向全市市民开展知识产权网络竞答,吸引近 5.7 万人次参与答题。多频次在各级各类官方媒体宣传绍兴知识产权工作,在省委办公厅《浙江信息》两次作工作交流,在《中国知识产权报》《中国市场监管报》《浙江市场导报》头版刊登经验交流,通过浙江交通之声等讲述绍兴知识产权故事。

三、绍兴建设国家知识产权强市存在的主要问题

(一)知识产权侵权行为仍呈多发态势

从传统的著作权、商标权、专利权逐步扩展到网络著作权、企业名称权、域名、特许经营、商业秘密等领域,新类型案件不断增多,其中著作权和商标权民事纠纷案件所占比例较大。这表明绍兴市在文化创意产业领域的商业活动

较为活跃、企业品牌意识不断增强的同时，还存在着不少版权、商标权管理与保护的风险和漏洞。企业自主创新意识仍有待加强，知识产权侵权行为呈逐年上升态势。从行业看，集中于纺织、文化、家电、汽车零部件等行业，主要与产业准入门槛低、技术难度小、自主品牌少、违法成本低等因素相关。从对象看，绍兴外贸依存度高，民营企业核心技术缺失，"拿来主义"较为普遍，被侵权人以境外、市外为主。从性质看，存在"法不责众"的侥幸心理和某些专业维权团队推波助澜，易引发行业性影响。

（二）知识产权创造主体创新活力尚显不足

绍兴市有效发明专利拥有量、PCT 国际专利申请量等主要指标虽位居全省前列，但与杭州相比差距明显。缺乏领军型的知识产权强企，全省专利授权十强企业中绍兴虽有两家（苏泊尔生活电器和亚厦装服饰）入围，但大部分的规上工业企业没有有效发明专利。区域知识产权创造力不平衡，越城区、柯桥区、上虞区和诸暨市专利总授权量占到全市近 80%，其他区、县（市）专利总授权量占到全市 20% 左右，且有个别区、县（市）出现负增长。主要原因有优势产业与专利活动匹配度不强、高校和研究机构专利贡献率不高、企业创新发明的持续性不强、研发投入不高以及专项资金补助成效不明显等。

（三）知识产权要素保障有待完善

相关高等院校没有设立专门的知识产权学院，有些中小型企业对知识产权不够重视，大多没有专门的知识产权工作部门。大型企业很难招录到专业的知识产权人才，且对现有人员没有提供良好的技术职称晋升空间，导致"知识产权人才难引又难留"的窘境。本地知识产权服务机构支撑度不高，专利代理机构普遍规模较小且服务占比不高。全市专利代理机构中，专利代理师 5 名以下的占比约 80%。2022 年发明专利委托代理事项中，本地代理机构占比较小，而国内同类型城市服务占比基本都在 60% 以上。同时，知识产权讼争律师力量比较薄弱。2022 年，绍兴市专利行政裁决案件中聘请市内律师的占比远低于杭州，反映出绍兴市知识产权领域法律专业力量相对薄弱。

四、绍兴建设国家知识产权强市的对策建议

（一）提升知识产权质量，增强区域核心竞争力

建设知识产权强市，基础在创造。要优化专利结构，提高专利质量，探索以价值分析为基础的专利分级分类管理，加大奖励力度等。进一步加强产业核心专利研发和布局，鼓励高校、科研机构、外向型企业积极申请 PCT 国际专利，提高整体产业的专利质量效益。围绕绍兴市纺织、印染、黄酒、珍珠等特色性产业，推进知识产权密集型产业集群建设。实施专利质量提升工程和商标战略，强化商标品牌建设，提高知识产权质量效益。加大重点产业商标品牌培育力度，打造精品版权，鼓励版权产业商业模式创新。加强地理标志等领域知识产权工作。建设一批对标国际、面向未来的高价值知识产权平台，强化知识产权高价值创造和战略储备。面向开发区等产业集聚区，建设一个具有产业特色、优势明显、专利密集、布局合理的省级专利导航服务基地。支持创新主体开展产业专利导航、专利预警和专利战略推进工程，引导企业精准规划布局研发方向和重点，布局核心技术、关键环节专利，促进产业升级发展。建设科创板知识产权加速器，大力支持雄鹰企业、专精特新、"小巨人"企业、单项冠军企业、隐形冠军企业创新发展。鼓励企业综合运用知识产权策略，全方位、立体化覆盖产品、技术，鼓励企业制定国际标准、国家标准和行业标准。实施"知识产权领军企业百强"计划，以突破产业领域"卡脖子""牛鼻子"技术为目标，培育一批掌握行业细分领域关键技术、拥有自主知识产权、具有国际竞争力的知识产权示范和优势企业。启动高等学校、科研院所知识产权管理规范贯标工作，实施企业"知管家"项目工程，显著提升企事业单位知识产权创造、运用、保护管理和服务水平。

（二）提高知识产权运用水平，增强运营服务能力

突出政府主体、资金引导，市场导向、机制灵活，政策集成、产业融合的建设原则，从完善知识产权权益分配机制、搭建知识产权转化交易平台等着手，加强知识产权运营服务体系建设试点的组织领导和谋划推进，积极营造知识产权转化运用的良好环境，带动绍兴市知识产权发展质量和效益明显

提升。一是加快知识产权运营公共服务平台建设。发挥"互联网+"优势,加快市级平台与国家知识产权运营公共服务平台的对接,实现线下平台与线上平台充分结合、市级平台与国家平台优势互补,激发知识产权转移转化运用活力,大幅提高专利创造能力。二是制定完善知识产权金融扶持政策。建立多元化多层次知识产权金融服务机制;建设市级知识产权投融资服务机构,构建知识产权投融资服务平台;推进专利权、商标权等知识产权质押融资工作。

(三)加强知识产权保护,营造良好的营商环境

持续加大知识产权保护力度,激发全社会的创新创造创业热情,更好地支撑创新驱动发展。一是实行严格的知识产权保护。探索建立知识产权综合执法模式,加大执法力度,推动形成行政保护与司法保护两条途径"优势互补、有机衔接"的保护模式,不断提升全社会对知识产权保护的满意度;建立市、县两级知识产权行政执法体系,加大知识产权侵权行为惩治力度,对重点行业、重点区域侵犯知识产权的违法犯罪活动进行专项整治。二是健全知识产权纠纷调解机制。筹建市知识产权保护中心,强化知识产权仲裁服务机构、产权纠纷调解机构建设,探索建立"绍兴市知识产权仲裁院",加强知识产权维权援助。充分发挥中国绍兴知识产权快速维权中心、中国(绍兴)知识产权援助中心12330、市中级人民法院知识产权巡回法庭的作用,完善运作机制,提高维权水平,为产业创新发展营造良好知识产权保护环境。推进以司法、仲裁调解、快速维权为支撑的立体化知识产权保护体系建设,提高维权效率,降低维权成本。三是构建知识产权保护信用体系。建立健全知识产权诚信管理制度,建立知识产权信用体系和信息共享平台。出台知识产权保护信用评价办法,建立知识产权失信档案,重点打击侵犯知识产权和制售假冒伪劣产品行为,将知识产权侵权行为信息纳入失信记录,建立知识产权失信"黑名单"年度披露制度,完善知识产权守信激励和失信惩戒机制。四是提升知识产权管理能力,完善知识产权治理体系。按照知识产权强市建设评价指标体系,进一步健全完善知识产权管理体制机制,破解知识产权事业发展瓶颈。各区域开展知识产权综合管理改革试点,积极探索整合专利、商标和版权的行政管理职能,实行"三合一"管理模式,构建便民的知识产权服务体系。持续推进国家知识产权强市、

强县、强区工程与省知识产权示范区、县（市）建设；在全市 6 个区、县（市）推进知识产权公共服务对接。适时修订完善知识产权政策，大力培育知识产权密集型企业，力争知识产权资产占密集型产业产值 50% 以上。

（四）强化成果运用，强力推进国家专利导航实验区建设

将进一步强化专利导航理念，运用专利导航成果支撑实验区发展。一是进一步健全政策支撑体系。加强重大经济科技活动知识产权评议和知识产权优势企业管理，强化知识产权优势主体培育；引导企业将专利上升为标准，鼓励企业参与行业标准、国家标准及国际标准的研制修订，提高园区企业的核心竞争力。二是深入开展产业专利分析。认真组织开展重点企业经营类专利导航项目，为园区每家企业制定发展规划路线图。三是加大统筹协调力度。建立重大事项四方联席会议制度，建设工作领导小组办公室负责召集，每季度组织一次四方联席会议，研究解决年度重点工作推进计划、重大项目、重大活动、制约建设推进的瓶颈等问题。

（五）优化创新环境，夯实创新发展基础

加快推进知识产权服务业集聚发展示范区建设，围绕加快经济发展方式转变和促进产业转型升级的发展主线，引导和鼓励知识产权服务业集聚发展，推动知识产权服务业与经济社会发展深度融合。一是构建知识产权人才培养机制。依托绍兴市的重点科研项目、科技合作项目以及重点学科和科研基地建设，引进一批拥有自主知识产权和核心技术的高层次人才来绍兴市创业，培养一批具有较强创新能力的学科带头人，培养一批懂技术、善经营的复合型知识产权人才，培育一大批基础研究、前沿技术和新兴产业领域等方面的后备人才。二是营造知识产权文化环境。推进知识产权文化建设进校园，增强学生的知识产权意识和创新意识。有效利用传统和新兴媒体加强宣传，弘扬尊重知识、崇尚创新、诚信守法的知识产权文化理念，为加快建设知识产权强市营造良好社会氛围。三是开展知识产权对外交流合作。加强政府、企业和民间层面的知识产权交流与合作。围绕重点产业和领域，举办或参与国际研讨会等交流活动，积极构建要素有序自由流动、基本公共服务均等的区域知识产权协调发展新格局。以加快推进知识产权强市建设为中心，不断提高知识产权发展水

平，力争率先建成"对标国际、引领全国、支撑区域"的知识产权强市。四是创新知识产权文化载体。增强全社会知识产权保护意识。培养公民自觉尊重和保护知识产权的行为习惯，引导企业自觉履行尊重和保护知识产权的社会责任。利用"4·26"世界知识产权日、全国知识产权宣传周等活动开展知识产权宣传教育。实施青少年知识产权常青计划，将知识产权教育纳入中小学地方课程教材，打造一批中小学知识产权教育试点示范学校。建立健全知识产权普法宣传、教育培训、学术研究和文化交流协调发展的工作体系。加大宣传力度，打造传统媒体和新兴媒体融合发展的知识产权文化传播平台。五是加强党政领导干部知识产权培训。把知识产权法律法规和基础知识纳入党校（行政学院）培训内容，全面提升党政领导干部的知识产权意识。与国家知识产权培训（浙江）基地等平台开展深度合作，实施知识产权实务人才培训计划，培养知识产权运营型、管理型人才。支持高校加强知识产权学科专业建设和学历教育，开展青少年知识产权普及教育工作。争取在绍兴市柯桥区知识产权保护中心设立高级知识产权师岗位。